本丛书由

国家社会科学基金项目重点项目

"'丝绸之路：长安—天山廊道'的价值特征研究"（17AZD020）、

中国建设科技集团科技创新基金项目"丝路遗迹"

联合资助

"十三五"国家重点图书主题出版规划项目

中国建筑工业出版社学术著作出版基金项目

丝路遗迹·总论篇

陈同滨 陈凌 主编

中国建筑工业出版社

审图号：GS（2021）4939号
图书在版编目（CIP）数据

丝路遗迹·总论篇/陈同滨，陈凌主编. —北京：中国建筑工业出版社，2021.8
ISBN 978-7-112-25821-5

Ⅰ.①丝… Ⅱ.①陈… ②陈… Ⅲ.①丝绸之路—介绍 Ⅳ.①K928.6

中国版本图书馆CIP数据核字（2021）第002016号

责任编辑：张幼平　费海玲　郑淮兵
责任校对：王　烨

　　作为"一带一路"的历史组成部分，古代丝绸之路是连接东西方文明的陆上贸易和文化交流通道，同时也是亚欧大陆经济整合战略，为东西方文明的交融、人类文明的进步作出了巨大的贡献。
　　本书以古代丝绸之路为研究重点，全面论述了全球视野中的丝绸之路及丝绸在其中的重要作用等，以充分的文献和文物资料为学理依据，细致勾勒丝绸之路总图，是为丝绸之路研究的奠基。本书内容蘩考有据，论述充分，可供专业研究人员参考。

丝路遗迹·总论篇
陈同滨　陈　凌　主编
＊
中国建筑工业出版社出版、发行（北京海淀三里河路9号）
各地新华书店、建筑书店经销
北京方舟正佳图文设计有限公司制版
北京富诚彩色印刷有限公司印刷
＊
开本：880毫米×1230毫米　1/16　印张：10¼　插页：1　字数：202千字
2021年8月第一版　2021年8月第一次印刷
定价：**160.00元**
ISBN 978-7-112-25821-5
　　（37062）

版权所有　翻印必究
如有印装质量问题，可寄本社图书出版中心退换
（邮政编码100037）

序一

陈同滨

丝绸之路是有关人类文明发展交流史的宏大叙事；将丝绸之路作为文化遗产研究，范围几乎涉及半个地球近2000年的文明史迹；将丝绸之路列入《世界遗产名录》、提交全世界予以保护，是当代国际遗产界的伟大心愿。

1988年联合国教科文组织启动的"对话之路：丝绸之路整体性研究"项目以科研活动与媒体报道相结合的方式，组织了五次国际科考活动。此后在国际古迹遗址理事会（ICOMOS）的积极推进下，经由国际和国内诸多学术界、遗产界专家学者与各国政府多年来的共同努力，2007年中国和中亚五国正式启动了"丝绸之路"申报世界遗产的工作，即"首批行动"，2009年进一步明确为2个项目：一个由中国、哈萨克斯坦和吉尔吉斯斯坦3国联合申报"丝绸之路：长安–天山廊道的路网"（Silk Roads: the Routes Network of Chang'an-Tianshan Corridor）；另一个由乌兹别克斯坦、塔吉克斯坦和土库曼斯坦3国联合申报"丝绸之路：片吉肯特–撒马尔罕廊道"（Silk Roads: Penjikent-Samarkand-Poykent Corridor）。

2013年1月，中哈吉三国向联合国教科文组织（UNESCO）的世界遗产委员会提交了跨国联合申报项目"丝绸之路：长安–天山廊道的路网"（以下简称"天山廊道"）的提名文件，声明："'丝绸之路：长安–天山廊道的路网'是具备突出普遍价值的一处跨国系列文化遗产，属文化线路类型；在东亚古老文明中心中国的'中原地区'和中亚区域性文明中心之一'七河地区'之间建立起直接的、长期的联系，在整条'丝绸之路'的交流交通体系中具有起始的地位，展现了世界古代亚欧大陆上人类文明与文化发展的若干重要历史阶段，是人类经由长距离交通进行广泛的文明与文化融合、交流和对话的杰出范例，为人类的共同繁荣和发展作出显著贡献。"

2014年6月22日第38届世界遗产大会上，由中哈吉跨国联合申报项目天山廊道成为第一项成功列入《世界遗产名录》（编号1442）的丝绸之路线路遗产。对此，ICOMOS在项目《评估报告》结论的首段评述道："三个缔约国进行跨界申报是将丝绸之路列入世界遗产名录过程中的一个重要里程碑。这是7年多合作努力以及更多年调查研究所取得的成果。"

世界文化遗产申报的过程，往往是一个重新发现、揭示和提升遗产价值的研究过程，也是一个保护管理水平与运行能力整体提升的工作过程。因此在申遗成功之后，往往会看到一种更高的工作标准和更为久远的挑战，尤其是在遗产价值研究方面，因位于世界遗产之列而拥有了更为广阔而深远的视野。

为此，本书基于一种承前启后的目的，对丝绸之路的遗产研究开展两部分工作：一是对"天山廊道"申遗过程中文本团队的阶段性研究成果进行整理、发表，用于回顾与总结，包括整理摘录一批重要的国际文件和工作文件；二是沿袭"天山廊道"的中国实践之一——丝绸之路线路遗产"分类"理论，分别从城镇、交通、生产、宗教、墓葬5种遗产类型开展专题研究、丰富案例资料。这一工作可将中国的丝路遗产进行较为系统的梳理，为将来进一步置入世界文明史框架下的故事讲述奠定初步基础。

丛书的编撰还涉及下列考虑：

一、丝绸之路：文化线路的概念

在我国，有关丝绸之路的学术研究长期以来基本属于东西方交通交流史和西域研究的学术范畴。1992年ICOMOS出台《文化线路国际古迹遗址理事会宪章》(*The ICOMOS Charter on Cultural Routes*)，促进了丝绸之路作为文化线路遗产的探索，国际上有关丝绸之路的遗产理论应运而生，包括"主题研究报告"(2011)也进一步深化了"文化线路""系列遗产"等遗产理论。这些基于遗产保护立场而开展的有关人类文明史迹研究，开拓了一种更为讲求物质凭据与逻辑关联的、视野宏大的研究方式。据时任国际古迹遗址理事会副会长、丝绸之路申遗国际协调委员会联合主席郭旃先生回顾：2007年，ICOMOS专家受缔约国委托，起草编撰了《丝绸之路申报世界遗产概念性文件》(《概念文件》)和《主题研究报告》两份核心文件，协助缔约国和世界遗产委员会形成了世界遗产概念中对丝绸之路的时空和内涵、申报和管理模式的统一认识和路径。经缔约国完善同意，提交世界遗产委员会认可。其中《概念文件》由世界遗产顾问苏珊·丹尼尔女士(Mrs.Susan Danyer)受聘起草，资深专家亨利·克利尔博士(Dr. Henry Cleer)参与最终定稿；《主题研究报告》的主要编撰者为ICOMOS专家蒂姆·威廉姆斯(Tim Willianms)。此外，国际文件也专门提出了丝路遗产所特有的"一种特殊的'系列遗产的系列组合'(a special serial combination of serial heritages)模式，作为遗产理论的历史性创举，实现了超大型遗产线路——丝绸之路的首批申报行动的战略性突破，并为今后奠定了基础，设定了方向"。这些颇富创造性的文件对指导中国和中亚五国跨国联合申遗发挥了不可或缺的重要作用。

其中对丝绸之路作为文化遗产的定义概括如下：

"丝绸之路是东西方文明与文化的融合、交流和对话之路，是人类历史上交流内容最丰富、交通规模最大的洲际文化线路，在罗马、安息、大夏-贵霜、中国汉朝等大帝国在地中海沿岸到太平洋之间形成了一条不间断的文明地带，汇聚了古老的中国文明、印度文明、波斯-阿拉伯文明与希腊-罗马文明、中亚文明以及其后的诸多文明。"(《概念文件》)

与此同时，作为超大型文化线路遗产，丝绸之路是人类文明与文化交流融汇的伟大遗产，其遗产价值研究几乎涉及了大半部人类文明与文化发展史，包括了近2000年间发生的跨越洲际，特别是贯穿亚欧大陆东西两端诸多文明间的交流与互鉴活动，展现出这一长距离交通与交流活动对共同促进人类文明发展史的重大意义，对人类社会发展的精神信仰、商贸经济、政治势力、文化习俗与科学技术等诸多方面产生的广泛而深远的影响。这一研究的广度与综合程度都较一般的世界遗产要复杂得多，在遗产理论方面也存在诸多的挑战，特别是如何基于世界遗产的突出普遍价值（Outstanding Universal Value，简称OUV）评估标准，以一种"系列遗产"的策略，从沿用千余年，贯穿于亚欧大陆，延伸到非洲、美洲的一整套人类交通交流路网中，切分出遗产价值相对独立、时空边界相对完整的一个个路网片段（即廊道），作为丝路遗产予以保护管理，这一方式引发了一系列的新问题，包括遗产时空范畴的界定、组成要素的辨认、价值标准的确立、对比分析的范围等。由此可以看出，丝绸之路的遗产理论研究不同于学术研究的概念。

二、申遗成功后的思考

"天山廊道"申遗成功，给我们带来了三个明显的感受：一是"天山廊道"需要继续拓展，需要充分的物证支撑遗产的价值；二是丝绸之路申遗对文化线路遗产理论的实践需要总结，辨析不足及其成因；三是丝绸之路作为人类文明交流的伟大遗产，尚需要更广的视野、更多的研究投入，去探索和发现人类在文明交流过程中的种种智慧，为今天的文明交流带来精彩的启迪。鉴于此，有必要对"天山廊道"的文化线路理论实践与探索进行回顾、梳理和深化。

特别是回看《世界遗产名录》，发现"天山廊道"仍是迄今为止唯一的丝路遗产，可见丝绸之路的线路遗产研究还有许多问题要探讨。即便是"天山廊道"本身，也还有许多问题值得深化，诸如：

1."天山廊道"本身的完整性问题有待深化。内容涉及遗产构成要素的进一步扩展，包括：（1）补充生产类型与墓葬类型，加强交通遗迹的系统性；（2）拓展一批可对遗产价值作出进一步支撑的预备名单项目；（3）探讨西天山地区与"天山廊道"的关联程度等。

2."天山廊道"与周边其他廊道的关联问题有待深化。内容包括"天山廊道"与我国的沙漠南线、西南路线、草原路线的关联，这些路线在时空方面与"天山廊道"直接存在着不可分割的衔接甚至叠合关系，在价值特征上拥有极为密切的关联性，且分布范围必突破国境限定。

3.基于丝绸之路所强调的不同文明间相互理解、对话、交流和合作的遗产价值，还应该充分揭示中国与中亚、南亚、东亚、东欧、西欧、北非等跨区域文明与文化的交流活动，以及中国作为东亚文明中心对丝绸之路的贡献与影响。或者说，无论从陆上线路还是海上线路，还有很多的丝路故事有待发现和讲述，有更多的遗产有待提交全世界予以保护。

凡此种种，显然都需要我们对丝绸之路的遗产理论开展进一步的探讨和深化，甚至包括丝绸之路的遗产整体构成原理，也还存在一系列值得探讨的问题。如如何界定对丝路遗产价值有意义的地理－文化单元，以及如何依托这些单元来切分更具相对完整性的路网单元，即所谓的"廊道"？相邻遗产廊道之间的衔接关系以及丝路整体的构成模式如何建立，目前采取的切分路网、分而治之的遗产申报策略存在着重大历史事件活动轨迹的断裂问题如何应对，等等。

为此，中国建设科技集团为促进中国的丝绸之路遗产研究，在主持"丝绸之路：长安－天山廊道的路网"申遗咨询工作的基础上，特设专项课题予以深化。

三、丛书的架构

本套系列丛书作为中国建设科技集团的课题成果，继续坚持"用遗产的眼光看、从文明的角度论"，采用世界文化遗产研究的技术路线，探讨长距离交流交通对人类文明与文化发展的历史作用及其过程。即：在2014年的遗产理论研究基础上，以中国与周边国家、地区为主，开展更为系统的相关遗产资料收集、梳理与分类研究，辑成一套以《总论篇》与《城镇篇》《交通篇》《生产篇》《宗教篇（上）》《宗教篇（下）》《墓葬篇》等组成的系列丛书。

作为一种系统的陈述方式，总论以下各卷作为第一卷的分类研究予以展开。每卷由两部分组成：

第一部分为1或2篇主旨论文，依据总论提出的文化线路遗存分类原理，邀请专家撰写以中国为主的丝路分类遗存概况研究。我国此前从未就此角度展开过系统研究，故此每位专家均以自身的学术专长与资料积累为基础，展开程度不同的专题研究，是为探索之始。

第二部分以图文并茂的分类案例汇编为主，共选择了290处丝路遗存，其中绝大部分拥有国家级的保护身份，相当一部分属于世界文化遗产，故以下简称"遗产点"。考虑到目前尚缺乏全面涵盖丝绸之路的遗产理论和价值研究，本系列丛书选择以点带面的方式，遗产点收集范围明显突破主旨论文内容——在空间上以中国为主、扩至亚欧大陆或更大范围，在时段上仍遵循《概念文件》界定的丝绸之路遗产时段：公元前2世纪—公元16世纪。大量遗产点的汇编介绍，不仅是对第一部分主旨论文所涉案例基本信息的细化，更重要的是借此喻示丝绸之路的世界格局。遗产点的遴选与编撰均由中国建筑设计研究院建筑历史研究所课题组完成（遴选说明详见本书"凡例"）。

各卷撰写情况简要说明如下：

- **总论篇**

此卷由"天山廊道"申遗文本主笔人、中国建筑设计研究院建筑历史研究所名誉所长陈同滨研究员负责，尝试"用遗产的眼光看、从文明的角度论"的方式，撰写主旨论文《丝绸之路：人类文明与文化交流融汇的伟大遗产——基于文化遗产理论的丝绸之路研究》，内容是对前此"天山廊道"申遗阶段形成的研究内容进行梳理和汇总，主要包括：一、丝绸之路概念的缘起与传播；二、丝绸之路——作为文化线路类型的遗产；三、超大型的文化线路——"丝绸之路：长安－天山廊道的路网"的构成分析；四、世界遗产的突出普遍价值声明——"丝绸之路：长安－天山廊道的路网"的价值研究；五、"丝绸之路：长安－天山廊道的路网"的特征；六、超大型线路遗产的理论探索；七、结语。

论文之后收录了大量与"天山廊道"申遗相关的国际文件和文献目录。这些文件凝聚了国际资深遗产专家辛勤的探索与智慧的思考，对于了解和学习丝绸之路如何作为文化遗产、如何构成文化线路，都具有十分重要的意义。借本书出版之际以摘录的方式介绍给中国同行，希望能促成更多的学者和年轻人参与丝绸之路这一人类伟大遗产的研究与保护事业，展开诸如丝绸之路作为文化线路遗产的概念定义、时空范畴、基本构成、遗产分类、线路（廊道）特征、发展分期等专题探索，激发出遗产价值对于当代社会发展的种种意义。

- **城镇篇**

主旨论文：《丝绸之路上的都城与城镇》，由北京大学考古文博学院陈凌教授撰写，分为4章展开：一、引言；二、帝国都城与丝绸之路的开辟与繁盛；三、西域城邦与东西方文化交流；四、结语。

遗产点介绍：基于对丝绸之路遗产的主题价值——见证由大宗丝绸贸易促成的文明交流与互动，选择了70处（国内29处、国外41处）分布于丝路交通节点上的城镇遗迹，类型分为都城与城镇2大类。所谓"节点"，是相对于整个交通交流的路网而言，其中包括文化线路的交通交流端点与路网的枢纽中心，以及交通沿线、沿海的商贸重镇。故此，本卷的遗产点近30%属于世界文明史上的帝国或统一王朝的都城，即不同地域、不同时期、不同文化的文明中心，其余遗产点以地方政权的中心城镇与帝国、王朝的商贸重镇为主，也包含少量在丝绸之路的交通交流上具有突出意义的城镇遗址；同时，这些遗产点基本包含了人类文明史上主要宗教信仰的中心所在。

- **交通篇**

主旨论文：《丝绸之路上的交通与保障》，由长期工作在新疆维吾尔自治区文物局的李军副局长撰写，分为2章展开：一、陆上丝绸之路的开辟与构成；二、海上交通线路的开辟与构成。

遗产点介绍：基于对文化线路遗产交通特性的强调，选择了43处（国内41处、国外2处）分布于丝路路网上的各类交通设施与保障遗迹予以介绍，类型涉及道桥、关隘、戍堡、烽燧、驿站、屯田、港口设施、灯塔、航海祭祀等9种。

• **生产篇**

生产类丝路遗存依据文化线路理论，主要指丝路贸易商品的生产基地。丝绸、陶瓷和茶叶3大商品是世界公认的中国主要出口贸易产品。本卷特约丝绸研究和水下考古2位专家撰写主旨论文，分别阐述了丝绸、陶瓷两种重要商品在陆上、海上丝绸之路的贸易变迁和陆上、水下重要考古发现，以及中外文化与技术的交流。

两篇主旨论文：

《海上丝绸之路上的陶瓷生产与贸易》由国家文物局考古研究中心孟原召研究员撰写，分为6章展开：一、引言；二、陶瓷：海上丝绸之路上的重要商品；三、唐五代：海上陶瓷贸易的兴起；四、宋元：海上陶瓷贸易的繁荣；五、明清：海上陶瓷贸易的新发展；六、余论：腹地经济与海上丝绸之路的发展。

《丝路之绸：丝绸在丝绸之路上的作用》由中国丝绸博物馆馆长赵丰研究员撰写，分为5章展开：一、丝绸在丝绸之路中的地位；二、丝绸之路上的丝绸发现；三、丝路上的丝绸传播；四、丝路上的丝绸技术交流；五、结语。

遗产点介绍：由于丝路的商贸产品生产与集散基地没有受到充分重视、列为保护对象，使得公元前2世纪—公元16世纪期间的中国丝绸生产遗址遗迹（包括种植、养殖、编织与贸易集散地）几乎无处寻觅。不得已，本卷只能选择28处（国内24处、国外4处）以中国境内的外销瓷烧造遗迹与海上沉船遗址为主的遗址点，作为这一时期丝绸之路的生产类物证，是为遗憾！

• **宗教篇（上）**

佛教传播是在本廊道传播的各类宗教中影响最大、遗存最多的题材，特辟专卷予以论述。内容包括：

主旨论文：《丝绸之路与佛教艺术》，由中国社会科学院考古研究所李裕群研究员撰写，主要论述了佛教遗迹中的石窟寺类型，分为6章展开：一、绪言；二、古代西域佛教遗迹；三、河西及甘宁黄河以东石窟寺遗迹；四、中原地区佛教遗迹；五、南方地区佛教遗迹；六、古代印度、中亚及其他国家佛教遗迹。

遗产点介绍：基于佛教在本廊道的突出价值——对中国乃至整个东亚文化产生了广泛、持久的价值观影响，选择了69处（国内59处、国外10处）分布于亚洲丝路沿线的佛教遗迹，并在主旨论文涉及的石窟寺类型之外，适量选择了具有一定代表性的佛教建筑，作为研究内容的弥补；进而参照石窟寺的地域分区，归纳为古代西域地区佛教遗迹、河西—陇东地区佛教遗迹、中原及周边地区佛教遗迹、南方地区佛教遗迹、东北地区佛教遗迹、蒙古高原佛教遗迹、青藏高原佛教遗迹、古代印度与中亚、东北亚地区佛教遗迹共8片区域展开介绍。

- **宗教篇（下）**

此卷是对佛教之外的其他宗教传播的专题研究，内容包括：

主旨论文：《丝绸之路上的多元宗教》，由北京大学考古文博学院陈凌教授撰写，分为5章展开：一、引言；二、火祆教在丝绸之路的传播与遗存；三、摩尼教在丝绸之路的传播与遗存；四、景教在丝绸之路的传播与遗存；五、伊斯兰教在丝绸之路的传播与遗存。

遗产点介绍：基于丝路的多元文化价值特征，选择了43处（国内28处、国外15处）分布于中国、中亚、南亚等丝路沿线的各类宗教遗迹，包括琐罗亚斯德教（祆教）、摩尼教、景教、伊斯兰教和印度教等，其中早期传播的宗教遗迹留存至今的颇为零散，特别是摩尼教因其传教策略"尽可能利用其他已经流传深远的宗教的教义、仪式和称谓"，故在中国大多依托佛教石窟寺或佛寺进行传播。

- **墓葬篇**

主旨论文：《丝绸之路起点的特殊陵墓》，由陕西省考古研究院焦南峰研究员撰写，分为4章展开：（一）丝绸之路及其起点；（二）丝绸之路起点的特殊墓葬；（三）分析与认识；（四）结语。作为关中地区秦汉墓葬的考古发掘领队，作者凭借第一手资料将专题论述集中于这一地区，并首次从丝路关联价值角度予以解读。

遗产点介绍：基于墓葬类遗址对丝路相关重大历史事件的人物或不同生活方式的人群具有独特的见证作用，选择了37处分布于丝路沿线的墓葬遗迹，并在主旨论文涉及的关中地区帝王陵墓之外，适量增补了具有一定代表性的其他墓葬，作为分布格局的补缺；进而参照地理—文化单元的概念，分为中原地区墓葬、河西走廊及两侧地带墓葬、青藏高原地区墓葬、河套地区墓葬、西域地区墓葬、内蒙古高原地区墓葬、东南沿海地区墓葬以及欧洲及中亚、西亚墓葬展开介绍。其中包括4处国外的重要人物墓葬，作为研究拓展的初试。

以上生产、墓葬2卷的主旨论文受研究专长和实物资料的限定，论述内容有所局限，但对于开启一种新的研究角度，仍不失为一种极有意义的尝试，也促使我们意识到研究视野的拓展方向。

丝绸之路是横跨欧亚大陆的超大型文化遗产，是涉及了半个地球的人类文明与文化发展史上最重要的文化遗产，亦可谓是迄今为止全球规模最大的、内涵最丰富、同时也是最具世界意义的文化遗产。有关它的价值研究超越了国境和民族，对人类的过去、现状和未来都具有重要意义。中国作为丝绸之路的东方文明中心,有责任持续推进丝绸之路的遗产研究与保护工作,为国家的"一带一路"倡议作出应有的积极贡献。

序二

陈 凌

丝绸之路申遗经历了一个比较长的时间。不同国家的学者在此期间交流碰撞，实际上都是前人和今人智慧的结晶，因此历史上赫赫有名的丝绸之路终于在 21 世纪的某一时刻成了世界遗产。

在申遗的过程中，确实必须关照每个遗产点的价值，但又必须跳出单个遗产点的限制，有一个整体的宏观认识。至少就我个人而言，这方面的素养是远远不够的。但从另一方面说，在整个申遗过程中也学到了许多新的知识，有了一点新的思考。

就遗产本身的价值而言，与其说是遗址本身体现的，还不如说是从整体的结构体系来体现的。丝绸之路申遗包含了城镇、烽燧、宗教遗存、墓葬等不同类型的文化遗产。这些遗产点既从不同层面展现了丝绸之路的面相，同时它们各自也因为丝绸之路而被界定了意义。

城镇是一个地区的中心平台，能够比较集中地呈现一个区域的社会经济和文化水平。丝绸之路上的城镇经济和多元文化，主要还是因为居民成分的多元。来自不同地区、不同文化、不同族群的人聚居一地，在接触和交往过程中往往会碰撞出新的火花，衍生出新的文化艺术。这个过程往往是不自觉的，渐变的，因此新衍生的文化艺术中不同元素的结合更为自然，不会给人拼凑斧凿之感。这也是丝绸之路上艺术文化往往出人意表、绚烂瑰奇的原因。

墓葬反映了人们对于另一个世界的想象与认识，更是反映了现实世界的生存状态。从墓葬出土的材料中，可以看到不同族群的联系是相当紧密的。事实上，可以说丝绸之路上的族群不存在绝对的"纯粹"，往往都是你中有我，我中有你。陈寅恪先生论及北朝历史时曾经提出文化之关系较重、种族之关系较轻的观点，我想，这个观点对于丝绸之路上古代人群同样是适用的。

古代宗教既是人们的信仰，某种程度上讲也是古代意识形态的重要组成部分。丝绸之路上宗教多元，不同宗教往往相互借鉴。还可以看到，宗教在丝绸之路沿线传播的过程中，也在不断地调适，以适应不同区域的现实。这就是宗教的地方化和本土化的过程。

丝绸之路的一个必不可少的要素就是道路交通。在这次丝绸之路申遗中，明确的道路遗迹是崤函古道。曾经有人质疑，为什么丝绸之路申遗很少包含道路遗产？我的理解是：虽然遗产点中少有道路，但道路已在其中。要说明白这个问题，先得明白古代道路是怎么构成的。笼统地说，道路大致可以分为两类，一类是官道，一类是非官道。官道是主要的交通干线，所连接的是各级城镇，一般沿途配备有必要的邮驿、烽燧设施，为交通和信息传输提供安全保障。比如《新唐书·地理志》所记载的道路，主要就是这一种类型的官道。非官道是交通支线，沿途则不配备邮驿、烽燧设施。不过，两类道路并不是截然分开的，一方面是支线最终都与主干线相连，另一方面是必要的时候官方行动也可能利用非官道。因此，确定了城镇、邮驿、烽燧等要素之后，实际上也就确定了连接彼此的交通道路。当然，丝绸之路道路的意义绝不仅是物化层面的，更重要的则是道路所承载的经济、文化通道功能。

固然丝绸之路是言人人殊，但或许有一些共同的认识。就我个人的理解，丝绸之路是一种世界体系格局，丝绸之路不是固化在一定的时空之内，而是跨越时空的。支持丝绸之路跨越时空的，不仅仅是丝绸之路上文化的多元交融、绚丽多彩，更是丝绸之路背后所蕴含的包容、互鉴的精神。可以说，在丝绸之路上的每一个人都在创造着丝绸之路。不同器乐、不同声部的合奏，造就了丝绸之路宏大的交响乐章。一种器乐、一种声音，只能是独奏，不可能成为震撼人心的交响乐。我想，这就是丝绸之路辉煌的根本成因，也是可以跨越时空给予后人启迪的可贵之处。

凡例

本系列丛书共收集290处丝绸之路相关遗产点，分别归入《城镇篇》《交通篇》《生产篇》《宗教篇（上）》《宗教篇（下）》《墓葬篇》6卷予以分类介绍。有鉴于丝绸之路的遗产点在时空范围和历史文化内涵方面涉及面甚广，大多存在历史年代累叠、研究深度不足或相关价值特征研究更为欠缺等复杂情况。为此，本书以"丝绸之路：长安－天山廊道的路网"所含33处遗产点为基础，扩展至《世界遗产名录》及预备名单中与丝绸之路相关的部分遗产点，适量补充我国与丝绸之路相关的若干重要文物保护单位与个别案例，参照文化遗产的陈述模式制定下列统一编撰体例：

遗产点编撰凡例：

—遗产点的遴选范围依据丝绸之路范畴"两片三线"：陆上丝绸之路和海上丝绸之路，沙漠绿洲路线、草原路线、海上路线。

—遗产点的时间范畴依然依据UNESCO世界遗产中心2007年的《概念文件》规定，以公元前2世纪至公元16世纪为限，即以张骞出使西域为起始、至大航海时代之前为终止。

—遗产点的空间范畴受现有资料限定，以中国为重点，外扩至亚欧大陆乃至整个世界的丝绸之路分布范围。

—遗产点的分类主要依据文化线路理论，以其对丝绸之路整体价值的支撑角度，即历史功能进行归类介绍，必要时辅以地域分类。

—各类遗产点的排序以其在丝路上发挥显著作用的年代为准，忽略对最初始建年代或16世纪之后繁荣时期。

—遗产点的介绍体例包含了表格、文字、图片三种形式。其中：表格选择遗产点的基本信息予以简要表述；文字以世界遗产的"简要综述"体例结合系列集合遗产的特性编撰，由"事实性信息"和"丝路关联和价值陈述"两部分内容组成，侧重介绍遗产点与丝绸之路相关的历史信息；图片包括线图与照片，力求直观表达遗产形象。

—遗产点的介绍内容主要来自世界遗产、文物保护单位等遗产保护身份的基础材料及其研究论著。

丝路总图绘制凡例：

—丝绸之路总图的路线勾勒以表达亚欧大陆以丝绸为大宗贸易的"贸易大动脉"为主要意向，不同历史时期的路线分别以不同色彩标注；有关宗教传播、外交使者及其他重要历史事件的路线暂不予标注。

—路网节点城市以现代城市名标注，后附不同历史时代曾用名。

—节点城市之间的连线仅为交通关系示意，不对应道路地形的实际走势。

目 录

序一　005
序二　013
凡例　015

丝绸之路：人类文明与文化交流融汇的伟大遗产
——基于文化遗产理论的丝绸之路研究

一、丝绸之路概念的缘起与传播　002
二、丝绸之路——作为文化线路类型的遗产　011
三、超大型的文化线路——"丝绸之路：长安-天山廊道的路网"的构成分析　018
四、世界遗产的突出普遍价值声明——"丝绸之路：长安-天山廊道的路网"的价值研究　031
五、"丝绸之路：长安-天山廊道的路网"的特征　048
六、超大型线路遗产的理论探索　077
七、结语　079

汉-南北朝（约公元前2世纪-公元6世纪）丝绸之路分布示意图　82

唐-宋（约公元7世纪-公元13世纪）丝绸之路分布示意图　84

元-明（约公元14世纪-公元17世纪）丝绸之路分布示意图　86

附录

附1　丝绸之路文化遗产相关概念简述　090
附2　参考文献　114

后记

丝绸之路：人类文明与文化交流融汇的伟大遗产
——基于文化遗产理论的丝绸之路研究

陈同滨

一、丝绸之路概念的缘起与传播

1. 作为文化遗产的丝绸之路

1877 年，近代地理学先驱、德国科学家李希霍芬[1]基于科学与资本的立场，在他的著作中提出了一个颇富人文地理色彩的地理学概念——丝绸之路（图1），用于指称发生在以汉代为主的中国与中亚之间的中西贸易大通道，并以此充分肯定了丝绸贸易在东西方之间商贸的重要性[2]；59 年之后，他的学生、瑞典探险家斯文·赫定[3]在 1936 年出版的《西域探险考察大系：丝绸之路》一书以此为名，讲述了其在中国的新疆、内蒙古与甘肃的探险历程（图2～图4）。自此，这一名词成为颇具神秘色彩的地理-文化概念广泛流传，虽然近百年来，特别是近十年来，有关"丝绸之路"一词的内涵与外延发生过种种阐释与辨析（唐晓峰，2018），但在今天人们较为普遍的使用中已成为泛指古代东西之间文化与商贸交流的代名词（图5）。

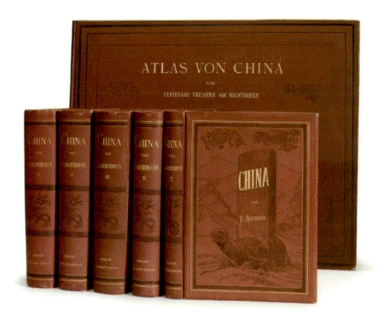

图1　李希霍芬《中国》（Berlin: Reimer，1877—1912年）

---

[1] 弗里德里希·李希霍芬（Ferdinand Paul Wilhelm Richthofe, 1833–1905）：德国地理学家，国际近代地理学领域的重要先驱，瑞典探险家斯文·赫定的老师。曾任柏林国际地理学会会长、柏林大学校长、波恩大学地质学教授、莱比锡大学地理学教授等。李希霍芬在世界各地的地质记录与观察结果、文献都非常详尽，备受学者推崇。著有《当今地理学的任务和方法》（1883）和《19世纪地理学的动力与方向》（1903）等著作。1868年9月至1872年5月期间，七次到中国进行地质地理考察，走遍大半个中国(14个省区)；1877–1912年撰写出版的《中国——亲身旅行和据此所作研究的成果》（5卷，附地图集2卷）一书，是第一部系统阐述中国地质基础和自然地理特征的重要著作，并创立中国黄土风成理论，"对于中国主要地质构造及地文之观念，其伟大之贡献，实无其他地质学家，足与伦比"（翁文灏），也是"最先明了中国地文之伟大科学家"（鲁迅）。在1877年出版的《中国》第一卷中，李希霍芬首次提出了丝绸之路的概念，并在地图上进行了标注。这一术语后来被广泛采纳。

[2] 唐晓峰：《李希霍芬的"丝绸之路"》，《读书》2018年第3期。

[3] 斯文·赫定（Sven Hedin，1865–1952），瑞典探险家，世界著名探险家，因其对地理学的卓越贡献而成为瑞典王国最后一位被授勋的无冕贵族。少年时推崇极地探险家诺登舍尔德(Adolf Erik Nordenskiöld，1832—1901，芬兰男爵，地质学家，矿物学家和北极探险家)；1886年21岁时进入大学学习，师从53岁的德国地理学家、中国学专家李希霍芬，引发中亚探险的志向。1890年12月至1935年2月先后5次进入中国，考察过新疆、西藏和甘肃并发现一系列中国古代城镇等遗址，如1896年在塔克拉玛干沙漠腹地发现丹丹乌里克遗址、1900年发现楼兰古城等，对考古的主要兴趣是发现，而非发掘古代城市，著作有《亚洲腹地探险八年》。

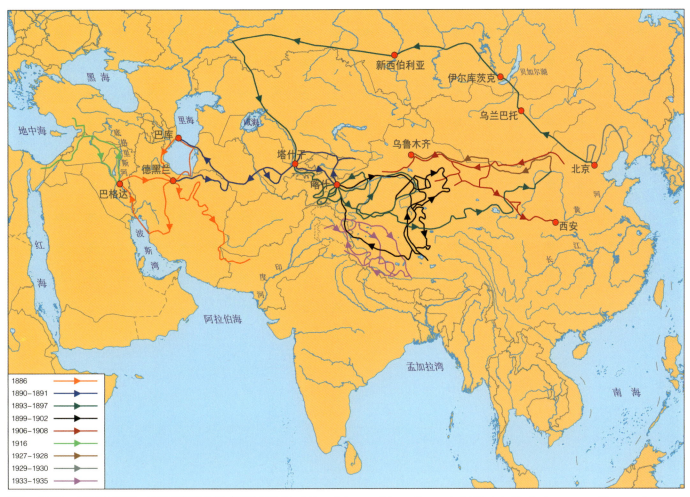

图2 1886—1935年斯文·赫定的探险地图（图片改绘自：https://de.m.wikipeedia.org/wiki/Datei: Exploring_expeditions_of_Sven_Hedin_1886-1935.jpg）

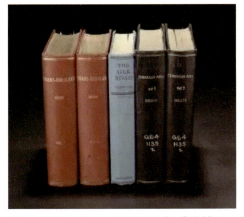

图3 斯文·赫定中国行三部曲：《穿越亚洲》《穿越喜马拉雅》《丝绸之路》（图片来自网络）

图4 斯文·赫定《丝绸之路》中译本（图片来自网络）

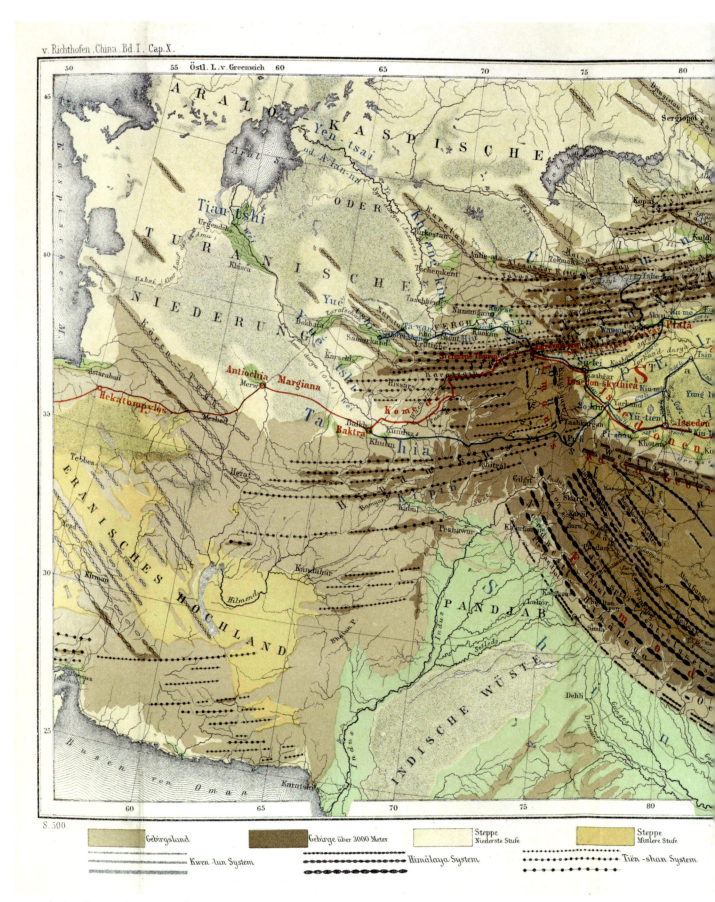

图5 李希霍芬1877年在《中国》卷一中绘制的丝绸之路地图,红线为他标注的丝绸之路路线（Richthofen, Ferdinand Paul Wilhelm von. *China. Ergebnisse eigener Reisen und darauf gegründeter Studien.* vol.1）

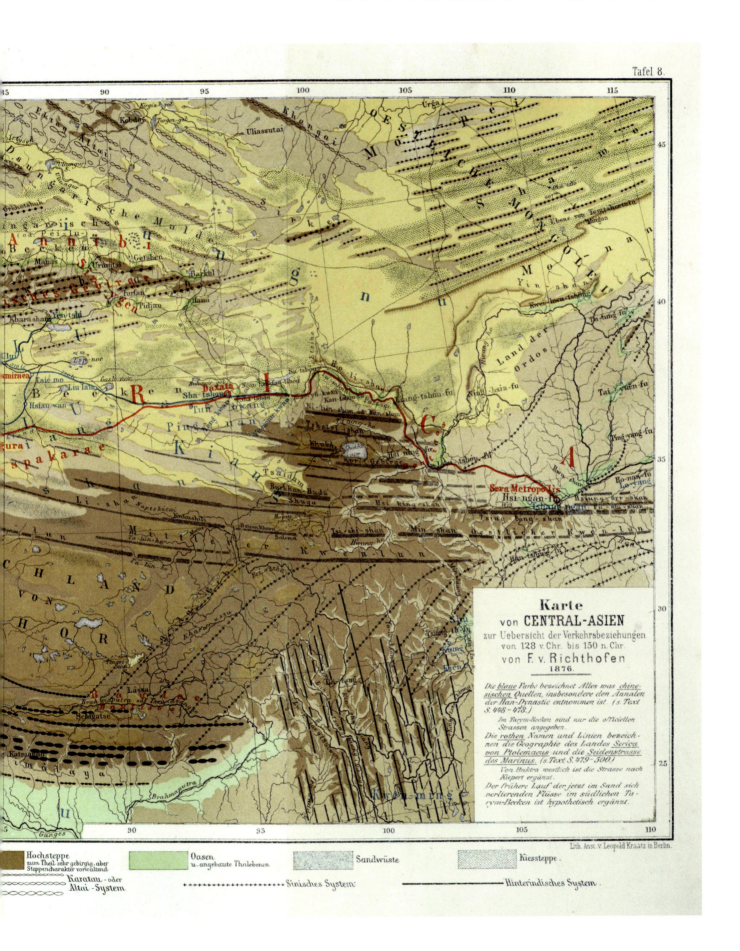

1988年，联合国教科文组织基于丝绸之路在人类文明与文化发展史上的伟大意义，开始策划将其作为世界遗产予以保护。在国际遗产保护组织ICOMOS的推进下，这一行动在多国政府的积极支持和多国专家、学者以及遗产地管理机构的努力参与下延续了26年，最终以中哈吉3国联合申报的"丝绸之路：长安－天山廊道的路网"于2014年6月成功列入《世界遗产名录》，标记了第一项丝绸之路世界遗产的产生，这一事件在国际文化遗产保护历程上具有里程碑的意义，在中国的文化遗产保护史上也具有非同一般的突出意义。

2013年9月和10月，就在中国的丝路跨国联合申遗工作进入国际专业组织验收的最后准备阶段，中国提出了建设"新丝绸之路经济带"和"21世纪海上丝绸之路"的构想，简称为"一带一路"（The Belt and Road，缩写B&R）。这是一项知古鉴今、面向未来的合作倡议，是以亚洲国家为主、经由陆上和海上经济合作走廊，以人文交流为纽带，以共商、共建、共享为原则的中国与丝路沿线各国谋求共同发展的国家倡议。

"一带一路"概念的提出，再次将人们的眼光引入"丝绸之路"这一富有诗意的历史概念——无论是有关它的概念阐释与学术研究，还是考古发现与遗存辨认。或者说，在当今"一带一路"的语境下，不仅对"丝绸之路"做文化地理和知识考古学的考察显得尤为必要，作为保护这一人类文明与文化交流融汇的伟大遗产，包括研究丝绸之路的遗产价值、辨识保护对象以及推进相关的遗产保护管理工作，更属当务之急。

基于遗产保护和传承的目的，对历史文化的遗存开展价值研究，是一项与传统学术研究密切相关，但又存在明显差异的工作。"遗产"的概念本身包含了物质的、历史的、传承的内涵。结合本人近10年来申遗实践中对《实施〈世界遗产公约〉操作指南》（以下简称《操作指南》）的解读可以发现，文化遗产的价值研究存在着一些基本特点：（1）用材料说话。即强调物质的举证凭据作用，轻传说与推测。简言之，不研究没有物质实体支撑的"价值"。（2）有明确的时空范围。即遗产作为一个物质形态的存在，必须有明确的时间与空间范围可界定。简言之，说不清何时何地的东西免谈；至于来龙去脉，可以讨论。（3）价值必须对应载体。即这一点是"用材料说话"的细化，要求价值研究结果中的每一项具体特征也必须有直接对应的物质实体支撑。这些直接对应的遗存实体一般作为价值承载要素予以描述。由此，一项历史文化遗存所承载的历史信息及其意义都可以落到实处，提供给不同语言、不同文化背景的人们解读和理解，促进遗产的保护和传承。

我自2006年开始参与丝路申遗至2014年申报成功，可谓历经了整个"丝绸之路：长安－天山廊道的路网"的申报过程。时隔6年，作为《世界遗产名录》中迄今为止唯一的一项丝路遗产，回顾申报历程，梳理研究成果，进而对工作前景提出建议，期待丝路遗产进一步拓展与完善，在当今"一带一路"的语境下，都可算是一件值得做的事。为此，这里对前此发表过的3篇专文进行整合梳理，增加未曾发表过的研究成果，形成世界第一项丝路遗产"丝绸之路：长安－天山廊道的路网"较为系统的介绍，以资借鉴和讨论。

2. 丝绸之路的申遗回顾

（1）项目缘起

"丝绸之路"申报世界遗产，始自1988年联合国教科文组织启动的"对话之路：丝绸之路整体性研究"项目（1988—1997年）[1]。之所以启动这个项目，主要是因为中亚的文化遗产保护一直是个弱项，联合国教科文组织基于世界遗产保护的全球平衡战略考虑，希望通过国际交流与对话来鼓励和带动中亚地区的遗产保护工作。

1989年在国际组织的策划下，先后启动了5次国际科学考察，从1990—1995年，依次是从西安到喀什的"沙漠丝绸之路"、从威尼斯到大阪的"海上丝绸之路"、中亚的"草原丝绸之路"、蒙古的"游牧之路"以及尼泊尔的"佛教之路"[2]。首先启动的"沙漠丝绸之路"中国段于1990年7月在古城西安拉开帷幕，由中国社科院考古所徐苹芳先生担任中方领队，并在8月举行乌鲁木齐国际学术研讨会，考察与交流取得了圆满的结果。随后我国前辈学者南京大学历史学系刘迎胜先生受国家委派，全程参与了"海上丝绸之路"（1990年10月—1991年2月）、"草原丝绸之路"（1991年4—6月）、"游牧／阿勒泰丝绸之路"（1992年7—8月）共三次考察，在沿途举行的学术研讨会中提交了一系列的学术论文，并于1995年出版了《丝路文化·海上卷》和《丝路文化·草原卷》两本专著。此外还有社科院考古研究所孟凡人先生、吴玉贵先生，北京大学考古文博学院齐东方先生等专家学者参与部分路段的考察，发出了中国专家在国际学术活动中的声音。具体的考察过程记述可见于《丝绸之路沙漠路线中国地段国际学术考察圆满结束》[3]、《威尼斯—广州"海上丝绸之路"考察简记》[4]、《"草原丝绸之路"考察简记》[5]等文献。

2006年，世界遗产中心在开展了一系列国际考察和联合协商会议后，于中国吐鲁番地区召开了申遗工作会，积极推进和协调中国与哈萨克斯坦、吉尔吉斯斯坦、塔吉克斯坦、乌兹别克斯坦和土库曼斯坦等中亚五国跨国联合申报丝绸之路。自此，中国的丝绸之路申遗正式列入政府工作议程。

（2）工作历程

中国的丝路申报工作始于2006—2007年的一系列国际会议，由国家文物局负责开展，并由徐苹芳、安家瑶、郭旃等10多位全国著名的考古、历史与遗产方面的学者组成专家组。在一系列的积极推进之后，国家文物局组织专家组讨论拟定并于2007年公布了第一批丝路申遗项目名单，共48处申报点[6]。自此，丝路申遗得到陕西、河南、甘肃、宁夏、青海和新疆等丝路沿线6省（市、区）的积极响应，丝路申遗项目均列为各省市、自治区的政府工作计划重点。

2009年，国际遗产组织的专家在项目组织推进的过程中，发现已有的丝路遗产理论不

---

[1] 1986年12月，联合国大会通过了《世界文化发展十年行动计划1988—1997》（以下简称"十年行动"），其四个主要目标定位于：认识发展的文化维度；肯定并充实文化认同；扩大文化参与；促进国际文化交流（A/RES/41/187）。该计划于1988年至1997年实施，在联合国系统中由教科文组织担纲牵头机构，下设一系列社会科学研究项目，其中之一的题目就是"对话之路：丝绸之路整体性研究"。

[2] 巴莫曲布嫫，中国社会科学院民族文学研究所，联合国教科文组织：《"丝绸之路"作为方法——联合国教科文组织"对话之路"系列项目的萌蘖与分蘖》，《西北民族研究》2018年第4期。

[3] 张子明：《丝绸之路沙漠路线中国地段国际学术考察圆满结束》，《中国边疆史地研究导报》1990年第6期。

[4] 刘迎胜：《威尼斯—广州"海上丝绸之路"考察简记》，《中国边疆史地研究》1992年第1期。

[5] 刘迎胜：《"草原丝绸之路"考察简记》，《中国边疆史地研究》1992年第3期。

[6] 分别包括陕西（12处）：汉长安城遗址、茂陵及霍去病墓、张骞墓、鸠摩罗什舍利塔、唐长安城遗址、法门寺地宫、彬县大佛寺石窟、昭陵、兴教寺塔、乾陵、大秦寺塔、西安清真寺；甘肃（11处）：玉门关及河仓城遗址、悬泉置遗址、骆驼城遗址及墓群、果园—新城墓群、锁阳城遗址及墓群、麦积山石窟、炳灵寺石窟—下寺、马蹄寺石窟群—金塔寺、千佛洞、水帘洞石窟—拉梢寺、榆林窟、张掖大佛寺；新疆（12处）：楼兰古城遗址、交河故城、高昌故城–阿斯塔那古墓群、尼雅遗址、克孜尔千佛洞、森木塞姆千佛洞、吐峪沟石窟、苏巴什佛寺遗址、柏孜克里克千佛洞、库木吐喇千佛洞、台藏塔遗址、麻赫穆德·喀什噶里麻扎；宁夏（4处）：固原古城、须弥山石窟、固原北朝隋唐墓地、开城遗址；河南（5处）：新安函谷关、陕县崤函古道、汉魏洛阳故城、白马寺、巩县石窟、隋唐洛阳城；青海（4处）：西海郡故城、伏俟城、热水墓群、日月山故道。

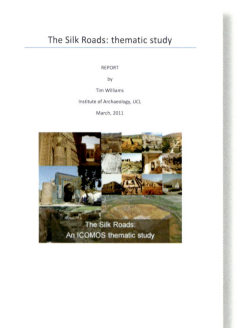

图6 《概念性文件》和《丝路主题研究报告》封面

足以指导全面深入的申遗工作，同时在多国协商操作方面也碰到诸多困难。于是作出两个决定：一是将原来的6国联合申报计划改为两个三国联合体、申报两项丝路遗产；二是委托专家研究撰写《丝路主题研究报告》[1]（简称《主题研究报告》），深化跨国申遗的理论探讨。

2011年5月，在土库曼斯坦召开的国际协调会议上，国际专家蒂姆·威廉姆斯发布了《主题研究报告》的第一阶段成果，其中再次强调了2007年亨利·克里尔（Henry Cleere）在《丝绸之路申报世界遗产概念性文件》（简称《概念文件》）中提出的"这条路上的每个遗产保护点本身都不具备独立的世界遗产价值，只有将它们联系到一起，才能构成一个整体的价值"。这个基本概念给出了整个丝路遗产的结构形态——集成系列遗产，对指导其后丝路的遗产辨认和价值特征研究发挥了非常重要的作用。这一新理念也是基于此前《操作指南》有关"系列遗产"概念的一次深化，对今后的各类综合性大型文化线路遗产的辨认均具有指导意义，亦可谓是对世界遗产理论的一个重要贡献（图6）。

《主题研究报告》主要的贡献，则是引入了"廊道"（Corridor）的概念——把整个丝绸之路分解成若干路段（网）来申报，每一个路段（网）属于一个独立的遗产项目，这样就大大提升了丝路这一超大型文化线路申报、管理的可操作性。"廊道"概念的提出，

[1] Tim Williams. The Silk Roads: Thematic Study, an ICOMOS Study, UNESCO World Heritage Centre: Institute of Archaeology.University College ofLondon, 2011.

引起各国遗产专家,特别是考古专家和历史学家的各种质疑——毕竟丝绸之路在亚欧大陆上作为东西方之间的交通交流体系是一个不可切分的关联体,且"廊道"的形象过于局限,从丝路的分布形态来看,称之为"路网"更为妥帖。最终大家还是为可操作性所吸引,于是《主题研究报告》的申报策略获得广泛认可,同时中国的建议也被接受——在不放弃"廊道"的称谓之后再后缀一个"路网"。

2011年底,在国际组织的协调下,中国和中亚五国的联合申报进行了任务重组:由中国与哈萨克斯坦、吉尔吉斯斯坦三国联合申报一条廊道,简称"天山廊道";由乌兹别克斯坦、塔吉克斯坦和土库曼斯坦联合申报另一条廊道,当时简称"阿姆河廊道"(后更名为丝绸之路:片吉肯特－撒马尔·罕廊道)。与此同时,在ICOMOS的建议下,分别组建了两个丝路遗产的"申报工作协调小组",每个国家分别提供3名成员参加,分别代表政府、考古和遗产专业。

2012年2月,中国丝路遗产申报工作在国家文物局领导下全面启动。首先国家文物局重新厘定并公布了新一批的丝路遗产点申报名单27处[1],作为"天山廊道"的申报实体;并在2月全国的丝路申遗工作会上指定中国建筑设计研究院建筑历史研究所承担遗产提名文件的全部咨询。同时,历史所还承担了中国境内4省27处申报点的管理规划体例设计和现场指导。同年9月,申报文本的预审稿提交世界遗产中心;11月最终确定的22处申报点的规划成果全部通过国家文物局专家评审;12月获各省政府公布实施。

2013年1月,中哈吉三国联合申遗全套提名文件正式提交巴黎的世界遗产中心;3月通过文件格式验收;中国各申报点的申遗工程全面启动,至10月初完成国内验收;10月9—15日由ICOMOS派出的国际专家狄丽玲女士(Ms. Lynne D. DiStefano,加拿大籍)和山内和也先生(Mr. Kazuya Yamauchi,日本籍),分别对陕西－甘肃、河南－新疆两条路线的申报点予以验收,并于11月向世界遗产中心提交验收报告;11月ICOMOS来函要求进一步提交有关"长安－天山廊道"与其他丝路廊道比较的特征研究;2014年1月中哈吉三国正式提交"补充材料"。自此,有关"长安－天山廊道"的遗产理论基本成型。

2012年6月—2014年1月,中国建筑设计研究院建筑历史研究所作为编撰提名文件的中方代表,承担了中哈吉三国联合申遗文本的体例设计、文本起草、遗产整体价值研究以及中国的保护管理等主要咨询内容。为此,中哈吉三国于北京召开了4次极为投入的专业研讨,共同商定申报文本和补充材料的撰写。在克服了诸多前所未遇的交流和沟通困难之后,三国专家终于圆满提交了全套提名文件和补充材料。

2014年3月,全套"长安－天山廊道"的提名文件包括补充材料通过了ICOMOS的专业评审组评审,获得了国际专业组织ICOMOS的充分肯定;同年5月,世界遗产中心网站公布评审结论并提议"列入";6月22号于卡塔尔首都多哈召开的第38届世界遗产大会上,"丝绸之路:长安－天山廊道的路网"顺利列入《世界遗产名录》!

---

[1] 分别包含:

长安(6处):汉长安城遗迹(未央宫等),唐长安城遗迹(大明宫含元殿遗址、丹凤门遗址、含光门、大雁塔、小雁塔、西市),兴教寺塔,乾陵,张骞墓,大秦寺塔;

洛阳(2处):汉魏洛阳城遗迹(阊阖门、宫城),隋唐洛阳城遗迹(应天门遗址、定鼎门遗址);

东段南线(8处):玉门关及河仓城遗址,麦积山石窟,悬泉置遗址,锁阳城遗址及墓群,新安函谷关,陕县崤函古道,炳灵寺石窟一下寺,果园—新城墓群(砖石墓壁画);

东段北线(1处):固原北朝—隋唐墓地;

天山南线(9处):高昌故城,阿斯塔那古墓群－火焰山,克孜尔千佛洞,库木吐喇千佛洞,苏巴什佛寺遗址,别迭里达坂,交河故城,楼兰古城遗址,柏孜克里克千佛洞;

天山北线(1处):北庭故城遗址。

（3）面临挑战

"丝绸之路：长安－天山廊道的路网"作为一项超大型文化线路遗产，不仅要尝试跨国联合申遗的可行性，更重要的是面临一系列遗产理论方面的挑战：

从文化遗产研究的角度而言，迄今为止的"丝绸之路"研究尚不及历史学界的学术研究和资料整理来得成果辉煌。回顾自1988年ICOMOS启动国际跨国联合申遗工作以来，专门探讨丝路遗产理论的专业论述有[1]：ICOMOS资深专家亨利·克里尔编写的《概念文件》、苏珊·丹尼尔（Susan Daniel）的《关于中亚丝绸之路战略途径之建议》、世界遗产中心指导中国和中亚专家学者起草的《丝绸之路突出普遍价值声明草案》和景峰等的《中亚与中国丝绸之路系列申报世界遗产概念文件》等，特别是最后形成的专题研究《主题研究报告》[2]（Tim Williams，2014），都对"丝绸之路"作为文化线路类型的遗产理论进行了探讨，且在理论方面各有贡献。但是这一切研究仅限于概念层面，其深度尚不足以全面指导一个实体申报项目。

因此，作为一项申报世界文化遗产的实体，又当如何按照《操作指南》的要求开展？这一项目不仅是我国的第一项跨国联合申报遗产，更具挑战的是作为一个规模跨越3国、路网体系长达8000km以上的超大型"文化线路"遗产，分布其间的33处申报点并没有一套可以依托的连贯道路实体存在！同时，基于跨国联合申遗的国际遗产组织申报策略，拟提交世界遗产委员会审核的申报项目只是整个"丝绸之路"中的某个路网段落。由此，如何描述它的物质存在、辨认它的遗产构成、界定它的时空范围，进而评估它的价值标准，并在一个足够充分且差异明晰的同类对比分析中、申明自身不同于他者的种种特征，都是一种全新的、国际性的挑战！

进而，我们发现丝绸之路这一人类长距离的交通交流线路，对人类文明和文化发展所起的作用是独特和多方位的。从某种意义上说，人类文明和文化的发展是在人类文明的传播中推进的。因此在价值研究中，我们需要引入国际视野，突破以往单体文明以及单纯交通史的研究方式，更加关注各个文明之间的相互传播轨迹和影响关系，并从它们之间的互动和演变中理解各个文明的特色和源流。这一新视角在整个丝绸之路的价值研究中得到了充分应用，体现在一些遗产理论的观念讨论或申遗策略讨论方面。国际专家开展的专题研究往往是面对整个世界范围的，概念性和指导性都较强，内在的逻辑感也很清晰。但在具体项目中的运用，在中哈吉跨国联合申报项目的实际申报工作中，还需要三国结合自身的地理—文化特性、历史过程以及备选申报点等作出实质性的探讨和创新。

（4）名称的演变

在此需要说明的是，这项丝路遗产的名称在整个申报过程中曾经发生过变更：

2012年全面启动三国联合申遗时，遗产名称的讨论结果确定为"丝绸之路：起始段与天山廊道的路网"。因为在此前国际范围的研讨中，已公认丝绸之路的遗产起始年代

---

1 在此不包括大量中外专家和学者的历史学、考古学以及交通史、交流史等专业的学术研究成果。

为中国张骞出使西域的公元前138年。鉴于此，中国的第一项丝路遗产应对张骞，即中国对于整个世界范围丝绸之路形成与发展的历史贡献——具有起始端的地位与作用——予以展观。因此，文本在遗产空间框架中，也分别将中原地区与河西走廊归纳为"起始段"，将天山南北与七河地区归纳为"天山廊道"。这一陈述方式对于中国人来看，似乎符合事实、符合逻辑，但在国际范畴的讨论中，"起始段"一词受到了质疑。因为在世界文明发展史上，在中国秦汉帝国兴起之际，帕米尔高原以西地区的文明也达到了一个史无前例的高峰时期，特别是经由波斯帝国和马其顿帝国的交通大干道建设[1]，整个丝绸之路的中段和西段部分已经畅通无阻，形成了大规模的交通路网[2]。由此对比亚欧大陆早期的帝国交通体系建设时间：中华帝国的"秦驰道"始建于公元前222年，波斯帝国的"波斯御道"始建于公元前5世纪（在御道上，波斯信差可以在7天内走过2699km）。因此，当张骞于公元前138年为了政治而非商贸目的出使西域时，帕米尔高原东西两侧的大陆都已经形成了相当发达的帝国交通体系。所以经张骞在公元前2世纪两次出使西域而开通的东西交流事件，准确的用词当为"凿空"（司马迁，《史记》）。故此，若以中国一方或丝路东段为"起始段"，显然视野不够全面；加之丝路在贸易上的活动主体以西亚和中亚的民族，特别是粟特人更为突出。这些历史过程也再次见证了丝路沿线各国发展的"共商、共建、共享原则"。

2014年5月，在世界遗产大会召开之前1个月，遗产名称经协商变更为"丝绸之路：长安-天山廊道的路网"登录《世界遗产名录》。

由此，这里对遗产的名称进行统一更替，原"丝绸之路：起始段与天山廊道的路网"改为"丝绸之路：长安-天山廊道的路网"，简称"长安-天山廊道"。

以下逐一介绍"长安-天山廊道"中基于遗产理论的一些探索。

1　"波斯御道"：由波斯国王大流士一世建于公元前5世纪。它从萨第斯的西边(今土耳其伊兹密尔东约96km)出发，向东穿过今土耳其的中北部，直到古亚述国的首都尼尼微(位于今伊拉克摩苏尔)，再折向南方抵达巴比伦(今伊拉克巴格达)。在巴比伦附近，波斯御道据信分走两条路线。第一条向西北再向西经过埃克巴坦那走上丝绸之路。另一条路线继续往东，经过波斯之后的首都苏萨(在今伊朗境内)，然后往东南到达波斯波利斯。大流士所改进的这一道路系统质量非常高，一直沿用到罗马时代。

2　刘迎胜：《丝路文化·草原卷》，浙江人民出版社，1995年，第22页。"如果说波斯帝国对中亚的征服，使从中国到欧洲和北非的丝绸之路的中段，即从中亚到地中海东岸的交通线变得更加通达的话，那么亚历山大东征又使欧洲与中亚建立了直接联系。至此，丝绸之路的中段和西段部分已经畅通无阻。"

二、丝绸之路——作为文化线路类型的遗产

1. 文化线路的遗产概念

2008年10月4日，国际古迹遗址理事会第十六届大会（加拿大魁北克）通过《关于文化线路的国际古迹遗址理事会宪章》（*The ICOMOS Charter on Cultural Routes*，以下简称《宪章》）。"文化线路"这一新概念显示出对文化遗产本体认识观念的演变，引入了一种新的遗产保护理念模式，将这些价值看作超越国界的共同遗产并呼吁进行共同努力。将文化线路看成一个新的概念或是范畴并不与文化遗产现有、公认的范畴或类型，如历史遗址、城镇、文化景观和工业遗产等相矛盾，也不重叠。

《宪章》指出文化线路作为一种遗产类型，必须满足下面的条件：a）必须来自并反映人们的互动行为和民众、国家、地区或大陆间在重要历史时期进行的多维、持续及互惠的货物、思想、知识和价值观的交流；b）必须在时空上促进受影响文化间的交流，使它们在物质和非物质遗产上都反映出来；c）必须集中在一个与其存在有历史联系和有文化遗产关联的动态系统中。文化线路的认定包含五个方面：关联背景（Context）、内容（Content）、跨文化的整体意义（Cross-cultural significance as a whole）、动态性（Dynamic character）、环境（Setting）。

2. 作为遗产的"丝绸之路"概念

"丝绸之路"[1]是公元前2世纪至公元16世纪期间[2]古代亚欧大陆间以丝绸为大宗贸易的[3]、开展长距离贸易与文化交流的交通大动脉，是东西方文明与文化的融合、交流和对话之路。它以中国长安洛阳为起点，经中亚向西到达地中海地区，向南延伸至南亚次大陆，分布于横跨欧亚大陆东西长约10000km、南北宽约3000km的区域内，是人类历史上交流内容最丰富、交通规模最大的洲际文化线路。

"丝绸之路"兴起于世界古典文明发展的第一个高峰时期（公元前2世纪—公元2世纪），罗马、安息、大夏-贵霜、中国汉朝[4]等大帝国在地中海沿岸到太平洋之间形成了一条不间断的文明地带，分别和四周的草原游牧民族，包括中亚地区游牧政权国家诸如塞种、乌孙、康居等不断发生着碰撞与融合，形成了积极的互动关系。随着诸帝国文明的扩展，它们之间的沟通需求及可能性进一步增强，公元前138年的张骞出使西域事件，代表着汉朝官方凿空帕米尔高原东西两侧的文明交流孔道，促成了整个亚欧大陆不同国家与民族之间广泛的文化交往。这一创举不仅有利于以丝绸为大宗贸易的、物品广泛的商业活动，也促进了亚欧大陆上公元前2世纪—公元16世纪中不同文明与文化间在思想、技术、知识和制度方面的交流与传播，并在公元6—12世纪最为兴盛——特别是在中国隋唐、萨珊波斯、印度、阿拉伯[5]、拜占庭等大帝国[6]及古代突厥汗国之间。琐罗亚斯德教、佛教、基督教、摩尼教、伊斯兰教等世界性的宗教都在"丝绸之路"上获得长距离传播——宗教因此而成为联系亚欧大陆诸文明与文化的强有力的纽带。公元13世纪蒙古帝国的崛起，极大地影响和改变了亚洲大陆的政权格局，再度促成了亚欧大陆洲际贸易与文化交流的昌盛局面。

因此，"丝绸之路"作为人类历史上规模最大的文化、贸易、宗教、技术交流的文化线路，其整体意义超过其所有组成部分之和：它汇聚了古老的中国文明、印度文明、波斯-阿拉伯文明与希腊-罗马文明、中亚文明以及其后的诸多文明，沟通了亚欧大陆上游牧民族与定居民族之间的文化交流，促成了人类历史上多元文化的发展。它作为东西方之间融合、交流和对话之路，在人类文明与文化的交流史上拥有无可比拟的影响与突出的地位，在近两千年的历史上为人类的共同繁荣做出了重大而杰出的贡献（图7）。

---

1 在此使用的这个词汇已经是基于文化遗产的角度，并强调了两个方面：一是丝绸作为大宗贸易；一是引入国际遗产组织的丝路定义"东西方文明与文化的融合、交流和对话之路"。

2 参见《中亚与中国丝绸之路系列申报世界遗产概念文件》："丝绸之路的起止时间为公元前2世纪至公元16世纪。……在这些世纪里，丝绸之路具有一种完整性。这一统一性由丝绸之路上的贸易规模以及在其最东端的中国和最西端的地中海地区的政治和经济的稳定性所决定。在这一时间范围内，并不是所有的线路都在同时使用，而且根据不同的地区，贸易和文化交流活动也在不同时期有多有少。"

3 在丝绸之路上，中国丝绸的功用往往因交流活动的性质而改变：在商贸活动中属于大宗货物，在政治外交中属于友好礼物，在军事征战中属于争夺物资，在中西科技交流中属先进技术产品，而且在相当时间里也作为货币使用。

4 罗马帝国（公元前27年—公元395年）、安息帝国（公元前247年—公元226年）、大夏（公元前256年—公元前145年）、贵霜帝国（公元60年—公元250年）、中国汉朝（公元前206年—公元220年）。

5 即中国文献中的"大食"，这是中国唐、宋时期对阿拉伯人、阿拉伯帝国的专称和对伊朗语地区穆斯林的泛称。

6 中国隋帝国（581—618年）、中国唐帝国（618—907年）、波斯萨珊王朝（226—650年）、大食帝国（632—1258年）、拜占庭帝国（395—1453年）。

3. 已有的世界文化线路遗产

在丝绸之路登录世界遗产名录之前，共有欧洲、亚洲、北美洲、南美洲的7条文化线路类遗产列入了《世界遗产名录》（表1）。

已列入《世界遗产名录》的文化线路遗产概况　　　表1

编号	年份	遗产名称	国家	标准	图片
1	1993	冈斯特拉的圣地亚哥之路 Route of Santiago de Compostela	西班牙	(ii)(iv)(vi)	
2	1998	法国圣地亚哥——德孔波斯特拉朝圣之路 Routes of Santiago de Compostela in France	法国	(ii)(iv)(vi)	
3	2000	乳香之路 Land of Frankincense	阿曼	(iii)(iv)	
4	2003	塔夫拉达·德乌玛瓦卡 Quebrada de Humahuaca	阿根廷	(ii)(iv)(v)	
5	2004	纪伊山地的圣地与参拜道 Sacred Sites and Pilgrimage Routes in the Kii Mountain Range	日本	(ii)(iii)(iv)(vi)	
6	2005	熏香之路——内盖夫的沙漠城镇 Incense Route – Desert Cities in the Negev	以色列	(iii)(v)	
7	2010	皇家内陆大干线 Camino Real de Tierra Adentro	墨西哥	(ii)(iv)	

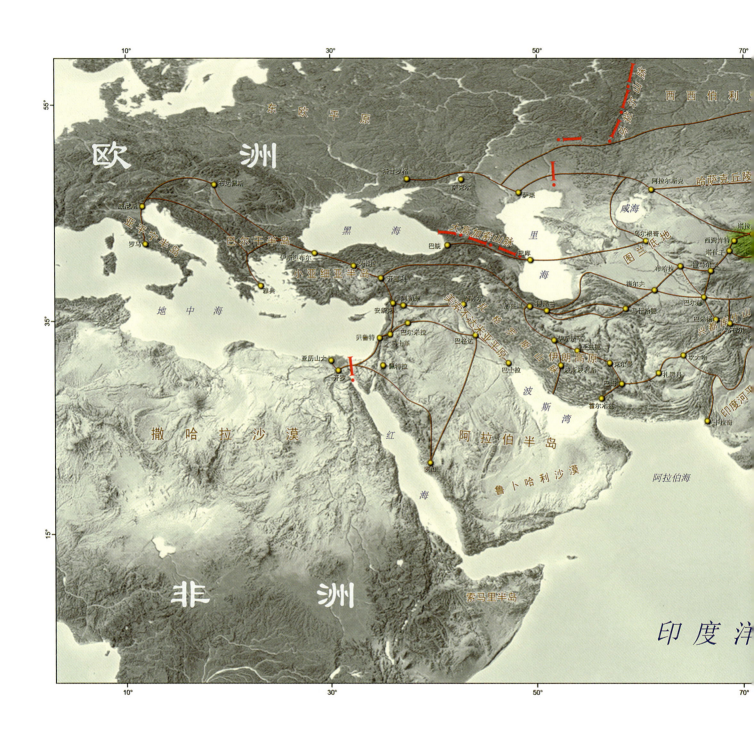

图7 世界范围丝绸之路示意图

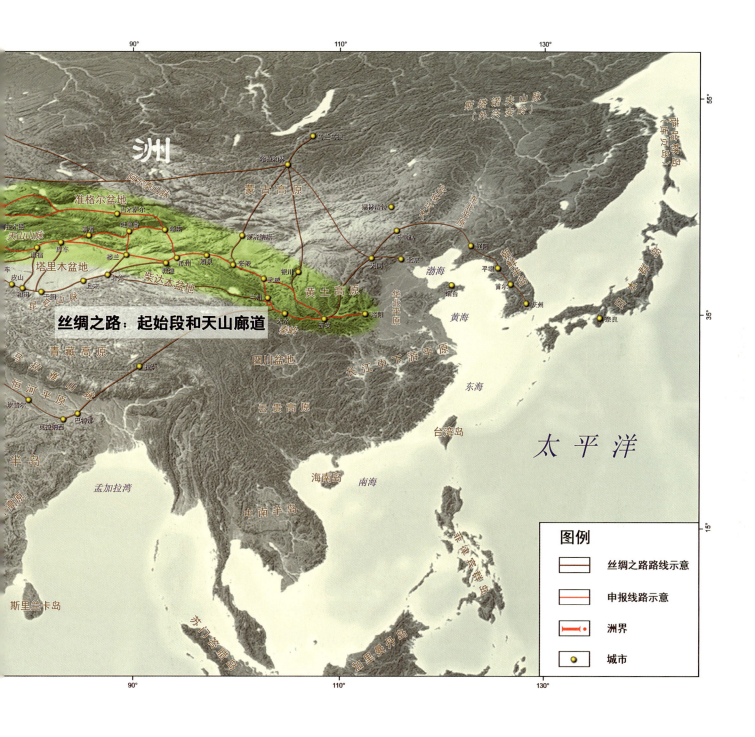

4. 简要的对比分析

通过与已列入该名录的文化线路的比较，作为沟通欧亚大陆的"丝绸之路"的重要组成部分和首批申报项目，"丝绸之路：长安—天山廊道的路网"在交流、见证、人地关系以及关联价值特征等方面，具有突出的地位。

（1）与《世界遗产名录》中的线路遗产对比

① 关于"交流"价值特征的比较

交流是文化线路的最常见价值特性之一，大部分文化线路都在不同程度上沟通某些区域的交流并促进其发展，从而实现其跨文化的整体意义。其中："圣地亚哥的朝圣之路"的交流主题为基督教信仰；"乳香之路"和"熏香之路"的交流主题为香料贸易；"塔夫拉达·德乌玛瓦卡"的交流主题为区域性的综合交通；"纪伊山地的圣地与参拜道"的交流主题为日本神道教和佛教信仰；皇家内陆大干线的交流主题为白银贸易。

与其他七条线路相比，在交流主题方面，本路网承载的内容较之其他文化线路的单一性（或宗教或商贸）更为丰富，包括了商贸交流、宗教传播、政治外交、文化融合、民族迁徙等诸多方面；在交流主题多样性以及沟通不同文化的交流方面意义更加突出，它沟通的是欧亚大陆这个范围内、公元前2到公元16世纪这个人类历史发展的最重要阶段中、几乎囊括了所有人类主要文明区域的交流与沟通。

② 关于"见证"价值特征的比较

与古代香料之路相关的两个文化遗产"乳香之路"和"熏香之路——内盖夫的沙漠城镇"均见证了历史悠久的香料贸易传统。日本"纪伊山地的圣地与参拜道"见证了延续千年的宗教文化。

本路网不仅见证了沿途近18个世纪中诸多业已消逝的古代民族及其文明、延续至今的华夏文明，而且进一步揭示了这些文明内在的制度、体系、历史传统等，具有更加深远的意义。

③ 关于"人地关系"价值特征的比较

在所有七条文化线路类世界文化遗产中，只有"熏香之路——内盖夫的沙漠城镇"因其穿越横跨100km的内盖夫沙漠，并建立城镇而具有"土地利用"价值。

与之相比，本路网不仅穿越横跨1500km的塔克拉玛干等沙漠，并途经连绵的雪山、戈壁、草原等复杂的地理地貌。线路沿途分布的以交通与贸易为主要功能的聚落遗址群，是经由移民屯田、灌溉技术、聚落供水系统等方式，促进丝路沿线传统人类居住地土地利用的杰出范例。同时，交通路线的走向、沿线聚落的选址以及人工设置的水柜也表现出人类在长距离交通条件下对自然环境的依托、利用和改造。因此，本路网有着更为复杂和艰险的自然环境，线路沿线的遗产则体现了人类对这些自然条件进行利用和改造的高度智慧。

在地理景观方面，本路网较之其他文化线路更为丰富多彩，包含了雪山、沙漠、绿洲以及诸多的河流、山川。

④ 关于"关联"价值特征的比较

"圣地亚哥朝圣之路"与该地区历史上的基督教信仰相关联,纪伊山朝圣之路与该地区的圣山传统相关联。

本路网具有更为丰富的关联内容,线路上的诸多遗址遗迹与大量相关出土文物、简牍文书、历史文献和行旅游记,与对人类文明与文化交流史具有里程碑意义的"张骞凿空西域事件"直接关联,与对东亚文化具有重大影响的中国佛教传播事件和传播方式直接关联,与以丝绸为大宗贸易的洲际商贸传统(如绢马互市)以及粟特人在丝绸之路上独特的经商传统直接关联,与众多具有历史、地理、文化价值的重要著作密切关联。

(2)与"阿姆河廊道"及"丝绸之路"其他"廊道"对比

根据《主题研究报告》,"丝绸之路"作为一个"概念性整体",可根据地理和历史文化特性划分为若干具有突出普遍价值(Outstanding Universal Value,OUV)的"廊道",各"廊道"可作为文化线路类遗产项目进行申报。

"丝绸之路:起始段和天山廊道的路网"和"阿姆河廊道"是丝绸之路系列申遗协调委员会第二次会议(2011年)上确定的丝绸之路跨国系列申遗优先申报项目[1]。除这两个"廊道"外,其余"廊道"的基本价值特征已在《主题研究报告》中进行了概述,由于这些"廊道"尚未确认为具有OUV的申报遗产实体,因此本研究不与其展开详细对比分析。

"阿姆河廊道"作为已确认的丝路遗产申报实体,由于至今尚未能读到该廊道的OUV,这里仅就其在"丝绸之路"中的基本价值特征展开一般性的对比分析:

① "阿姆河廊道"在"丝绸之路"的整体交通框架中具有显著的枢纽地位。它直接沟通了东南西北4个方向的道路连线,经此可将东亚、南亚、西亚、北亚和欧洲全部贯通;与本路网的起始地位比较,两者在"丝绸之路"交通体系上分别拥有不同的重要地位。

② "阿姆河廊道"作为河中地区粟特人经商传统的所在地,在文明与文化特色上与本路网的游牧与农耕的对话历史有所区别:"阿姆河廊道"的交流交通主题显然以商业贸易为主,本路网的交流交通主题除商贸活动之外,还有鲜明的政治外交意图。

③ "阿姆河廊道"所在的河中地区,与中华文明、印度文明、西亚文明直接交界,其在"丝绸之路"整体概念下的交流作用,于宗教传播上与本路网拥有同样的内容,但在后来的影响程度上,河中地区受伊斯兰教的影响突出,本路网受佛教的影响更为广泛;此外,还在其他诸多方面存在着多姿多彩的文化异同。

---

[1] 2011年5月,丝绸之路系列申遗协调委员会(Coordinating Committee on the Serial World Heritage Nomination of the Silk Roads)第二次会议(土库曼斯坦阿什喀巴德),商议确定中国与中亚五国的丝绸之路跨国系列申遗为优先申报项目,包括涉及中国、哈萨克斯坦与吉尔吉斯斯坦的"起始段与天山廊道",以及涉及塔吉克斯坦、土库曼斯坦和乌兹别克斯坦的"阿姆河廊道"。

三、超大型的文化线路——"丝绸之路：长安 – 天山廊道的路网"的构成分析

1. 廊道定义

"丝绸之路：长安 – 天山廊道的路网"（以下简称：本廊道）是指"丝绸之路"东段由一系列具有代表性、独特性的遗址点串联而成，并具备突出普遍价值的一处跨国系列文化遗产，属文化线路类型。它作为"丝绸之路"的主要组成部分之一，在公元前2世纪—公元16世纪期间于东亚古老文明中心中国的"中原地区"[1]和中亚区域性文明中心之一"七河地区"[2]之间建立起直接的、长期的联系，不仅在整条"丝绸之路"的交流交通体系中具有起始的地位，还在游牧与定居、东亚与中亚等文明交流中具有重要作用，展现了世界古代亚欧大陆上人类文明与文化发展的若干重要历史阶段，是人类经由长距离交通进行广泛的文明与文化融合、交流和对话的杰出范例，为人类的共同繁荣和发展做出了显著贡献。

2. 时空界定

"丝绸之路：长安 – 天山廊道的路网"形成于公元前2世纪—公元1世纪，兴盛于公元6—14世纪，沿用至16世纪。它位于蒙古高原和青藏高原之间，从黄河中游地区沿秦岭、祁连山、天山一路往西，贯通了中原地区、河西走廊、天山南北与七河地区4个地理区域，建立起跨度近5000km、长度达8700km的长距离交通，分布于中华人民共和国、哈萨克斯坦共和国和吉尔吉斯斯坦共和国国境内。其中："中原地区 – 河西走廊"的路网成形于中国汉唐帝国时期的政权中心长安（今中国西安）/洛阳，向西穿河西走廊至敦煌玉门关，全长3000多公里，开通于公元前138年之后[3]。"天山廊道"的路网以天山为地理依托，由敦煌玉门关与河西走廊相接，经楼兰伊吾（今哈密）后，沿天山山脉南北两侧西行2000余公里至塔拉斯河谷（今吉尔吉斯斯坦及哈萨克斯坦境内）。其中沿天山南麓的一系列绿洲西行可达今吉尔吉斯斯坦进入内天山，又称"天山南路"[4]，它与中原的连通时间是公元前138年之后。沿天山北麓的草原地带西行过霍尔果斯和/或阿拉山口[5]可达哈萨克斯坦，又称"天山北路"[6]，它与中原的连通时间是公元1世纪。

3. 线路走向

"丝绸之路：长安 – 天山廊道的路网"在地理区域上连接了两个古老的亚洲文明中心：东端是位于中国华夏文明中心之一"黄河中游地区"或"中原地区"，西端是作为中亚文

---

1 "中原"一词源自中国古代对今中国河南一带的称谓；广义的中原，指黄河中下游地区，是中华文明的起源和核心地带。在本项目中，"中原地区"主要指黄河中游流域以汉族文化为代表的地理文化区域，包括洛阳盆地、关中盆地及其周边的陇右地区，以及属于长江中游的汉中盆地等组成的华夏文明核心地区。考虑到这一地区在中华文明发展史上具有明显的代表性，考虑到中英文的翻译关系，为方便读者解读，这里以"中原地区"指称之。

2 "七河地区"（又称"七河流域"），在诸多词典上界定不甚明确。文本根据本路网的语境，经中哈吉三国统一认定，界定为伊犁河以西、巴尔喀什湖以南、天山以北、锡尔河/卡拉套山以东的地域。

3 河西开通于汉设四郡（公元前121年—公元前114年）、置列亭障年间。因此，丝路开通的准确时间应该是"始于汉通西域"。（参见《丝绸之路申报世界遗产概念性文件》"The generally recognized starting time of the Silk Road is 138 BC when Emperor Wudi of the Western Han Dynasty dispatched Zhang Qian to the West Region."）

4 自阿克苏以东至敦煌的路段在7世纪的中国历史文献记载中属于"西域中道"部分。见《隋书·裴矩传》中记载裴矩为隋炀帝（605—617年在位）撰写的《西域图记》序言："发自敦煌，至于西海，凡为三道，各有襟带。……其中道从高昌，焉耆，龟兹，疏勒，度葱岭，又经钹汗，苏对沙那国，康国，曹国，何国，大、小安国，穆国，至波斯，达于西海。"（唐）魏征等撰，《隋书》，中华书局。

5 阿拉山（Dzungarian Gate，俄语作Dzhungarskiye Vorota，亦作Dzungarskije Vorota），亚洲中部一山口，位于准噶尔山与帕尔鲁科、马利山脉之间。连接哈萨克的巴尔喀什湖 – 阿拉湖洼地与中国西部的艾比湖盆地。宽约10～40km（6～25哩）。寒冷季节山谷最狭窄处东南风可达到飓风威力。古时亚洲内地游牧部落经此前往哈萨克草原，13世纪初成吉思汗由此出师远征。

6 天山北麓原有历史悠久的亚欧草原之路，连通整个亚欧内陆的北方草原地带。本项目中的"天山北路"是指由敦煌西北行至天山西端北侧的塔拉斯河谷

（接前页）路段，其间与亚欧草原之路衔接，约成形于公元1世纪。自塔拉斯河谷以东至敦煌的路段在7世纪的中国历史文献记载中属于"西域北道"的部分。见《隋书·裴矩传》中记载裴矩为隋炀帝（605—617年在位）撰写的《西域图记》序言。

1 丝绸之路的规模巨大，历史悠久，路网走向复杂，且各国对此各有研究，在此仅作一般性描述。

2 帕米尔高原，古称葱岭，是古代中国和地中海各国的陆上通道——丝绸之路必经之地。据《西河旧事》因"其山高大，上生葱"而得名，地理上属亚洲中部，位于中国、塔吉克斯坦和阿富汗的边境上。

明组成部分的"七河地区"（图8）。其间的路线走向、路端界定和与"丝绸之路"其他路网的衔接关系如下：

（1）本廊道在中国、哈萨克斯坦、吉尔吉斯斯坦境内的线路走向

自公元前2世纪之后形成的、以丝绸为大宗贸易的商贸路线基本走向可分为南道、中道、北道三条路线，这些路线一般可以敦煌郡/玉门关和帕米尔高原为界分为三段[1]：东段从中国黄河中游地区的长安/洛阳到河西走廊西端的敦煌郡（含玉门关、阳关）；中段从玉门关、阳关以西至葱岭或天山西端为界[2]；西段越葱岭后于天山以西的河中地区形成欧亚大陆的交通枢纽路网，往西经过中亚、西亚直到欧洲，往南可达南亚，往北可通亚欧北方草原地带。

这些路网在1800年间随着世界文明格局的演化、沿线不同区域的政权变更甚至生态环境的变化时有损益，一些新的道路被开通，也有一些道路的走向有所变化甚至废弃，但欧亚大陆的东西方交流交通走向基本获得保持。

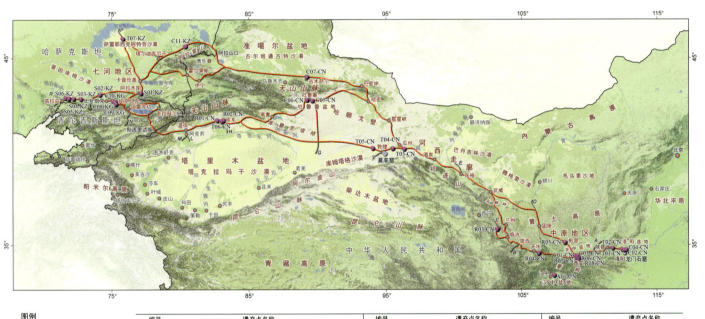

图8 "丝绸之路：长安–天山廊道的路网"线路示意图

（2）本廊道端点界定

本路网的东端同时也是"丝绸之路"的起点，为"中原地区"的长安与洛阳：它们在公元前3世纪至公元10世纪一直是中华文明的政治、经济和文化中心，特别是公元前138年发生在长安的、汉武帝出于政治的意图而令张骞出使西域的事件，已成为"丝绸之路"公认的起始标志。

本路网的西端为"七河地区"的塔拉斯河谷：该地区在"丝绸之路"鼎盛时期曾作为东西方帝国文明势力的交界处；在交通上亦具有枢纽地位——西南通往撒马尔罕、西亚至地中海，西北通往里海、黑海北岸，直到欧洲。因此，塔拉斯河谷具有一定的地理文化边界性质。

（3）本廊道与"丝绸之路"其他路网的衔接关系

作为整个"丝绸之路"的有机组成部分，"丝绸之路：长安－天山廊道的路网"在公元前2世纪至公元16世纪期间与亚欧大陆上的其他以商贸交流（丝绸为大宗贸易）、宗教传播以及政治外交为主要功能的长距离交通路网存在着不可分割的关联。其中主要的衔接关系有：

— 自本廊道的东端向东可接中国境内交通路网，通朝鲜半岛及整个东北亚地区；

— 自本廊道的河西走廊路段可经青海湖、往西南向越青藏高原，可接丝绸之路南部路网、入南亚地区；

— 自本廊道的河西走廊西端可与塔克拉玛干沙漠南线相接，往西至喀什越帕米尔高原后，或可通南亚，或可通西亚至地中海一线；

— 自本廊道的中原地区－河西走廊路段均有中心城镇可往北入蒙古高原，或由天山廊道路段的七河地区卡拉摩尔根遗址往北越巴尔喀什湖、入哈萨克丘陵，均可接贯通亚欧北方的草原路线；

— 自本廊道的西端经塔拉斯河谷或往西北向，经咸海北岸可达东欧；或往西南向渡锡尔河至撒马尔罕，可接中亚整个交通路网，通往南亚[1]或西亚、地中海一线；

— 自本廊道的天山南路或从阿克苏地区继续往西至喀什，或从若干绿洲城镇往南达沙漠南线，均可越帕米尔高原，接中亚交通路网，通往南亚或西亚、地中海一线。

4. 遗产要素清单

"丝绸之路：长安－天山廊道的路网"由分布在中华人民共和国、哈萨克斯坦共和国和吉尔吉斯斯坦共和国境内的黄河中游地区、河西走廊、天山南北与七河地区4个地理区域的一系列具有代表性或独特性的遗址点串联而成。这些遗址点的历史功能主要包含了中心城镇[2]遗迹、商贸聚落遗迹、交通及防御遗迹、宗教遗迹、关联遗迹等5种不同类型，它们作为直接支撑"丝绸之路：长安－天山廊道的路网"整体价值的代表性物证，以丰富多彩的历史信息和保存真实、完好的遗存，特别是以它们之间内在的传播关系与品类的代表性，揭示了"丝绸之路：长安－天山廊道的路网"在1800年间的缘起、发展、昌盛和

---

1 此路线经塔什干、撒马尔罕、布哈拉、梅尔夫，可达伊朗；或经阿富汗，最终抵达印度。

2 在本项目中，线路沿线的中心城镇包含了帝国的都城、国家的都城、具有区域性管理的中心地位或部族的政权中心等城镇。

衰变之过程，展现出经由这条横亘于中国与中亚之间，跨越山川湖泊、戈壁沙漠、山谷草原等的地理大通道所曾经发生过的各种文明与文化的交流、冲突、对话与融合，见证了亚欧大陆的北方地区在此 1800 年间跌宕起伏的主要历史阶段。

作为超大型文化线路的申报工作，本路网将采取分期分批的申报策略。即首先以第一批申报的最具代表性的系列遗产点支撑起本路网的突出普遍价值基本框架；而后依据各国的准备工作推进情况，逐批进行扩展，充实遗产价值。因此，本路网除了由第一批申报点连接而成的交流交通路段之外，还应包含中原地区、河西走廊、天山南北和七河地区范围内符合本路网突出普遍价值的其他同期（公元前 2 世纪—公元 16 世纪）路段。

"丝绸之路：长安-天山廊道的路网"第一批申报点包含了 3 国境内的 33 处具有代表性或独特性的遗址遗迹。其中：考古遗址 25 处，古建筑 3 处，古墓葬 1 处，石窟（寺）4 处（图 9、图 10，表 2）。

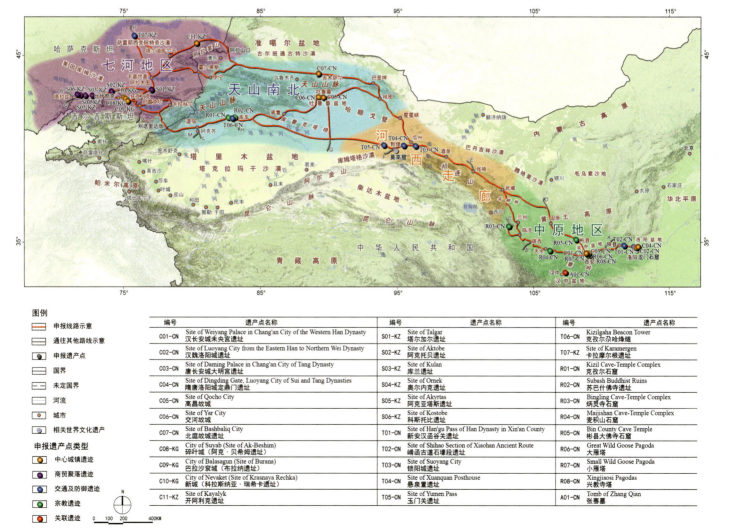

图 9 "丝绸之路：长安-天山廊道的路网"申报遗产点地理区域及类型图

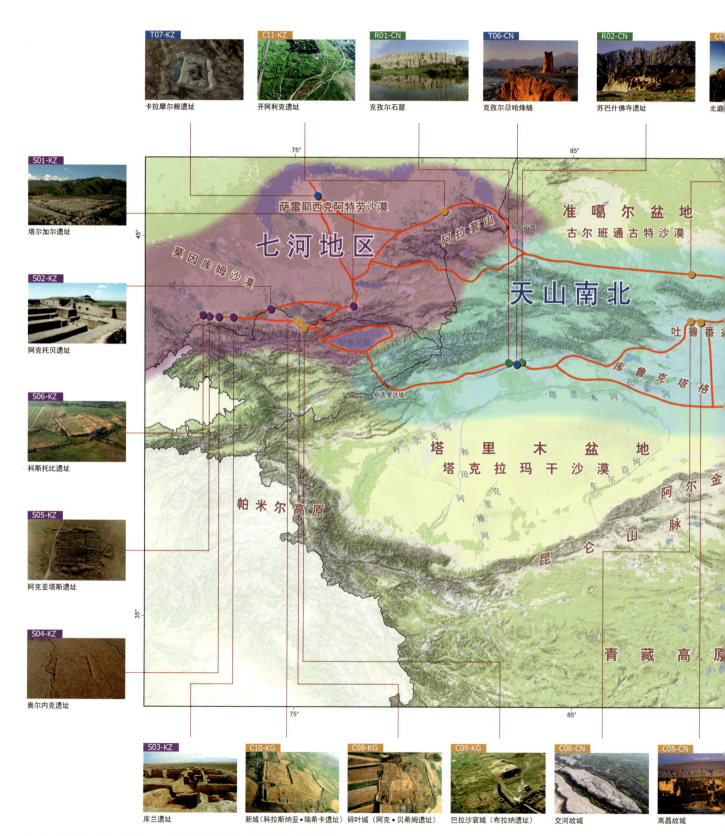

图 10 "丝绸之路：长安－天山廊道的路网"申报遗产点分布图

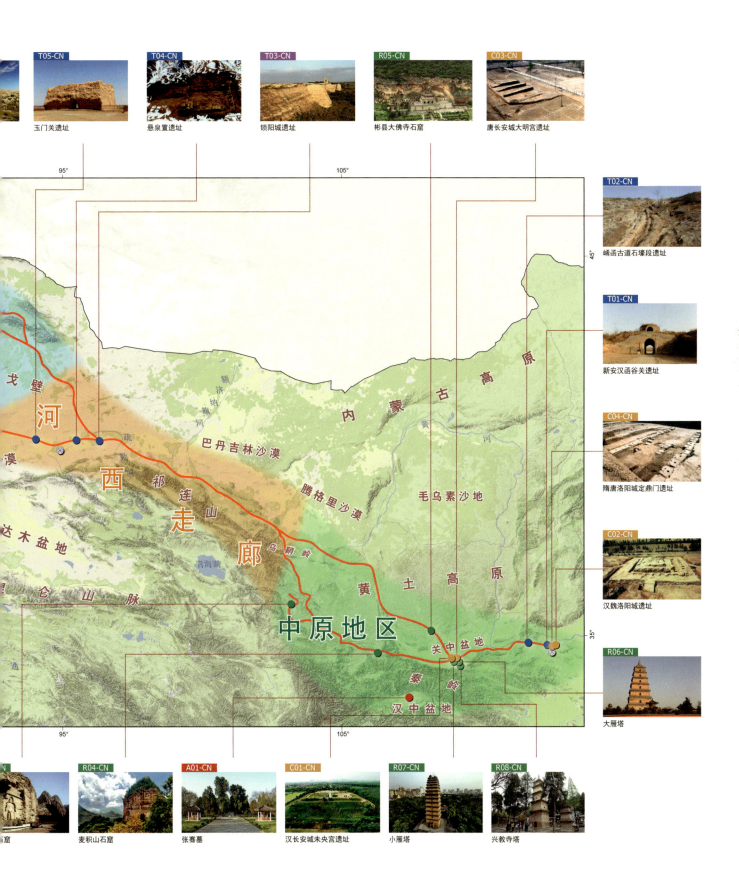

"丝绸之路：长安－天山廊道的路网"申遗点名单　　　　表2

序号	遗存类型	编号	遗址名称	历史年代	国家/省份	类型	地理-文化单元
01	中心城镇遗迹 C	C01-CN	汉长安城未央宫遗址	公元前2世纪—公元1世纪	中国（陕西）	考古遗址	中原地区
02		C02-CN	汉魏洛阳城遗址	1—6世纪	中国（河南）	考古遗址	
03		C03-CN	唐长安城大明宫遗址	7—10世纪	中国（陕西）	考古遗址	
04		C04-CN	隋唐洛阳城定鼎门遗址	7—10世纪	中国（河南）	考古遗址	
05		C05-CN	高昌故城	公元前1世纪—公元14世纪	中国（新疆）	考古遗址	天山南北
06		C06-CN	交河故城	公元前2世纪—公元14世纪	中国（新疆）	考古遗址	
07		C07-CN	北庭故城遗址	7—14世纪	中国（新疆）	考古遗址	
08		C08-KG	碎叶城（阿克·贝希姆遗址）	6—12世纪	吉尔吉斯斯坦（楚河州）	考古遗址	
09		C09-KG	巴拉沙衮城（布拉纳遗址）	10—14世纪	吉尔吉斯斯坦（楚河州）	考古遗址	
10		C10-KG	新城（科拉斯纳亚·瑞希卡遗址）	6—12世纪	吉尔吉斯斯坦（楚河州）	考古遗址	
11		C11-KG	开阿利克遗址	8—14世纪	哈萨克斯坦（阿拉木图州）	考古遗址	
12	商贸聚落遗迹 S	S01-KZ	塔尔加尔遗址	8—13世纪	哈萨克斯坦（阿拉木图州）	考古遗址	七河地区
13		S02-KZ	阿克托贝遗址	7—13世纪初期	哈萨克斯坦（江布尔州）	考古遗址	
14		S03-KZ	库兰遗址	6—13世纪	哈萨克斯坦（江布尔州）	考古遗址	
15		S04-KZ	奥尔内克遗址	8—12世纪初期	哈萨克斯坦（江布尔州）	考古遗址	
16		S05-KZ	阿克亚塔斯遗址	8—14世纪	哈萨克斯坦（江布尔州）	考古遗址	
17		S06-KZ	科斯托比遗址	6—12世纪	哈萨克斯坦（江布尔州）	考古遗址	
18	交通及防御遗迹 T	T01-CN	新安汉函谷关遗址	公元前2世纪—公元3世纪	中国（河南）	考古遗址	河西走廊
19		T02-CN	崤函古道石壕段遗址	公元前2世纪前—公元20世纪	中国（河南）	考古遗址	
20		T03-CN	锁阳城遗址	约公元7世纪—公元13世纪	中国（甘肃）	考古遗址	
21		T04-CN	悬泉置遗址	公元前2世纪—公元3世纪	中国（甘肃）	考古遗址	
22		T05-CN	玉门关遗址	公元前2世纪—公元3世纪	中国（甘肃）	考古遗址	
23		T06-CN	克孜尔尕哈烽燧	公元前2世纪—公元3世纪	中国（新疆）	考古遗址	天山南北
24		T07-KZ	卡拉摩尔根遗址	9—12世纪	哈萨克斯坦（阿拉木图州）	考古遗址	七河地区
25	宗教遗迹 R	R01-CN	克孜尔石窟	3—9世纪	中国（新疆）	石窟（寺）	天山南北
26		R02-CN	苏巴什佛寺遗址	3—10世纪	中国（新疆）	考古遗址	
27		R03-CN	炳灵寺石窟	4—10世纪	中国（甘肃）	石窟（寺）	中原地区
28		R04-CN	麦积山石窟	5—13世纪	中国（甘肃）	石窟（寺）	
29		R05-CN	彬县大佛寺石窟	7—10世纪	中国（陕西）	石窟（寺）	
30		R06-CN	大雁塔	7—8世纪	中国（陕西）	古建筑	
31		R07-CN	小雁塔	8世纪	中国（陕西）	古建筑	
32		R08-CN	兴教寺塔	7—12世纪	中国（陕西）	古建筑	
33	关联遗迹 A	A01-CN	张骞墓	公元前2世纪	中国（陕西）	墓葬	中原地区

1　跨距由主要申报点之间的直线距离累计而成，复线路段不计。
2　吐鲁番盆地最低点艾丁湖面海拔 –154m，是中国大陆最低点。
3　托木尔峰是天山山脉的最高峰，海拔7435.3m。

5. 遗产背景

（1）自然地理环境

"丝绸之路：长安–天山廊道的路网"分布于北纬35°至北纬45°、东经112°至东经71°之间，在地理环境上基本属于亚洲的内陆地区。在跨距[1]近5000km、总长超8700km 的路网分布范围上，共涉及了4片主要的文化地理区域：中原地区（黄河中游地区）、河西走廊、天山南北、七河地区。这些区域的地势最低处海拔 –154m[2]，最高处海拔超7400m[3]，分布有亚洲主要山脉之一"天山山脉"、亚洲主要河流之一"黄河"和亚洲主要湖泊中的巴尔喀什湖与伊塞克湖。

地理气候：这一系列的地理区域分布于青藏高原与蒙古高原之间的东西向带状地带，在地理气候、地形地貌甚至地质条件等方面都拥有各自的特征（图11）。其中：中原地区（黄河中游地区）属于温带季风性气候，冬季寒冷干燥，夏季湿热多雨，年平均温度15℃，年均降水量600mm，气候温暖湿润，非常适合农业的发展。七河地区、天山南北以及河西走廊皆属于温带大陆性气候，常年干燥少雨，冬季寒冷，夏季炎热，昼夜温差可达30℃以上，大部分地方年

图11 "丝绸之路：长安–天山廊道的路网"沿线气候示意图

降水量不足100mm，仅有祁连山、天山等高山区降水较多；气候严酷，分布着大片的沙漠、戈壁，仅有山前绿洲地区借助祁连山、天山等高山冰雪融水带来的灌溉条件发展起绿洲灌溉农业。

地理单元：本廊道贯穿的四个文化地理区域，又可进一步从地理气候、地形地貌、甚至地质条件方面的差异或特征区分出一系列约20余个自然地理单元（图12）：（a）中原地区位于黄土高原[1]，包含了黄河中游地区的洛阳盆地、崤山山地、关中盆地、陕甘黄土高原、陇山山地；（b）河西走廊位于祁连山山脉和巴丹吉林沙漠、腾格里沙漠之间，包含了石羊河、黑河、疏勒河3条雪山融水形成的水系流域；（c）天山南北包含了天山山脉两侧的吐鲁番盆地、哈密盆地、塔里木盆地、塔克拉玛干沙漠、准噶尔盆地、古尔班通古特沙漠；（d）七河地区包含了伊犁河流域、楚河流域、塔拉斯河流域，还有内天山地区。

地貌景观：路网沿途的植被、地貌多样，自然景观极其丰富，从半湿润地带的长安、洛阳出发西行，逐渐进入半干旱、干旱甚至极干旱地带，穿越温带森林、温带沙漠、温带草原、高山草甸、绿洲等植被景观，和平原、山地、高原、盆地、河谷等地形，以及雪山、雅丹、盐原等特殊地貌景观。

[1] 黄土高原是世界最大的黄土沉积区。位于中国中部偏北。北纬34°—40°，东经103°—114°。东西千余公里，南北700km。包括太行山以西、青海省日月山以东，秦岭以北、长城以南广大地区。跨山西省、陕西省、甘肃省、青海省、宁夏回族自治区及河南省等省区。

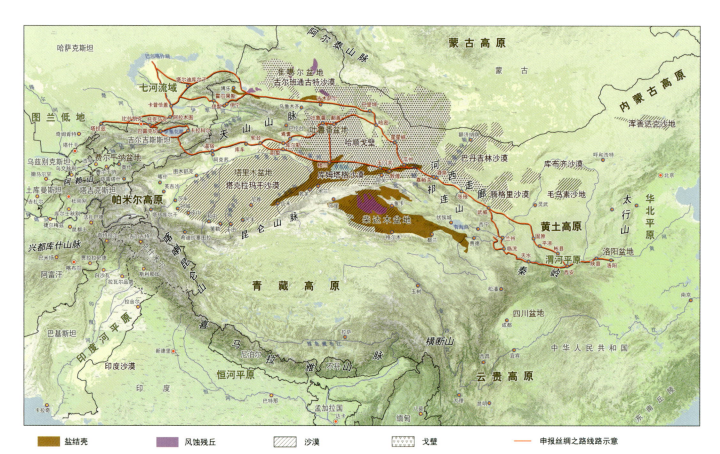

图12 "丝绸之路：长安－天山廊道的路网"沿线地貌环境示意图

（2）民族与政权概况

"丝绸之路：长安－天山廊道的路网"在公元前2至公元16世纪期间，连接了东起亚洲东部中原地区、西至中亚七河地区的多个文明中心。在中原地区与河西地区，曾存在由汉族、鲜卑、蒙古等民族建立的汉、曹魏、西晋、西秦、北魏、隋、唐、宋、元等政权；在天山南北与七河地区，曾存在匈奴、汉族、车师、柔然、粟特、西突厥、回鹘、喀喇契丹、波斯、阿拉伯等民族，以及高昌国、龟兹国、回鹘汗国、高昌回鹘王国、西突厥汗国、喀喇汗国、西辽汗国、葛逻禄、突骑施等政权。这些民族与政权在各历史时期沿本路网进行交流、融合、发展，展现了亚洲大陆在18个世纪期间文明与文化的主要历史阶段和发展脉络。这些交流活动在不同方向、不同地区展现出不同的特征：

东西方向的交流以中原汉族向西发展为主导，引发了中原地区、河西地区、天山南北以至七河地区诸多民族的东西向交流，集中体现在汉族对河西的开发、向西域广大地区发展的过程中与原住民的融合。在汉文化兴盛的汉、唐时期，这一过程特别体现了民族的往来对丝绸之路开辟和繁荣的重要意义。

南北方向的交流以农耕定居民族与草原游牧民族的交流互动为基本主题，引发了人类两大类型文化在亚欧大陆上的持续融合与发展。这不仅表现在中原汉族与北方匈奴、鲜卑、蒙古等游牧民族的交往，以及天山南北回鹘族的扩张，更突出地表现在七河地区突骑施、喀喇汗国、葛逻禄等突厥系诸游牧民向定居民转化的历史进程。

以上这些民族、政权在跨时间、跨地区交流互动中，以商品贸易、人口的迁徙和定居行为带动了沿线有关城市、建筑、宗教、文学艺术、科学技术等全方位的交流和发展，成为丝绸之路交流活动的重要动因。

（3）商贸交流概况

商品贸易特别是丝绸贸易是沿丝绸之路进行的重要经济交流活动。"丝绸之路：长安－天山廊道的路网"作为公元前2至公元16世纪期间古代亚欧大陆贸易通道的重要组成部分，也是丝绸贸易特别是绢马贸易的主要路线。产自中国的丝绸作为丝路贸易中最大宗的昂贵商品大量西运，具有货品等价物的特殊性质，同时中亚、西亚的马匹、香料、宝石等丰富物产也东贩入中国。在这一长距离的洲际商贸交流过程中，中国的蚕丝、丝织品、瓷器、漆器、铁器、茶等，以及中亚、西亚的马匹、香料、宝石、琉璃、服装等大量的物产与商品获得广泛交流。与此同时，葡萄、苜蓿、石榴、胡麻、胡瓜、胡蒜、核桃等物种自西向东传入中国，桑树、白术、蚕等物种自东向西传入中亚、西亚地区。

居住于中亚地区阿姆河与锡尔河之间的粟特人拥有历史悠久的经商传统，是丝绸之路贸易中的重要角色，长期操持着丝绸之路上的国际转贩贸易，并在丝路沿线各国的政治生活和文化交流中起了重要的沟通作用（图13）。

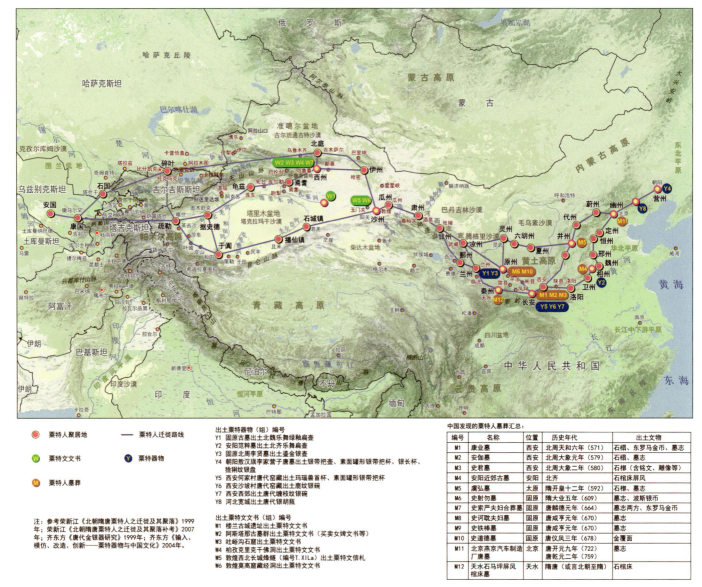

图 13 "丝绸之路：长安－天山廊道的路网"沿线粟特聚居地及迁徙路线、粟特墓葬、粟特遗物示意图

（4）宗教传播概况

宗教传播是沿丝绸之路进行的重要文化交流主题。在"丝绸之路：长安－天山廊道的路网"上，从丝路开通一直到丝路消亡（公元前 2 世纪—公元 16 世纪）1800 来年的时间里，发源于印度、伊朗、叙利亚、阿拉伯半岛等南亚、西亚的佛教、琐罗亚斯德教、基督教、摩尼教、伊斯兰教等各种宗教随着僧人与商旅的往来而传播到沿途所经地区（图 14）。其中：

佛教：

公元前 6 至前 5 世纪创立于印度的佛教，在公元前后传入中国。3 世纪以后成为本路网上传播的主要宗教，后成为中国的主流宗教。同时，由佛教中国化形成的新教派禅宗自

图14 "丝绸之路：长安－天山廊道的路网"沿线宗教传播示意图

7世纪之后就开始回传到丝绸之路经过的西域地区。

伊斯兰教：

公元651年大食（阿拉伯帝国）与中国正式通使，7世纪创立于阿拉伯半岛的伊斯兰教也随阿拉伯商人、使节进入唐朝而经由陆路和海路传入中国部分地区；在9世纪末至10世纪，又传播到中亚的七河地区（及楚河河谷），以后沿着丝绸之路东渐，并逐渐成为天山地区民众的主要宗教信仰之一。

琐罗亚斯德教、摩尼教和景教：

约创立于公元前6世纪的琐罗亚斯德教（传入中国后称为祆教）、创立于3世纪中叶的摩尼教、创立于5世纪的东罗马帝国的景教，在成为流行于波斯的三大宗教后，于3世纪至8世纪随着粟特人在丝路上的往来经商和僧侣传播，陆续经由中亚地区传至中国。

萨满教、印度教、犹太教：

流行于亚洲北方草原地带的萨满教也随着游牧民族沿丝绸之路的迁徙到来而流行于天山地区。印度教、犹太教等的传播遗迹也在本路网的七河地区被发现。

（5）文化传播概况

除宗教交流外，丝绸之路上发生了广泛的各个领域的文化艺术的交流。根据史料记载，经由本路网进行交流传播的内容有：

游记作品：沿"丝绸之路：长安－天山廊道"进行旅行的宗教人士、商人、探险家记下了诸多伟大的游记作品，如玄奘的《大唐西域记》、鲁布鲁克的《蒙古游记》、马可·波罗的《马可·波罗行记》、柏朗嘉宾的《柏朗嘉宾蒙古行纪》等，成为当时东西方相互了解的重要信息来源，也为我们今天了解丝绸之路沿途古文明提供了珍贵史料。

绘画艺术：印度、西亚、中亚的美术技法与题材随着丝绸之路文化交流尤其是宗教交流而东传入丝路沿线地区，并与所到之地本土艺术结合，形成新的艺术风格。如龟兹壁画艺术吸收了有希腊风格的犍陀罗艺术、有印度风格的秣菟罗艺术，以及印度莲花、大象题材，波斯联珠纹、狮子等美术题材，形成独具风格的龟兹艺术，并继续向东影响。产生于中原地区的山水画技法、线描人物等手法及不同时期的艺术风格也随着丝路的交流而向西流布。

音乐舞蹈：西方的天竺乐、胡旋、胡腾、柘枝、霓裳羽衣曲、龟兹乐舞、凉州伎等乐曲和舞蹈，与箜篌、羌笛、横吹、胡笳、琵琶等乐器，随着丝绸之路艺术交流而东传至中原地区，不仅流行一时，而且被纳入宫廷雅乐，成为正统音乐。中原地区的乐器与乐曲也随之西传，龟兹壁画中即有中原乐器。

（6）科学技术传播概况

"丝绸之路：长安－天山廊道的路网"作为大规模的文化线路，承载了东西方间诸多科学技术的双向传播，对人类文明的共同发展产生了重要影响。

自西向东的传播：在本路网上，棉花种植及加工，挂毯编织，葡萄、苜蓿、石榴、胡麻、胡瓜等作物种植，七曜历、玻璃加工、金属加工等科学技术自西向东传播，对沿线地区产生影响。

自东向西的传播：以指南针、造纸、火药、活字印刷术为代表的中国古代科学技术也自东向西传播，对世界范围内的学术、军事、航海等活动的发展产生了深远影响。纺织、制瓷、铸铁、凿井、弩、历谱（历法）、天象、占卜、书法、术数等技术也沿本路网向西传播，不断改变着沿线地区居民的衣、食、住、行等各方面。

双向的传播交流：与此同时，医学、城市与建筑营建等科学技术在东西双方向均获得传播和发展。在这一过程中，中国发明的蚕桑丝绸生产技术的西传，对不同地区农耕定居文明的发展产生了深远影响，在人类文明史上具有重要意义，并与"丝绸之路"文化线路具有直接的关联。

四、世界遗产的突出普遍价值声明——"丝绸之路：长安－天山廊道的路网"的价值研究

本段内容摘自申报世界遗产提名文件第 3 章"列入理由"：

1. 丝绸之路：长安－天山廊道的突出普遍价值声明（OUV）

"丝绸之路：长安－天山廊道"是公元前 2 世纪至公元 16 世纪期间连接长安到塔拉斯的长距离商贸交通路网，位于亚洲大陆中、东部。作为文化线路类型的遗产，它由分布于中国、哈萨克斯坦和吉尔吉斯斯坦 3 国境内的一系列类型各异、具有内在关联的代表性遗迹以及它们之间在 18 个世纪的历史过程中所形成的交通交流关系构成。遗存类型包含了古道、关隘、烽燧、长城、驿站戍堡、军事城堡等支撑和维护长距离交通的基础设施遗址遗迹，包含了都城与宫殿、中心城镇与商贸聚落、多种宗教特别是佛教建筑，以及墓葬等与交通交流活动相关联的各种遗址遗迹。其交通路线主要依傍着游牧与农耕交接地带的天山山脉与青藏高原北缘的祁连山山麓行进，凭借着雪山水系和绿洲的支撑，途经和穿越了一个接一个的干旱、荒芜的戈壁沙漠地带，连通了东亚的黄土高原和中亚的七河地区。全程跨度约 5000km、路网总长约 8700km。

"丝绸之路：长安－天山廊道的路网"属"丝绸之路"极为重要的组成部分，不仅在"丝绸之路"整个交流交通体系中具有起始的地位，还因经由多种途径的人与自然的互动关系建立起了跨区域的长距离交通，连接了多种文明地带，展开了东西方之间持续而广泛的商贸、宗教、科技、文化等交流活动，在游牧与定居、东亚与中亚等文明交流中拥有广泛而重要的影响和作用，见证了亚欧大陆于公元前 2 世纪至公元 16 世纪期间人类文明与文化发展的主要脉络及其重要历史阶段，以及其中突出的多元文化特征，促进了洲际多种文明的协调和共同繁荣，是亚洲大陆上建立长距离东西方交通、开展广泛的人类文明与文化交流、对话的杰出范例。

以下 4 条分别对应《操作指南》的世界遗产价值评估标准，声明"丝绸之路：长安－天山廊道的路网"符合世界遗产的标准 II、标准 III、标准 V 和标准 VI。具体理由如下：

（1）价值标准 II

标准 II 展现了在一段时期内或世界某一文化区域中人类价值观念的相互交流，体现于建筑、技术、纪念性艺术、城市规划或景观设计之发展。

"丝绸之路：长安－天山廊道的路网"以跨越东亚与中亚的特大区域性路网规模、持

久的沿用时间、丰富的各类遗存及其相互间的内在动态关联、多元的交流内容、多样的地理环境，展现出公元前2世纪—公元16世纪期间亚欧大陆诸多文明区域，特别是游牧的草原文明与定居的农耕、绿洲或畜牧文明之间所发生的互为影响与作用，包括宗教信仰、城市文化、建筑设计、住居方式、商品贸易、民族交流等方面所揭示的人们价值观的相互影响，是亚欧大陆上人类经由长距离交通、开展广泛的文明与文化交流的杰出范例（图15）。

具体体现为：

①它以跨越东亚与中亚的特大区域性路网规模，多元的交流内容，丰富的遗存类型，系统的交通保障，持久的沿用时间，丰富的地理环境以及由此形成的多彩的行旅地貌景观，成为颇具活力的亚欧大陆诸多文明与文化交流的沟通渠道。

解析如下：

特大的区域性路网规模：它从东亚的丝路起始端中原地区一直贯通到天山西端的中亚七河地区，建立起跨度达 5000 余公里、总长 8700 余公里的跨区域特大型交通路网。与世界其他文化线路比较，可谓是迄今为止规模最大的、开展了长距离交通交流的线路遗产。

多元的交流内容：它拥有政治外交、商业贸易、宗教信仰、民族文化4大主要交流主题，还可佐证诸多的物种、技术、习俗、艺术、科学、技术等交流内容。其交流的主题极为全面和丰富。

丰富的遗存类型：它拥有反映农耕文明的帝国都城、宫殿、陵寝等遗址，反映游牧文明

图 15 "丝绸之路：长安 – 天山廊道的路网"沿线的多样遗存类型

的王国/汗国的都城或中心城镇遗址，反映地区性的王国都城或军事机构遗址；拥有反映商贸活动的聚落遗址；拥有反映宗教传播的洞窟、寺院、建筑等遗存，包括大量精彩的壁画、塑像和艺术作品；拥有反映成系统的交通防御和保障设施的遗址群。其遗存类型极为丰富。

独特的交通防御体系：分布于本路网沿线，特别是河西走廊与西域地区（含天山南路）的规模庞大的一系列的驿站、关隘、长城、烽燧、戍堡乃至古道等各种遗址群，展现了中国汉朝自公元前2世纪以降为这一路网所建立和强化的一整套古代帝国的交通安全防御体制，为整个丝绸之路超长距离的交通安全与管理提供了必要的保障。这种由国家支撑的交通防御保障制度在中国其后千余年的若干王朝中获得了运用和强化，是人类开展长距离交通和交流的早期范例之一（图16）。

系统的交通给养保障：它拥有商业聚落、贸易城市的市场、中心城镇的旅舍、城堡、仓储、水柜，特别是屯田和灌溉系统等多种可支撑长距离交通活动的设施遗存，类型特别丰富，并有大量的历史文献记载，展现了人们如何将维护长距离交通运行与自身的生存和发展结合起来，体现了长距离交流交通对沿线地区城乡发展的直接作用，特别是七河地区商贸聚落群的产生和汉唐帝国的移民屯田、屯垦戍边等措施。其长距离交通维护系统特别丰富（图17）。

持久的沿用时间：它的沿用时间长达18个世纪，虽然期间几经兴衰起伏，但依然涉及了亚欧大陆公元前2世纪至公元16世纪期间诸多的重要历史发展阶段。

丰富的地理环境：它贯穿了洛阳盆地、关中盆地、汉中盆地、秦岭山地、黄土高原、河西走廊、天山南北、伊犁河流域、楚河流域、塔拉斯河流域等众多地理单元，涉及了温带季风气候、温带大陆性气候（含温带森林气候、温带草原气候和温带沙漠气候）等半湿润、半干旱、干旱、极干旱气候特征，拥有荒漠、草原、森林、城市、农田等多种生态系统。其地理环境特征极为丰富（图18）。

多彩的地貌景观：它拥有庄严圣洁的雄伟雪山、红华赤壁的丹霞景观、清澄壮美的高山湖泊、风光迷人的高山牧场、荒凉苍茫的戈壁沙漠、丰美富饶的辽阔草原、鬼斧神工的雅丹地貌、温和宜人的河谷绿洲、赤热干燥的断陷盆地、地势险峻的关隘山口等诸多地理景观。其旅途景观极为丰富多彩，具有突出的审美价值（图19）。

颇具活力的沟通能力：它的交流沟通范围涉及了诸多民族所曾经建立的帝国王朝、游牧汗国及地方政权，可与世界古老的四大文明——中国文明，印度文明，波斯、阿拉伯文明与希腊-罗马文明及其后的诸多文明相关联。对宗教而言，它对南亚、中亚和东亚间多种宗教的传播，特别是佛教和伊斯兰教的传播发挥了重要的促进作用。

再度振兴的历史功能：沿着它的历史轨迹，现代社会已经或正在建设一系列的大规模交通设施，包括穿越中国大部地区和哈萨克全境的第二欧亚大陆桥、穿越中国西部地区和哈萨克斯坦全境的"西欧—中国西部"国际公路，中国-吉尔吉斯斯坦-乌兹别克斯坦

图16 "丝绸之路：长安－天山廊道的路网"沿线的交通防御设施

图17 "丝绸之路：长安－天山廊道的路网"沿线的交通给养设施

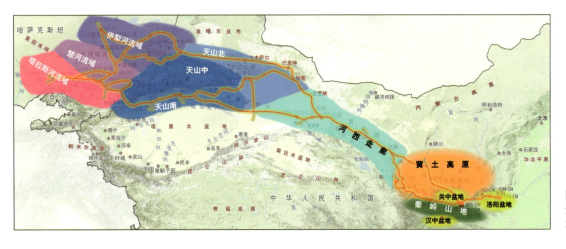

图18 "丝绸之路：长安－天山廊道的路网"沿线的地理环境

图19 "丝绸之路：长安－天山廊道的路网"沿线的地貌景观

的铁路（正在设计中）以及中国境内东西交通干线连霍高速、310 国道、314 国道等。它们的线路沟通范围、局部地区的线路走向与古代丝绸之路基本一致，成为现代社会沟通欧亚大陆的便捷通道[1]，可谓是其交通功能在当代欧亚大陆的社会经济发展中的再度振兴。

②在这一沟通渠道中，宗教信仰、城市文化、建筑设计、住居方式、商品贸易、民族文化等方面因素在其形成和发展过程中表现出的相互之间的内在动态关联性，充分展现了亚欧大陆间人类价值观的相互交流及传播轨迹。

解析如下：

宗教信仰：它以类型丰富的宗教遗迹与相关文献记载，展现出琐罗亚斯德教、佛教、基督教、摩尼教在公元 3—13 世纪在天山南北、河西走廊、中原地区和七河地区以兼容并蓄的方式进行传播[2]，以及伊斯兰教于 10 世纪在七河地区的塔拉斯河谷开始传播[3]。在历经 10 多个世纪的传播过程中，各宗教在不同文明区域与民族文化的影响下展现出不同的特征，揭示了精神信仰方面的相互交流（图 20）。

城市文化：它以一系列的帝国都城、中心城镇、商贸聚落等遗址遗迹，展现出亚欧大陆上不同地理区域与民族间的传统价值观在城市文化（含形制、功能、布局、建筑类型等）

[1] 连接欧洲和远东的大型跨洲铁路已设计完成。1997年5月，马什哈德—Sarahs段的建设已经完成，因此，中亚国家到波斯湾、欧洲与中亚之间有了铁路交通联系。大丝绸之路的复兴，从太平洋到大西洋，尚待铁路建设。2009年，中国西部地区途经哈萨克斯坦和俄罗斯至西欧的铁路建设启动，跨越边界的部分与原丝路重合。

[2] 包括佛教从印度和中国传向七河地区。

[3] 详见吉尔吉斯斯坦的巴拉沙衮（布拉那）和新城（红河）考古揭露的伊斯兰教堂建筑和住宅；哈萨克斯坦塔拉斯河谷的阿克亚塔斯遗址和科斯托比古代聚落。

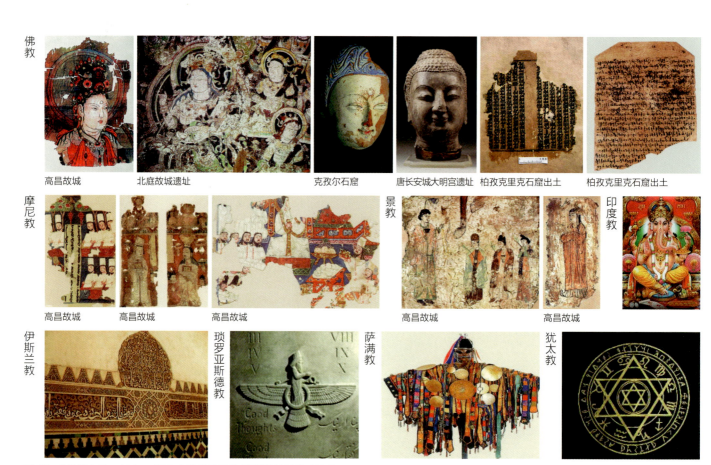

图 20 "丝绸之路：长安－天山廊道的路网"沿线精神信仰交流物证

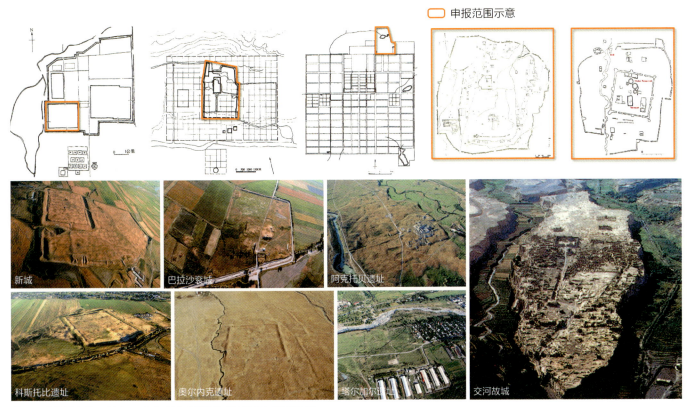

图21 "丝绸之路：长安－天山廊道的路网"沿线城市格局特征

方面的交流与影响发展，特别是分布于天山南北和七河地区的中心城镇，突出展现出多元文化汇聚一身的交流特征（图21）。

建筑设计：它以一系列的建筑遗址遗迹和历史建筑，展现出亚欧大陆上不同地理区域与民族之间在建筑设计（含形式、材料、工艺、装饰艺术、风格等）方面的交流与影响发展（图22）。

住居方式：它以位处草原与山地、沙漠与绿洲交汇地带的聚落遗址群，特别是作为游牧和定居文化共生区域的七河地区，展现出草原文明与农耕文明之间在住居方式上所发生的互为影响与作用，展现出人类从游牧到定居的转换过程。

商品贸易：它以一系列的中心城镇与聚落的商贸设施和生产遗址、相关墓葬等遗址遗迹及其出土器物，展现了"丝绸之路"在洲际开展的商品贸易活动及社会经济发展，反映出亚欧大陆上人们在价值观念上的相互影响。

民族文化：它以众多的遗存遗迹，包括遗址、石刻、壁画、塑像以及大量的出土文书/写本、碑刻和图像文献，展现了亚欧地区诸多业已消逝的民族与文化传统在历史上的交流往来（图23）。

图 22 "丝绸之路：长安－天山廊道的路网"沿线建筑技术特征

图 23 "丝绸之路：长安－天山廊道的路网"沿线民族文化

(2）价值标准 III

标准 III　能为现存的或已消逝的文明或文化传统提供独特的或至少是特殊的见证。

"丝绸之路：长安－天山廊道的路网"是公元前 2 世纪—公元 16 世纪期间欧亚大陆经济和文化交流传统以及社会发展的重要见证。特别是分布于路网沿线的一系列都城、中心城镇和聚落遗址，为亚洲大陆，尤其是中亚地区在约 18 个世纪中诸多业已消逝或发展演变的古代民族及其文明，以及东亚地区延续至今的华夏文明都提供了特殊的见证，揭示了亚洲历史上中原农耕文明、草原游牧文明、西域绿洲文明之间的交流、冲突、兼容、融合等对话过程，以及这一过程所经历的若干重要历史阶段与突出的多元文化特性。

具体体现为：

①它可为亚洲大陆，尤其是中亚地区在约 18 个世纪中诸多业已消逝的古代民族及其文明，以及东亚地区延续至今的华夏文明提供特殊的见证。

解析如下：

古代农耕文明与民族：位于黄河中游地区的一系列帝国都城遗址遗迹，可为延续至今的汉族在古代创立汉、唐等中国古代农耕文明鼎盛时期的王朝及其独特的礼制文化，以及其对丝路的开创与繁荣所起的决定性作用提供特殊的见证。

古代游牧文明或绿洲文明与民族：位于天山南北与七河地区的一系列都城和中心城镇（含城郊墓葬等）遗址，以及宗教遗迹，可为西突厥汗国、回鹘汗国的西州回鹘（高昌回鹘）、喀喇汗国、西辽汗国等业已消逝的古代亚洲北方文明提供特殊的见证；这些遗址与出土文书、器物以及史料记载，还可为匈奴人、车师人、突厥人[1]、柔然人、粟特人、回鹘人、契丹人甚至波斯人、阿拉伯人等多民族的文化特征提供特殊的见证。

②它见证了亚洲历史上中原农耕文明、草原游牧文明、西域绿洲文明之间的交流、冲突、兼容、融合等对话过程，以及这一过程所经历的若干重要历史阶段与突出的多元文化特性。

解析如下：

见证约 1800 年间亚洲，特别是中亚与东亚文明发展的重要历史阶段。本路网的时空框架涉及 10 余个民族曾经建立的 20 余个农业文明的王朝、游牧文明或绿洲文明的汗国、部落与地方政权等。例如：农耕民族建立的西汉、东汉、隋、唐、宋、明等朝代，游牧民族建立的乌孙部落、鲜卑族建立的北魏和西秦、蒙古族建立的元朝，以及在戈壁沙漠的农耕绿洲中建立的喀喇汗国（突厥）、西辽（契丹）、高昌回鹘、吐蕃、突骑施（突厥）、葛逻禄（突厥）、龟兹、高昌国（汉族）、后秦（羌族）等。这些民族、国家与政权的演变更替直接见证了欧亚大陆公元前 2 世纪至公元 16 世纪期间文明发展的主要脉络与重要历史阶段。

见证人类文明中心（群）的兴衰对商贸交通与文化交流的影响：除见证中亚与东亚的重

---

[1] 还包括了突厥人的一些分支民族，如 yagma, chigils, tukhsi, sugdaks 等。

要历史阶段之外，本路网还以自身的兴衰演变揭示出人类不同历史发展阶段中，文明中心的兴衰对商贸交通与文化交流的影响：凡是以帝国规模群体崛起的文明中心在地理区域上形成东西向带状连接时，都是商贸交通与文化交流高度顺畅发达的时期；凡是文明中心分崩离析、地方政权和游离势力纷纷涌现的时期，长距离的交通商贸线路便受到分段控制和阻隔。

见证多元文化兼容并蓄的特征：基于以上所见证的多民族、多文明的长期交流交往历史，分布于丝路沿线同一城镇或聚落中的一系列宗教遗址遗迹揭示出萨满教、腾格里信仰、道教等民族信仰，曾与佛教、摩尼教、琐罗亚斯德教、景教等外来宗教[1]的共存，见证了从中原到七河地区的广大范围中，民族信仰与外来多种信仰和平共处、兼容并蓄的特征。其中充满活力的游牧民族在自身传统信仰基础上，对外来的宗教信仰表现出兼容的态度，起到了积极传播的作用，勤奋守礼的农业民族则在祖先崇拜的传统信仰下表现出多种信仰的融合能力。

③分布于线路沿途的交通遗迹和天山南北、楚河流域的中心城镇遗址，分别见证了古代帝国的交通体系制度与边疆管理模式。[2]

解析如下：

古代帝国的交通设施与制度：分布于本路网沿线一系列的驿站、关隘、长城、烽燧等遗址，可为公元前2世纪左右中国汉代所建立的一整套交通保障体系——帝国邮驿制度、烽燧制度与长城防御制度提供世所罕见的、极为系统的见证（图24）。

古代帝国的边疆管理模式：在人类文明发展史上，疆域广阔的大帝国往往出于管理的需要而在远离中央政权的边疆建立独特的管理机构。分布于本路网上天山南北的高昌、北庭两处中心城镇遗址和楚河流域的碎叶城遗址在历史上都曾作为中国唐代的边疆管理机构所在，见证了中原王朝对塔里木盆地北缘诸绿洲，特别是吐鲁番盆地的经营和开发的悠久历史（图25、图26）。

（3）价值标准 V

标准 V 是传统人类居住地、土地使用或海洋开发的杰出范例，代表一种（或几种）文化或者人类与环境的相互作用，特别是由于不可逆变化的影响下变得易于损坏。

"丝绸之路：长安-天山廊道的路网"经由一系列对自然环境的依托、利用和改造措施，包括对荒漠地带土地利用的成功开发，共同支撑了荒漠条件下的行旅交通，最终使得跨越洲际的文化线路得以贯通，是人类为实现长距离交通与交流而与自然环境相互作用的杰出范例。

具体体现为：

①荒漠条件下的行旅交通路线

人们为进行长距离的交通交流，直接依托河流、山谷和绿洲城镇，穿越了诸多浩瀚的沙漠与戈壁、坎坷的盐原与荒漠、湍急的河流与水系、寒冷的高原与山口等交通险阻，实现并维系了5000多公里跨距的长距离交通（图27）。

---

1 还包括印度教、犹太教以及对多种自然力量（如阳光、火焰、山脉等）和马文化、祖先等的崇拜。

2 都护府是汉、唐等时代领土辽阔、统治民族众多并拥有持续传统和强大国际影响力的中原大帝国为统辖边境各民族而设置的军事、行政机关。汉代在西域设有西域都护府，魏、西晋设有西域长史府，唐代曾在西域设安西、北庭两大都护府。都护府长官称为都护。

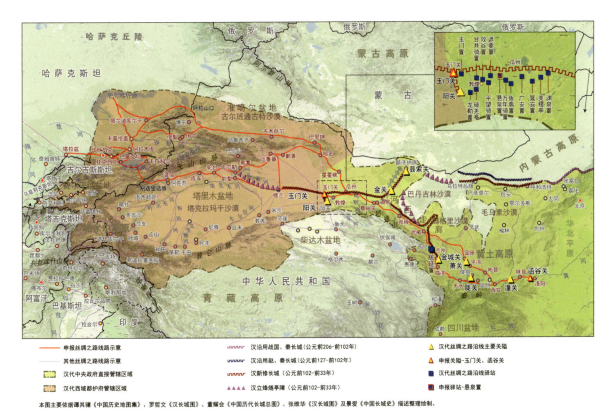

图 24 "丝绸之路：长安－天山廊道的路网"沿线汉代交通设施示意图

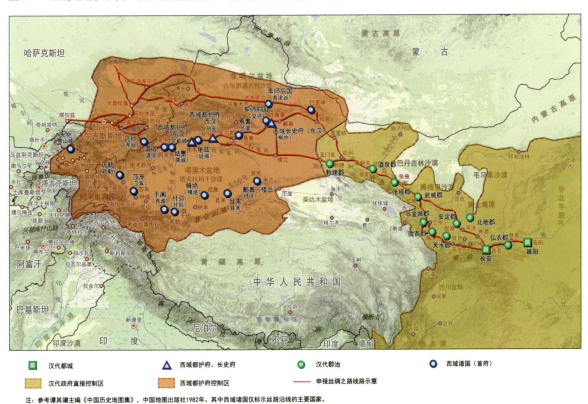

图 25 "丝绸之路：长安－天山廊道的路网"沿线汉代中心城镇分布示意图

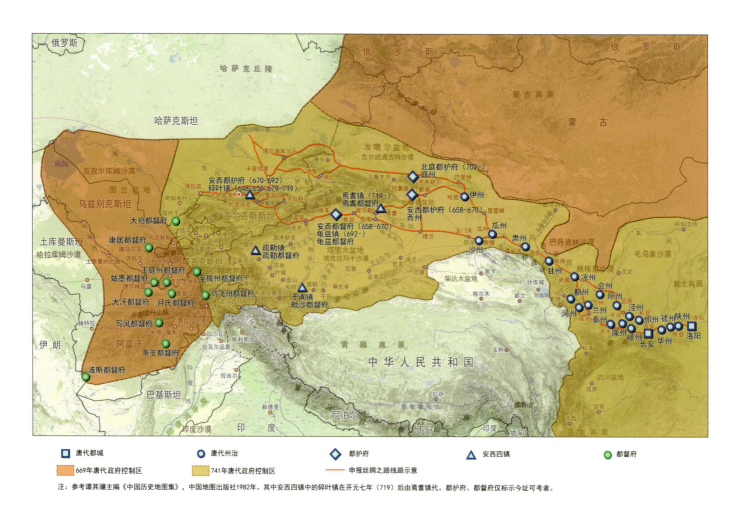

图 26 "丝绸之路：长安－天山廊道的路网"沿线唐代中心城镇分布示意图

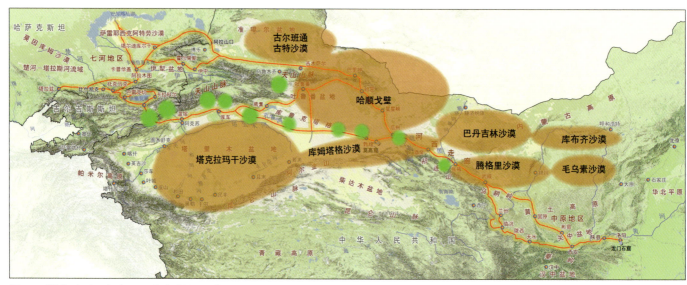

图 27 "丝绸之路：长安－天山廊道的路网"沿线荒漠地带

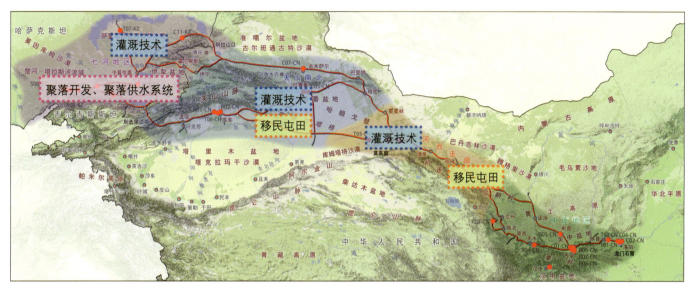

图 28 "丝绸之路：长安－天山廊道的路网"沿线不同区域土地利用技术

1 冬夏季节性重叠路段在夏天是山麓，而冬天却是草原。这也同样适用于在雪季和河水泛滥之时跨越山口和渡口。

2 在甘肃的河西走廊，自东向西有石羊河、黑河和疏勒河三大内陆河。依赖这三大内陆河的哺育，千百年来，河西走廊不仅成为历代封建王朝屯兵备战、戍边固疆的前沿阵地，也成为横贯欧亚大陆的古丝绸之路的黄金通道。

3 尽管沙漠的气候条件非常不适合生存，天山廊道沿途的这些特定地点之间的方位与走向，保证了商队能用最少的时间和精力抵达目的地。定居点之间的路线距离和时间的缩减非常关键，这是建立在城市和对沙漠和半沙漠地区生活适应的基础上获得的经验。

为了支撑穿越亚洲戈壁沙漠地带的长距离交通活动，人们在七河地区、天山南北与河西走廊的路段上，沿着沙漠绿洲、河谷与山口选择和建立长距离交通线路的走向，包括冬夏季节性重叠路段[1]，充分展现出人在脆弱的生存条件下对环境所采用的依托与利用方式。

在河西走廊的锁阳城遗址及其遗址周边的大量历史遗迹，揭示了整个河西走廊自汉以降对祁连山脉的石羊河、黑河和疏勒河水系[2]的依托，三大内陆河在不同的时段上，成为古丝绸之路极其重要的节点。

②支撑长距离交通的给养基地

人们为实现和维系长距离交通交流的目标，在河西走廊、天山南北与七河地区的沙漠戈壁荒原路段上，经由聚落开发、移民屯田、灌溉技术、聚落供水系统等与自然环境互动的方式与技术，在原本荒无人烟或毫无定居聚落的地带进行土地开发，支撑起长距离荒漠地带的交通给养基地；并在整个区域范围促成生态、社会、文化、经济、政治等方面的协调发展，可谓是土地开发的杰出范例（图28）。

河西走廊以锁阳城屯田遗址为代表的土地开发模式，展现了中国古代是怎样在荒漠戈壁地带采取了持续经久的移民屯田行为和灌溉技术，支撑了上千公里的长距离艰难交通，为中原与西域之间交通往来提供了必要的给养保障。特别是丝路开通之初，中原王朝通过移民屯田措施开发、建设了"河西四郡"，在整条丝绸之路的发展史上具有不可替代的贡献。

在天山南北、特别是七河地区，人们依据商旅的日程与路线，根据沙漠或半沙漠地带城市生活的经验，在天山沿途的沙漠边缘依托绿洲、水系和行旅日程进行中心聚落选址[3]，并以自然水系与屯田灌溉技术结合，进行荒漠上的聚落建设，包括聚落供水系统的创设。

这些绿洲城镇和防卫性城堡与交通沿线设置的补充性水柜，共同支撑了荒漠条件下的行旅交通，最终使得跨越洲际的文化线路得以贯通，体现出杰出的土地利用特征。

（4）价值标准Ⅵ

标准Ⅵ 与具有突出的普遍意义的事件、文化传统、观点、信仰、艺术作品或文学作品有直接或实质的联系。

"丝绸之路：长安－天山廊道的路网"的诸多遗址遗迹与大量相关出土文物、简牍文书、历史文献和行旅游记，与对欧亚大陆上的人类文明与文化交流史具有里程碑意义的"张骞凿空西域事件"直接关联；与对东亚文化具有重大影响的中国佛教传播事件和传播方式直接关联；与以丝绸为大宗贸易的洲际商贸传统（如绢马互市）以及粟特人在丝绸之路上独特的经商传统直接关联；与此同时，在沿线其他地点出土的大量文物、简牍文书和考古资料等珍贵材料，尚可为亚欧大陆上广泛的文明与文化交流内容，包括东西方之间物种、习俗、艺术、科学、技术等交流传统提供实质性的佐证，揭示出这些交流活动对社会、政治、经济、文化等诸多方面所产生的广泛而深刻的影响。

具体体现在：

①与重要历史事件相关联

张骞凿空西域：建于汉中的张骞墓和"张骞凿空西域"事件具有直接关联。这一与哥伦布发现美洲大陆具有同等重要意义的世界性历史事件，拉开了古代中国和中亚、西亚、欧洲国家之间政治、经济、文化全面交流的帷幕，使东西方文化交流从之前的局部地区小规模交流很快发展成长距离、大规模的经常性活动，成为丝绸之路东西文化交流的重要里程碑，对世界范围内的文明与文化交流产生了重要影响。

②与信仰关联

中国佛教传播事件"西行取经"和举办译经场所是中国佛教传播的重要方式。本遗产中的大雁塔、小雁塔作为玄奘、义净等唐代西行僧存放取自印度的经卷和佛像的场所，同时亦属唐代长安城的三大译经场所，与中国佛教的西行取经传统直接关联；建于长安郊区的玄奘墓地"兴教寺"不仅与伟大的历史人物玄奘直接关联，还作为佛教唯识宗的重要圣地，在佛教传播史上具有重要地位。

佛教传播对东亚文化的影响：佛教在与中原文明的融合过程中，逐渐衍化为中国传统主流文化（儒、释、道）的基本要素之一，对中国乃至整个东亚地区的哲学思想、文学艺术、生活方式、建筑类型等社会与文化方面都产生了持久而全面的影响。

③与古老的国际商贸传统相关联

大宗丝绸贸易：丝绸是丝绸之路贸易中最大宗的昂贵物品之一，具有商品及货币等价物的特殊性质。由丝路起点长安、洛阳经河西走廊至西域，至中亚、西亚、欧洲大陆，出土了大量中国古代丝绸遗物，是丝绸交流的有力物证（图29）。

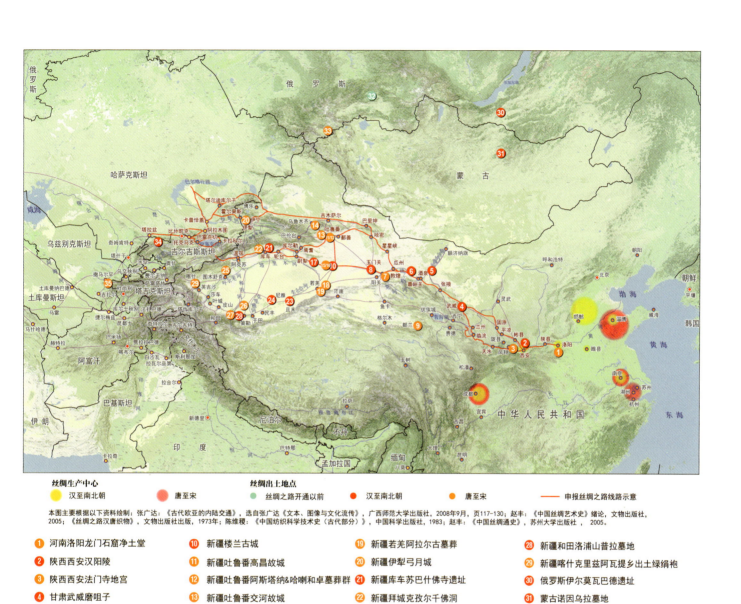

图29 "丝绸之路：长安－天山廊道的路网"沿线中国丝绸出土地点及全国生产中心分布图

绢马互市：以中亚国家培养的良种马匹和中国生产的丝绸进行的交易"绢马互市"[1]，是丝绸之路国际贸易传统的典型形式。粟特人在丝绸之路贸易中的经商传统历史悠久，丝路沿线有关粟特人的遗迹与遗物，与此传统直接关联（图30）。

物产与商品交流：在丝路中交流的丰富物产有产自中原的蚕丝、丝织品、漆器、铁器等，产自西方的马、香料、宝石、服装等。

④与长达1800年的欧亚技术与文化交流相关联

科学、技术与物种交流：它与丝绸生产、造纸、印刷、制瓷、铸铁、凿井、棉花种植及加工、挂毯编织、历法、酿酒、葡萄、苜蓿、石榴、胡麻、胡瓜[2]等作物种植、玻璃加工、金属加工[3]、医学知识及药物等文明技术在中国与西方间的大规模传播、交流和发展有着直接的联系，尤其是蚕桑丝绸生产技术的传播。该技术由中国发明，是中华民族农业文明的特征之一，经由丝绸之路，蚕种3世纪传入中亚，5—6世纪传入欧洲。缂丝和丝织提花技术约7世纪传入西亚大食，宋元之际传入欧洲（图31）。

1 在古代，中亚国家培育纯种马。它们是可用于贸易、礼品赠予和交换的物产，有时也作为崇拜，或军事征战的目标。《史记》"大宛列传"记载：中国西汉王朝时期，汉武帝听说大宛出产好马，于太初元年（前104年）命使臣携带金帛去换取，由于双方意见冲突，换马不成，使臣也被杀害。武帝怒，命将军李广利率兵攻打大宛。大宛的"天堂"马——中国叫天马，更是久负盛名。它们在公元前2世纪的史料中被首次提及，最后提到是在公元479年。乌孙的马匹也极有声望，在汉朝统治的时候，它们被称为"善马"或"好马"。在吐鲁番发现的公元761年的资料可以证明，在唐代西部边境的马匹交易很活跃，资料显示从碎叶（阿克·贝希姆）挑选了6岁的马匹。

2 "葡萄"，伊兰语Budawa译音。《史记》作蒲陶，《汉书》作蒲桃，原产伊兰

中国汉晋时期丝绸织物（公元前2—公元5世纪）

中国唐代丝绸织物（7—9世纪）　　　　　　　　　　　　　　　粟特锦

具有西域风格的唐代丝绸织物（7—9世纪）　　　　　　　　　　伊斯兰新月纹锦

图30 "丝绸之路：长安-天山廊道的路网"沿线出图的丝绸织品

（接上页）北部及中亚，西传希腊、罗马、高卢一带，东传大宛及中国。《史记·大宛传》曰："有蒲陶酒"，《汉书》亦谓"大宛左右，以蒲陶为酒"。"苜蓿"，古大宛语 buksuk 的音译，一种生长广泛的重要的豆科牧草植物，具三小叶和蓝紫色花，主要作为牧草和绿肥作物，一年生或多年生，原产高加索南部、波斯及喀什米尔等地。《史记·大宛列传》："（大宛）俗嗜酒，马嗜苜蓿。汉使取其实来。于是天子始种苜蓿、蒲陶肥饶地。及天马多，外国使来众，则离宫别观旁尽种蒲萄、苜蓿极望。"

3 塔尔加尔是黑色金属和锻造品的制造中心，这里的人们可以生产出莱氏体高碳钢。

文学、艺术与习俗交流：经由丝路传入、对中国具有突出影响的西方艺术形式主要有美术方面的绘画凹凸技法、植物或动物的图案纹样、雕塑方面的犍陀罗艺术，音乐方面的箜篌、羌笛、横吹、胡笳、琵琶等乐器，以及龟兹乐舞、天竺乐、胡旋、胡腾、柘枝、霓裳羽衣曲、凉州伎等乐曲和舞蹈。

⑤与具有重要史地和文化价值的著述关联

玄奘的《大唐西域记》成书于7世纪中叶，该书是记述古代印度与中亚历史地理的珍贵史料，记载了玄奘西行求法过程中亲身经历和传闻得知的138个国家和地区、城邦，包括今中国新疆维吾尔自治区和中亚五国以及阿富汗、伊朗、巴基斯坦、印度、尼泊尔、孟加拉、斯里兰卡等地的情况。该书的内容非常丰富，有各地的地理形势、水陆交通、气候、物产、民族、语言、历史、政治、经济生活、宗教、文化、风俗习惯等方面的叙述。特别是对各地宗教寺院的状况和佛教的故事传说，都作了详细的记载。该书记载准确，故为近代学者在中亚、印度等地进行考古发掘的指导书。

Jusuf Balasaguni 的诗歌 "Kutatgu-bilig"（《福乐智慧》）于11世纪上半叶在当时喀喇汗国的文化中心城市巴拉沙衮用突厥语写成，该文学作品包含对国家统治、政策、伦理、生活方式等多方面的哲理解释，并展现了天山地区城镇的语言风格和社会观念。

Makhmud Kashgari（马哈穆德·喀什噶里）的 "Divanlugatat-turk"（《突厥语

图31 "丝绸之路：长安－天山廊道的路网"沿线文明与文化交流

    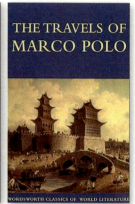

图 32　与"丝绸之路：长安 – 天山廊道的路网"相关的著述

大辞典》）于 11 世纪上半叶在当时喀喇汗国的文化中心城市喀什写成。该书是多种突厥语言和方言的百科全书，作者的父亲是上拔赛汗人，他本人曾亲自走遍"突厥人的每一寸土地，每一个聚落和草原"。这也是为什么在他作品中的世界地图上，那些对他个人举足轻重的地方（伊塞克湖、拔赛汗上游、喀什、巴拉沙衮等）都被放在了中心。该大辞典也包含了关于突厥人部落系统、城市聚落、河流湖泊等的大量历史地理信息。

鲁布鲁克的《蒙古游记》、马可·波罗的《马可·波罗行记》、柏朗嘉宾的《柏朗嘉宾蒙古行纪》等成为当时东西方相互了解的重要信息来源，也为我们今天了解丝绸之路沿途古代文明提供了珍贵史料（图 32）。

五、"丝绸之路：长安 – 天山廊道的路网"的特征

作为申报文本的补充材料，中哈吉 3 国在文本的基础上对 ICOMOS 评审专家回信所建议的 6 个特征开展了进一步的讨论，归纳出"长安 – 天山廊道"与丝绸之路其他潜在的廊道所存在的差异或独特之处。过程如下：

1. ICOMOS 评审专家的相关回函建议

2013 年 11 月 25 日，以 ICOMOS 资深专家苏珊为主评审专家对中哈吉 3 国联合提交的申报文本建议如下：

| Specific Characteristics of the Tian-Shan Corridor | 天山廊道的独特特征 |

The potential Outstanding Universal Value (OUV) of this corridor of the Silk Roads needs to be clearly defined in order to differentiate it from the potential OUV of other corridors that might be nominated.

需要明确定义出本次申报的丝绸之路廊道的潜在突出普遍价值，使其与后续可能申报的廊道的潜在突出普遍价值区分开来。

In order to achieve this, ICOMOS considers that the defining characteristics or attributes of the Tian-Shan corridor need to be set out more specifically than has been done in the nomination dossier, in order to reflect the geo-cultural-social structures that provided the context for trade along the routes network of this particular corridor.

为了达到这一目标，ICOMOS认为申报文本中天山廊道的特征或属性/载体有待更加明确的阐述，以反映出这一特定廊道的路网内贸易活动的地理-文化-社会背景。

ICOMOS would like to agree a list of attributes that would allow a Statement of OUV to be defined that applies only to this corridor of the Silk Roads. In order to help with this process, we set out bellow attributes that in combination would appear to apply to this corridor and not to others:

ICOMOS认为属性/载体清单将有助于做出仅为本次申报廊道所适用的OUV声明。为了帮助这一过程，我们在下面列出了一些属性/载体，这些属性/载体的结合将整体显示出只适用于本廊道而非其他廊道的特点。

- Trade operated under control of Chinese empire and through protectorate states;

■ 在中华帝国控制下、并经过受保护国的贸易

- Succession of palaces that reflect the power center of the Chinese empire over 1200 years;

■ 可反映历时1200余年中华帝国权力中心的一系列宫殿（遗址）。

- Elaborate imperial system of forts, post-houses and way stations to regulate trade and ensure its safety;

■ 控制来往贸易并保障贸易安全的复杂的帝国堡垒、驿站和停靠站体系。

- Cities developed by nomadic communities as trade intersections between nomadic and settled communities which survived in arid semi-desert areas using complex water management systems;

■ 由游牧群落建立的、用于游牧群落和定居群落之间贸易的城市，这些城市依赖综合水资源利用体系，在干旱的半荒漠地带得以维系。

- Succession of Buddhist pagodas and temples that record the spread of Buddhism eastwards along the Silk roads;

■ 记录了佛教沿着丝绸之路向东传播的一系列佛塔和寺庙（遗址）。

- Ensemble of large elaborately decorated cave monasteries that reflect the patronage and display of wealthy merchants.

■ 反映出富有商人的捐助和供养的雕刻精美的所有大型石窟寺。

We would welcome comments on this list and also suggestions for additional attributes.

我们欢迎所有针对该清单的评论及其他属性/载体的建议。

In order to substantiate these attributes, please could more evidence and documentation be provided in particular for the way settlements were related to their environment in terms of water management, and for the way certain sites reflect the interaction between settled communities and pastoral societies.

为了证明以上属性/载体，请提供更多的证据及相关文件材料，重点说明：定居点如何通过水资源利用与周边环境发生联系的，定居聚落和游牧社会间的相互影响是如何在某些遗址点上体现的。

ICOMOS would be willing to offer advice on this process, if requested.

如有需要，ICOMOS很乐意在这个过程中提供建议。

2. 本廊道的价值特征

结合本廊道的地理－文化和地缘政治的特征，围绕中华帝国体系的影响、保护国体系、干旱地区水资源管理的具体类型、定居与游牧人群之间的互动、由商人赞助的势力强大的大规模宗教团体等 5 个方面，针对各个申报点所支撑的线路动态特性和廊道的整体属性，进一步归纳出本廊道所拥有的 10 个价值特征：

①中华帝国及七河地区的国家控制并繁荣了本廊道路网沿线的贸易活动；

②由中华帝国和七河地区国家掌握的戍堡、驿站、停靠站以及商旅驿站控制来往贸易并保障贸易安全；

③可反映历时 1200 余年中华帝国权力中心的一系列宫殿（遗址）；

④以沙漠和雪山为主的沿途地理类型与地貌景观特别丰富；

⑤发展成为游牧聚落和定居聚落交汇点的城市；

⑥干旱地区多样的水源管理；

⑦记录了佛教沿着丝绸之路向东传播的一系列佛教寺院（包括佛塔、寺庙和石窟寺）；

⑧一系列大型的精美石窟寺是本廊道所特有的；

⑨宽容、多民族多宗教共存；

⑩对于丝绸之路具有重要的起始意义。

3. 补充后的遗产综述

为进一步廓清本廊道的价值特征，依据上列价值特征清单，于原文本提出的突出普遍价值声明基础上，补充下列综述内容：

（1）事实性信息

"丝绸之路：长安－天山廊道的路网"是公元前 2 世纪至公元 16 世纪期间连接长安到答拉斯的长距离商贸交通路网，位于亚洲大陆中、东部。作为文化线路类型的遗产，它由分布于中国、哈萨克斯坦和吉尔吉斯斯坦 3 国境内的一系列类型各异、具有内在关联的代表性遗迹以及它们之间在 18 个世纪的历史过程中所形成的交通交流关系构成。遗存类型包含了古道、关隘、烽燧、长城、驿站、戍堡、军事城堡等支撑和维护长距离交通的基础设施遗址遗迹，包含了都城与宫殿、中心城镇与商贸聚落、多种宗教特别是佛教建筑，以及墓葬等与交通交流活动相关联的各种遗址遗迹。其交通路线主要依傍着游牧与农耕交接地带的天山山脉与青藏高原北缘的祁连山山麓行进，凭借着雪山水系和绿洲的支撑，途经和穿越了一个接一个的干旱、荒芜的戈壁沙漠地带，连通了东亚的黄土高原和中亚的七河地区。全程跨度约 5000km，路网总长逾 8700km。

（2）价值特征

本廊道是丝绸之路上受到中华帝国及七河地区的诸国家或政权控制的一条主要商贸

与宗教活动的交流路线，具有开辟时间早、沿用时间长、路网跨度大、穿越的地理－文化地区特别丰富多样等特征，并因此而对丝绸之路具有重要的起始意义。与此同时，本廊道还拥有自身一系列的遗产价值特征：由新安汉函谷关遗址、崤函古道石壕段遗址、锁阳城遗址、悬泉置遗址、玉门关遗址、克孜尔尕哈烽燧等一系列交通保障设施遗存所见证的中华帝国建设的驿传体系与烽燧—长城交通保障体系，连同卡拉摩尔根遗址、阿克亚塔斯遗址等七河地区政权与国家掌管的成堡、停靠站以及商旅驿站，共同支撑和维系了这一长距离的交通路线，进而为东西往来的贸易提供了控制管理和安全保障，促进了本廊道的贸易繁荣。而分布于中原地区的汉长安城未央宫、唐长安城大明宫和汉魏洛阳城等一系列都城与宫殿遗址则可为历时1200余年、特别是汉唐时期中华帝国的权力中心提供特殊的见证；分布于楚河流域的碎叶城（阿克·贝希姆遗址）、巴拉沙衮城（布拉纳遗址）和新城（科拉斯纳亚·瑞希卡遗址）等一系列都城遗址亦可为9—14世纪七河地区的权力中心提供特殊的见证。本廊道所拥有的苏巴什佛寺遗址、大雁塔、小雁塔、兴教寺塔以及诸多分布于帝国都城和中心城镇遗址中的一系列佛教建筑遗存记录了佛教沿着丝绸之路向东传播的轨迹，其中尤以克孜尔石窟、炳灵寺石窟、麦积山石窟、彬县大佛寺石窟等一系列大型的精美石窟寺最为突出。作为亚洲北方游牧与农耕的交接地带，本廊道不仅拥有以雪山与沙漠为主的地理类型与特别丰富的地貌景观，还拥有塔尔加尔遗址、奥尔内克遗址、科斯托比遗址之类的游牧聚落和定居聚落交汇的城市，以及交河、高昌、北庭、碎叶城（阿克·贝希姆遗址）、巴拉沙衮城（布拉纳遗址）和新城（Nevaket）等游牧与定居方式更替的城市遗址；并在锁阳城、高昌、交河与卡拉摩尔根（Karamergen）、奥尔内克（Ornek）和阿克亚塔斯（Akyrtas）等干旱地区的城镇与聚落等定居点的遗址及其周边地带中，展现出类型多样、规模宏大、制度严谨的水源管理体系，为干旱、半干旱甚至极干旱地区的定居点提供了生活与农田灌溉用水，有效维系了长距离交通路段的给养停靠基地——廊道沿线的城镇与聚落甚至驿站与驻兵，并因贸易的发展给整个地区带来了经济与文化的繁荣与昌盛。基于同样的地理－文化背景，沿着本廊道传播的宗教与信仰特别丰富，有佛教、祆教、景教、摩尼教、伊斯兰教以及若干地区性的或不同民族自身的传统信仰，展现出宽容的多民族多宗教共存的特点（表3）。

综上所述，本廊道以成系列的丰富多样的历史文化遗存与特色地理交通环境，共同展现出这一时期中华帝国与七河地区游牧民族诸政权之间在商贸、宗教、政治和文化等方面的直接交流、融合与对话，为促进沿线地区的社会、经济与文化的繁荣和发展做出了杰出贡献，也为近18个世纪的亚欧大陆共同繁荣做出了重要贡献，成为丝绸之路上人类文明与文化交流的重要路段之一。

本廊道申报遗产点对价值特征的支撑分析表　　　　表3

国家 Country	编号 S/N	遗产点名称 Name of Site	价值属性（Attributes）									
			1	2	3	4	5	6	7	8	9	10
中国 China	C01-CN	汉长安城未央宫遗址			●							●
	C02-CN	汉魏洛阳城遗址			●				●			
	C03-CN	唐长安城大明宫遗址			●							
	C04-CN	隋唐洛阳城定鼎门遗址	●									
	C05-CN	高昌故城	●	●	●			●	●		●	
	C06-CN	交河故城				●	●	●	●			
	C07-CN	北庭故城遗址				●	●		●			
	T01-CN	新安汉函谷关遗址	●	●								
	T02-CN	崤函古道石壕段遗址			●							
	T03-CN	锁阳城遗址	●	●		●		●	●			
	T04-CN	悬泉置遗址	●	●		●						
	T05-CN	玉门关遗址	●	●		●						
	T06-CN	克孜尔尕哈烽燧		●		●						
	R01-CN	克孜尔石窟				●			●	●		
	R02-CN	苏巴什佛寺遗址				●			●			
	R03-CN	炳灵寺石窟							●	●		
	R04-CN	麦积山石窟							●	●		
	R05-CN	彬县大佛寺石窟							●	●		
	R06-CN	大雁塔							●			
	R07-CN	小雁塔							●			
	R08-CN	兴教寺塔							●			
	A01-CN	张骞墓										●
吉尔吉斯斯坦 Kyrgyzstan	C08-KG	碎叶城（阿克·贝希姆遗址）	●	●			●	●			●	
	C09-KG	巴拉沙衮城（布拉纳遗址）	●	●			●	●			●	
	C10-KG	新城（科拉斯纳亚·瑞希卡遗址）	●	●			●	●			●	
哈萨克斯坦 Kazakhstan	C11-KZ	开阿利克遗址	●								●	
	S01-KZ	塔尔加尔遗址	●				●				●	
	S02-KZ	阿克托贝遗址									●	
	S03-KZ	库兰遗址	●									
	S04-KZ	奥尔内克遗址				●	●				●	
	S05-KZ	阿克亚塔斯遗址		●								
	S06-KZ	科斯托比遗址					●				●	
	T07-KZ	卡拉摩尔根遗址		●		●						

以下为本廊道10条价值特征的具体说明：

4. 价值特征1

价值特征1（Attribute 1）：中华帝国及七河地区的国家控制并繁荣了本廊道路网沿线的贸易活动。

（1）中华帝国对本廊道路网与沿线贸易的控制

在公元前3世纪以来的1200余年间，中原农耕文明长足发展，中华帝国在世界东方崛起与兴盛，成为具有世界影响的东方文明中心，并促成了洲际范围的东西方文明与文化的长距离交流与传播。公元前2—公元3世纪，汉帝国开辟了通往西域的交通路线，与远近诸多国家和地区建立了贸易、宗教、政治、文化等的广泛联系。公元3—4世纪，中国北方诸民族战乱，朝代更替，长距离的丝绸之路一度中断。公元4世纪北魏统一中国北方，至公元5世纪从长安到中亚地区的交通路线再度开通，并由此促成了佛教向东传播的新高潮。公元7—10世纪，唐帝国的繁盛推进丝绸之路发展至鼎盛。为了抵御周边民族，稳固广袤疆域，中华帝国制定了屯田移民、烽燧制度、驿传制度等一系列制度，并在整个帝国行政建制和军事体制的支撑下，促进和保障了从帝国中心经由天山地区通往西方的长距离贸易活动，并对线路沿线的区域经济与文明发展产生了积极而深远的影响。

随着中华帝国的兴起，东西方大规模贸易常态化成为可能，特别是以丝绸为主要货物的交易，拉动了整个丝绸之路洲际贸易。中华帝国控制的贸易主要包括官方的朝贡贸易和民间的商业贸易两种形式，两者有时也存在相互影响。其中，官方获得的西来商品主要贡献给中央政府，而商人则将获得的商品转输贩卖到中国各地。帝国政府通过赠予或允许外国商人从内陆转贩商品出境等形式促进了中国商品向西输出。

中华帝国控制的民间贸易在中心城镇通过设"市"等方式进行有组织的常规贸易，并为贸易的正常进行提供相应的保护和便利，如唐帝国时期在西州（高昌故城 C05-CN）设市、隋唐洛阳定鼎门遗址（C04-CN）的骆驼蹄印等[1]所反映的那样。在商路沿线和边疆地区大多采用"互市"的形式，故此在边疆城市和商贸交通沿线设立的关隘和烽燧，具有按需设立检验进出口商品和收税的功能。河西地区设置规模巨大的外贸交易区，中华帝国派遣重要的中央官员进行监管[2]，如玉门关遗址马圈湾烽燧（T05-CN）出土出入关文书，敦煌悬泉置遗址（T04-CN）出土驿传文书，中亚穆格山出土粟特商人文书，《函谷关赋》记载新安汉函谷关（T01-CN）"会万国之玉帛，徕百蛮之贡琛"，锁阳城遗址墓群（T03-CN）出土唐代胡人俑、丝绸、骆驼、开元通宝古钱等，悬泉置遗址（T04-CN）出土锦、绢等丝织品、骆驼等骨骼等[3]。

（2）七河地区政权或国家对本廊道路网与沿线贸易的控制

公元前2世纪下半叶，张骞出使西域（公元前138年）后，丝绸之路已然是欧亚

---

[1] 与此相关的佐证在本次申报的项目中有：汉长安城未央宫遗址（汉长安城设东市、西市）、唐长安大明宫遗址（隋唐长安城设东市、西市两个商业区）、汉魏洛阳城遗址（东汉时的胡桃宫、蛮夷邸，西域人居处，"驰命走驿，不绝于时月，商贩胡客，日款于塞下"；北魏时设四夷馆、四夷里，西域人居处。）

[2] 《隋书》卷67，《裴矩传》。

[3] 与此相关的佐证在本廊道沿途其他遗址出土文物中有大量唐代胡人或汉人牵马、骆驼载丝贸易往来的形象。

贸易的一条主干线，天山廊道也就成为丝绸之路上贸易交流的一座重要桥梁。汉帝国需要数量庞大的人力和物资。公元前 60 年，汉帝国设立西域都护府，遂对西域地区进行控制，本廊道所连接的东西方贸易活动在中华帝国的积极促进下得以凿通并渐趋繁荣。

乌孙国（公元前 3 世纪—公元 5 世纪）位于七河地区，其疆域北至巴尔喀什湖，西接塔拉斯河，东南临伊塞克湖和吉尔吉斯山脚。乌孙国通过军事和联姻与汉帝国建立了外交关系，乌孙人跟随汉使一路到大宛（费尔干纳）、康居（今哈萨克斯坦南部，锡尔河流域）。公元 110 年，乌孙国使臣首次抵达长安城，得到汉帝国皇帝的盛情款待。

北魏太武帝（426—452 年）派遣御使、两朝元老董琬、高明出使天山的乌孙国，乌孙国王也以最高礼节接待。乌孙王告知董琬，两个西域小国费尔干纳（Polona）和石国（Chzheshe）对与中国通商梦寐已久，但由于匈奴和柔然威胁其领土并切断了道路，该通商路线未能打通。董琬使团返回时，超过 16 国派遣使臣争相与中国建立政治和贸易关系。《北史》记载自此每年都有西域国家派使臣前来。在开阿利克遗址，多件重要考古发掘文物证实了上述外交关系，例如刻有契丹铭文的青铜印章、中国瓷器、中国进口的黑釉细口球形瓶和中国钱币。

在塔尔加尔遗址也发现了大量相关文物，如中国象牙筷子，带有中国进口装饰标识的陶器和瓷器，在部分器物中还有象形文字铭文。中国进口货物中有一件文物非常重要，这是一面铜镜，背面刻有典型的当地风格的装饰图案。

公元 1—7 世纪初的 600 余年间，七河地区先后被突厥人、匈奴人、突厥人等游牧民族建立的政权或国家所控制，先后建立政权包括康居、乌孙、大宛、悦般、高车、嚈哒、突厥。

第一个突厥汗国（553—657 年）是一个欧陆游牧帝国，与当时最大的政权——拜占庭、萨珊波斯、中国——联手，控制远东到地中海的贸易线路。

公元 6—7 世纪，丝路北线持续繁忙，并被较好地控制，原因如下：1）位于突厥汗国统治的七河地区，是多种奢侈品的主要消费者，吸引了大量商队；2）突厥统治者给予贸易和贸易地以特许保护，例如粟特商人就在丝绸之路中亚段获得了突厥统治者的保护。

公元 7—10 世纪，碎叶曾是西突厥、突骑施和葛逻禄的都城之一。贸易民族，尤其是粟特人，在碎叶和新城的发展中发挥了至关重要的作用。

使团：

突厥人和粟特人希望与君士坦丁堡有直接的贸易往来。568 年，粟特商人马涅亚克带领突厥使团访问君士坦丁堡，签署了贸易协定，建立了军事同盟。

除了派遣使团前往遥远的国度，在西突厥汗国授意和支持下，从草原到绿洲的辽阔地区，互遣使团成了相邻的游牧和绿洲政权间的常规操作。这些受到官方庇护的使团继而吸引了人数众多的商旅加入安全的长途旅行中，转化为以贸易为主要目的的大型有组织的商队。

政治联姻：

可汗们通过政治联姻或和亲的方式加强与邻国以及政治经济实力强大的政权的稳定关系。文献记载西突厥的统治者在11—13世纪间与粟特、高昌、喀什等地的政权完成了联姻。737年，新城已在文献中被提到是苏禄可汗的都城。722年，十姓可汗阿史那怀道的女儿被封为唐朝交河公主，并嫁给了苏禄。7—8世纪晚期，七河地区由唐帝国后期建立的安西都护府和北庭都护府管理。在帝国的保护和大力支持下，沿线贸易达至鼎盛。唐代诗人张籍的《凉州词》就描绘了这一段丝路贸易的繁荣景象："边城暮雨雁飞低，芦笋初生渐欲齐。无数铃声遥过碛，应驮白练到安西。"

即使7—10世纪间战争频繁、政权更替，最高权力并没有真正触及之前的政治经济和社会结构，仍会委任新的代表到原有地方政府任职，负责监督税收。有时，朝贡几乎是从属国表达归顺的唯一形式。这也保证了丝路沿线道路、驿站的维持，对沿线贸易起到了一定程度的促进和保护作用。

公元10—12世纪，强大的中央政权黑汗帝国成立后，在丝路沿线实施了更严格的管理，修建更规范的市场、驿站，为整个贸易的复兴提供了可能。

新的行政管理体系在各个层级得以建立，例如国家邮政监督体系、市场监管、市场规模和价格管控、生产规格等，都兼顾东西方的传统做法而重新建立，以规范贸易，提供安全和秩序。

（3）结论

综上所述，本廊道四个地理区域的路网与沿线贸易在不同的历史时期受中华帝国及七河地区国家不同程度的控制。其中：中原地区始终受到中华帝国的有效控制；河西走廊在丝路开通之后主要处于中华帝国的控制之下，但在公元8世纪中叶—9世纪中叶曾被吐蕃所控制，公元10—13世纪曾被西夏所控制；天山南北的地区在丝路开通之后大部分时间处于中华帝国的控制之下，公元5—10世纪或为汉族控制，或为游牧民族建立的地方政权高昌国、突骑施、回鹘、西州回鹘控制。

本廊道上的商业贸易在不同地域、不同时期的活动主要取决于商贸活动的主体：

朝贡贸易的活动主体主要是中原的中央政权与西域地区的受保护国以及中亚地区的一些政权和国家之间往来的官方使团，这些使团本身携带了大量具有象征性交易的商品货物，还往往伴有随之同行的商队。他们的交通贸易活动主要由官方负责，包括中华帝国与受保护国之间、与相邻中亚国家之间，均由政府的交通和商贸管理体系予以支撑和保障。如始建于公元前2世纪初[1]、沿用近400年的悬泉置遗址（T04-CN）出土的约15000件汉简中，记录了悬泉置接待过的诸多东西往来的中外使者、达官贵人，如解忧公主、冯嫽、少

---

[1] 该遗址目前出土最早的汉简为公元前111年（汉武帝元鼎六年）。

主、长罗侯常惠、楼兰王、大宛贵人乌莫塞及乌孙、于阗、莎车、疏勒、龟兹、小宛、焉耆、渠犁、乌垒、车师等20多个国家的使者（这些使团也常常结伙同行，兴盛时可"相望于道"），最多时一次接待使者王君率于阗王以下1774人的庞大团队。悬泉汉简中还保留了西域都护以外中亚国家与汉朝的来往情况，如罽宾、乌弋山离、大月氏、康居、祭越、钧耆、折垣等，其接待任务均由驿站负责。再如：《元康五年（公元前61年）正月悬泉置过长罗侯费用簿》记录了接待中华帝国出使乌孙的长罗侯及其下属的各类物品使用情况；《康居王使者册》记载了永光五年（公元前39年）案验西域诸国使者奉献骆驼之事；等等。

民间贸易的主体以中亚地区的粟特人最具代表性，也最为活跃。他们的住居地虽然在本廊道的地理范围之外，但他们沿着天山到长安甚至更远的中国东北边境进行长期的长距离经商与贸易活动，则成为本廊道上最具代表性的民间贸易主体，并由此产生了丰富多彩的文化交流产物，包括音乐、舞蹈和生活习俗等。

根据历史文献和考古发现可知，"粟特人经过长时间的经营，在撒马尔干和长安之间，甚至远到中国东北边境地带，逐渐形成了自己的贸易网络，在这个贸易网络的交汇点上，建立起殖民聚落，作为他们东西贸易的中转站。吐鲁番出土有高昌国时期的《高昌内藏奏得称价钱帐》，就反映了在高昌地区进行贵金属、香料等贸易的双方，基本都是粟特人，也就是说，从西方来的粟特商人把大宗货物运载到高昌，由高昌的粟特商人买下来，再分散或整批运至河西或中原地区兴贩。""粟特人东来贩易，往往是以商队（caravan）的形式，由商队首领（caravan-leader）率领，结伙而行，他们少者数十人，多者数百人，并且拥有武装以自保。"[1]（图33）

粟特商队在一路向东的行进中，一方面沿着商路建立起自身的聚落作为贸易接续站，一方面也吸纳许多其他中亚民族，如吐火罗人、西域（塔克拉玛干周边绿洲国家）人、突厥人加入。虽然丝路沿线，包括本廊道的若干遗址中有波斯银币和罗马金币的出土，包括有波斯商人的活动，但在本廊道进行贸易活动的民族主要是中亚的粟特人。[2]

1　荣新江：《从撒马尔干到长安——中古时期粟特人的迁徙与入居》，载《从撒马尔干到长安：粟特人在中国的文化遗迹》，荣新江、张志清编著，北京图书馆出版社，2004年第1版。
2　同上。"在北方丝路沿线发现的大量波斯银币和少量罗马金币，应当是粟特人贸易的印证，而不是钱币源出国的波斯人和拜占庭人。"

图33　敦煌莫高窟第420窟窟顶东坡上部隋代绘图《观世音菩萨普门品》——敦煌壁画常见的中亚粟特商队原型

5. 价值特征 2

价值特征 2（Attribute 2）：由中华帝国和七河地区国家掌握的戍堡、驿站、停靠站以及商旅驿站以控制来往贸易并保障贸易安全。

（1）中华帝国交通体系与更西的七河地区国家交通体系的关系

中华帝国的交通保障综合体系主要在汉唐帝国时期（公元前 2 世纪—公元 10 世纪）建立，其对丝绸之路长距离交通保障的有效程度直接取决于帝国的疆域范围。本廊道的中原地区、河西走廊地区和天山南北的路网大部分时间处于汉唐帝国的控制范围内，交通体系呈现出规模宏大、类型复杂、系统构建的特色。这一特色可由本廊道的新安汉函谷关遗址、崤函古道石壕段遗址、悬泉置遗址、玉门关遗址、克孜尔尕哈烽燧、锁阳城遗址等六处申报点获得印证。这一区域内交通沿线曾存在的受保护国包括：汉帝国时期的"西域三十六国"（本廊道涉及焉耆、龟兹、姑墨、温宿、乌孙等），唐帝国时期葱岭以西的诸多国家（多受中国册封并设立羁縻州府，位于本廊道以西更远的区域）。

七河地区在唐帝国疆域极盛时期（公元 7—8 世纪）也曾纳入中华帝国交通体系的保障范围。但在其他历史时期，本廊道在这一地区的交通主要由游牧民族建立的地方政权控制，如公元 7 世纪中叶以前的匈奴、乌孙、柔然、高车、嚈哒、突厥，公元 7—10 世纪的黠戛斯、突骑施、葛逻禄、寄蔑、萨曼王朝等，公元 10—14 世纪的喀喇汗国、西辽、察合台汗国、帖木儿王朝等。这些来自游牧民族的地方政权建立的交通体系主要包括可特供选择的良马和骆驼、可提供换乘骆驼的停靠站、延至锡尔河流域的"Karaultobe"等。这些具有中亚特色的交通基础设施与中华帝国的烽燧体系衔接，保障了从长安到天山地区以西甚至更远的区域交通。

（2）中华帝国建立的长距离交通保障体系

由中华帝国建立的长距离交通保障体系不仅包含了城镇、城堡、驿站、道路等一般的交通基础设施类型，还包括了本廊道特有的关隘、烽燧、长城、戍堡、粮仓等安全和给养保障设施，呈现出系统构建的特色，分布于跨度 5000km 的交通路网沿线。这一规模宏大、类型复杂的交通保障综合体系自帝国中心始，西抵汉帝国的天山地区、唐帝国的锡尔河流域，同时也见证了中华帝国交通管理制度——关隘制度、邮驿制度、烽燧与长城防御制度等。这些管理制度建立在帝国行政管理制度的基础上，创始于公元前 2 世纪、推行维系于其后 12 个世纪，为从汉唐帝国中心到天山地区的贸易、宗教、政治、经济等文明与文化交流提供了多重保障。

关隘制度：关隘一般设置于地形险要、交通要塞之处，一方面是为了军事防御和控制交通，另一方面也是征收关税的重要设施。汉帝国关隘的设置集中在重要城镇周边或帝国边疆地区。唐代关隘的设置正式作为常设的国家机构，出现在《职官志》里。历代关隘都有管理机构和驻防人员，职能由汉代的防御功能为主向唐帝国时期的经济功能为主逐渐转化（T01-CN 新安汉函谷关遗址、T05-CN 玉门关遗址）。

邮驿制度：为了实现广阔帝国版图内的交流通畅，汉帝国已建立完备的邮驿制度。其中以车传送称为"传"，以马传送称为"驿"，以步递送称为"邮"，通常在主要交通要道每隔三十里设一驿，一般道路沿线设亭和邮，通常十里一亭，五里一邮。唐帝国的疆域进一步拓展，进一步完善了邮驿体系，具有法令意义的"官道"或叫"驿路"，列置馆驿，三十里置一驿，非通途大道则立馆（T02-CN 崤函古道石壕段遗址、T04-CN 悬泉置遗址）。

烽燧与长城防御制度：烽燧与长城是中华帝国特有的防御体系，展现的是游牧与农耕两种文明的冲突关系。烽燧体系始建于汉帝国、扩建于唐帝国，在玉门关以东一般与长城并存，组成一个完整的军事防御和预警体系，在河西走廊呈现出显著的交通护卫功能；在玉门关以西的天山地区以设置独立烽燧的方式存在，在承担军事防御功能的同时亦用于交通预警与行旅停靠，呈现出明确的交通安全与行旅维系等保障功能。如唐朝在西域地区主要依靠烽燧体系实现交通保障，约每30里置一烽燧，临近边境的烽燧要在附近筑城，严加保护。烽燧设置专门的官员，主要掌管烽燧的保护、修缮和报警［T05-CN 玉门关遗址：小方盘城（关城）、大方盘城、长墙系列、烽燧系列；T06-CN 克孜尔尕哈烽燧］。

屯戍制度：汉唐帝国在保持军事建制的基础上，采用守边士卒同时从事农业生产的制度，即屯田制。这一制度始于公元前2世纪的西汉武帝时期，此后随汉、唐帝国的疆域扩大而获得长期的大规模推行。一般分为军屯和民屯，军屯由戍边士兵屯垦，民屯由中央政府从内地大规模迁移民户进行屯垦，所获粮食主要用于边防军队的给养，同时也用于各国使臣、商旅行人在本路网长距离交通上的往来供给（C05-CN 高昌故城、C06-CN 交河故城、C07-CN 北庭故城遗址、T03-CN 锁阳城遗址）。

（3）七河地区国家的交通体系

天山地区融合了两种生产生活方式：农耕和游牧，作为畜牧业和农产品生产中心吸引了大批商人。畜牧业带来大量的牛（肉、皮、毛）、马、骆驼饲养。品种优良的马匹被从七河地区运往中国，也得到了中华帝国大力的鼓励和支持。这些商品货物通过沙漠骆驼来获取和运输。同时，这里也是多种谷物和葡萄的产地。

中国的文献和考古发掘文物显示，运输和货运路线组织是中国和七河地区的主要问题。公元3—4世纪，货运路线组织非常严谨有序。有专门的驿站供商旅休息，每个较大的绿洲都可以更换骆驼。使臣和执行国家任务的人员会配备精挑细选的良种马和骆驼。

沿天山山脉和锡尔河流域建立了完备的烽燧系统，主要为防御突袭。

卡拉摩尔根遗址是古代防御性城址，有坚固的城墙和角楼、"L"形城壕，构成了一个严密的防御要塞，保证商旅的安全。卡尔摩尔根是丝路沙漠段管理体系的重要构成部分，还建有完备的水利灌溉系统，包括河道、大坝、蓄水库、运河、水渠及分水渠，以及开垦的田地，保障城镇居民和过往商旅的生活所需。

沙漠地区在城镇、聚居地之间，开凿了一系列的水井，没有灌溉用途，而仅作为商旅的饮用水来源。

在阿克亚塔斯遗址，多个防御要塞和烽燧为丝路沿线贸易畅通无阻提供安全保障。将阿克亚塔斯建于两个中世纪城镇之间这一选址绝非偶然，而是对应了日间商队换班的需求。

6. 价值特征3

价值特征3（Attribute 3）：可反映历时1200余年中华帝国权力中心的一系列宫殿（遗址）。

丝绸之路的勃兴缘起于亚欧大陆上若干帝国的兴起，特别是东亚的中华帝国与欧洲的罗马帝国之间的丝绸贸易暴利促成了跨越洲际的长距离商贸活动。本廊道东起于中华帝国的核心地区——关中盆地和洛阳盆地，这里分布有可反映汉唐之际历时1200余年中华帝国权力中心的3处宫殿遗址：汉长安城未央宫遗址（C01-CN，西汉帝国，公元前2世纪—公元1世纪）、汉魏洛阳城宫城遗址（C02-CN，东汉至北魏帝国，3—6世纪）、唐长安城大明宫遗址（C03—CN，唐帝国，7—10世纪）。它们均是帝国都城内的重要政治决策中心，是帝国权力的集中体现，反映了强大的帝国经济、政治、军事和文化实力对本廊道的交流、对话的推动和保障。这些帝国宫殿遗存均具有宏大的格局规模和建筑体量，同时具有以中为尊、轴线对称的格局形态，反映了汉唐之际中国历代帝国通过营建大型城市形象、构筑城市空间秩序，借以彰显帝国权力的权威与尊贵。这些特征集中体现了本廊道东端中华帝国的文化特征和城市聚落的独特面貌，成为历时1200余年中华帝国权力中心的典型代表与象征。

7. 价值特征4

价值特征4（Attribute 4）：以沙漠和雪山为主的沿途地理类型与地貌景观特别丰富。

本廊道位于亚洲北方，从长安到塔拉斯河谷的交通路线傍依着众多的河谷、雪山、沙漠、戈壁以及绿洲、草原和适于农业的平原地区行进，跨度达5000km的线路途经或穿越了亚洲第二大山脉天山、世界第二大的高山湖泊伊塞克湖、亚洲第一大沙漠塔克拉玛干、世界第二低地吐鲁番盆地、世界屋脊青藏高原与蒙古高原的夹持地带河西走廊、黄土高原以及亚洲北部一系列干旱且浩瀚的沙漠地带：中国境内的腾格里沙漠、巴丹吉林沙漠、库木塔格沙漠、嘎顺戈壁、塔克拉玛干沙漠、古尔班通古特沙漠，哈萨克斯坦境内的萨雷耶西克阿特劳沙漠（Saryesik-Atyrau）、莫因库姆沙漠（Moyunkum）等。

这一系列非同一般的地理单元从三个角度揭示了本廊道在长距离交通与交流上的地理－文化特征：

1）交通路线连接了中亚与东亚，跨越了地理上传统的农业区与游牧区，由此产生了本廊道两大文明、文化和多民族的交流特征；

2）交通路线途经众多沙漠或戈壁地带，长距离交通受到干旱甚至极干旱地区生存环境的突出挑战，由此展现了本廊道丰富多样甚至规模甚大的水资源管理系统对维系长距离交通停靠站（包括绿洲城镇、戍堡、驿站等）的重要特征；

3）本廊道因此拥有特别丰富的地貌景观，包括庄严圣洁的雄伟雪山、高山湖泊与积雪融水形成的河谷绿洲，荒凉苍茫的戈壁沙漠、火热盆地及其极端的干燥气候，厚重广袤的黄土高原及其独特的自然景观等。

（1）庄严圣洁的雄伟雪山、高山湖泊与积雪融水形成的河谷绿洲

从河西走廊到天山南北和七河地区的交通沿线，绵延几千公里的天山与祁连山不时在交通沿途展现出高耸、圣洁的雪山景观。天山东段横贯中国新疆的中部，西端伸入吉尔吉斯斯坦与哈萨克斯坦境内。高 7000 余米，长约 2500km，海拔在 5000m 以上的山峰大约有数十座。这些高耸入云的山峰终年为冰雪覆盖，由山麓两侧的盆地远远望去，闪耀着银辉的雪峰显得得雄伟壮观、庄严而神秘；锡尔河、楚河和伊犁河都发源于此山，积雪融水造就了温和宜人的河谷绿洲。天山内部的山地则因气候湿润、水源充足，森林、草场、湖沼众多，形成了优良的高山牧场和众多清澄壮美的高山湖泊，如著名的巴音布鲁克高山牧场和位于天山廊道西段的伊塞克湖。祁连山山峰多海拔 4000—5000m，终年积雪，形成疏勒河、党河、黑河、大通河等河谷绿洲，是河西走廊地区的主要水源地。丝绸之路沿线商旅为补给需求往往选择河谷、湖畔作为穿行路线，而遗迹也大部分分布在这些地方。

（2）荒芜苍茫的戈壁沙漠、火热盆地及其极端的干燥气候

本廊道穿过了大范围戈壁、荒漠等干旱地带，这些地区终年少雨，大部分地区年降水量在 50mm 以下。尤其是：长达近千公里的河西走廊呈现了广布砾质戈壁和干燥剥蚀石质残丘的荒漠景观，是世界上最大的荒漠与半荒漠地区戈壁沙漠的一部分。位于东天山南麓的吐鲁番盆地作为全世界最低的盆地，展现了高温干燥的"火洲"气候特性，其中横亘于盆地中央的火焰山在烈日与热气浪的衬托下，以其赤褐色的山体形成烈焰熊熊的视觉效果，成为丝路历史上著名的地标性景观。沿途穿越世界著名大沙漠、中国第一大和第二大沙漠——天山以南的塔克拉玛干沙漠和天山以北的古尔班通古特沙漠。这些沙漠边缘的河谷绿洲成为丝绸之路本廊道主要补给站，留下了大量驿站、戍堡、烽燧、绿洲城邦国家的城市、宗教、交通遗迹。

(3) 厚重广袤的黄土高原及其独特的自然景观

本廊道自肥沃广阔的洛阳盆地、关中平原,向西北即穿过厚重广袤的黄土高原。黄土高原为大面积黄土覆盖,海拔多在 1000—2000m,黄土裸露,水土流失严重,经流水长期强烈侵蚀,逐渐形成千沟万壑、地形支离破碎的特殊自然景观,在世界范围内皆属罕见。尤其是本廊道河西走廊东端吕梁山和六盘山(陇山)之间黄土连续分布,厚度很大,其堆积顶面海拔一般在 1000—1300m。其间河谷地带形成分散的小块农业区域,丝绸之路的重要驿站、宗教遗迹即分布在这些河谷地区。黄河中游穿过黄土高原,河水转为黄浊,因而得名,其中下游形成肥沃的冲击平原地带,它是中华民族古代文明的发祥地之一。丝绸之路的起点洛阳盆地、关中平原皆位于黄河中下游平原地带(图 34)。

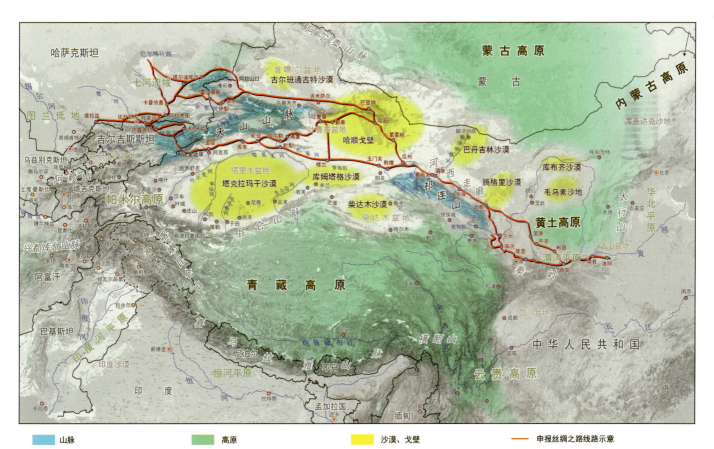

图 34 "丝绸之路:长安-天山廊道的路网"沿途自然景观

8. 价值特征 5

价值特征 5（Attribute 5）：发展成为游牧聚落和定居聚落交汇点的城市。

游牧聚落和定居聚落的转换现象主要发生在两种文明的交界地带。本廊道约占总长 4/5 的路网恰恰位于亚洲北方游牧与农耕的交接地带上。因此，游牧与农耕的交汇不仅成为本廊道的地理 – 文化特色，也对沿线人群的住居方式产生了直接的影响。

（1）七河地区

天山地区的城镇具有非常鲜明的地域特色。壮美的自然景观和独特的生态系统，从巴尔哈什湖到天山距离仅 20-200km，沿着这一狭长地带东西南北四面却跨越了古植物学家界定的五大生态区。

从沙漠到高原 – 灌木 – 草原区，沙漠和草原为主，农业仅仅在建有人工灌溉系统的条件下才有可能；草原草甸区可以放牧，还有山麓草甸区；松树和其他树种混杂的森林或高山草原；高寒草甸区可以为牧群提供一个半月到两个月的食物。

天山地区天然生态环境独特，农业和牧业的发展可以追溯到青铜时代早期。自古就有两种灌溉系统，一种是天然的，取决于气候情况（天山地区凉爽湿润）。第二种则是人工灌溉，使用两种灌溉方式：利用扇形的坡地重力和人工渠道。上述天然和人工条件使得该地区成为农民和牧民密集接触的区域，在不同的生态区，多种水利灌溉得以发展。

公元 500 年后，城市文化开始逐渐形成，伴随着复杂的移民过程。首先，游牧的突厥人（建立了政权）迁移至七河地区；再者，大量粟特和塔吉克斯坦人迁入；之后，当地游牧部落开始定居。7—8 世纪，突厥 – 粟特杂居影响了这个区域人口的生活方式，在粟特人建立的贸易中心的内部和周边有大量突厥人居住，两种传统和风俗相互交融。

数量庞大的商栈和商栈之间低密度的住宅也见证了楚河流域游牧和定居生活方式共存的状况（碎叶、新城、布哈拉）。在新城遗址考古发现的黑汗帝国宫殿遗存具有圆形的基址（游牧民族的毡房），碎叶、布哈拉和新城还发现了各种突厥墓葬，也是相关传统相互交流影响的例证。

突厥人使用粟特语作为官方语言，在粟特字母的基础上创造了如尼文字，大量借鉴和采用了粟特在建筑、城市规划、农业等方面的先进技术。反过来，粟特人也吸收学习了突厥人在武器制造、马的驯养方面的技术，同时也逐渐在语言和风俗习惯上受到了影响。

突厥人口中游牧人群逐渐定居下来，城市和手工业的发展导致游牧和定居人口利益交叉，在一个统一的政权下，共生和相互合作的形态得到进一步发展。

以下因素在这种政治模式中发挥了重要作用：国际贸易大大增加了国家财富，强化了游牧和定居人群的共同利益；为维持国家机器运转安置的大量生产生活资源、武装力量；将突厥游牧部落，也是主要的军团，融入国家社会经济结构中。

在天山山麓，丝路沿线及各聚居点都是游牧和定居文明的代表，各自展现其独特的文化、生活方式和思维方式。

在塔尔加尔遗址，将房屋和前部一个院落组合是典型的游牧民族向定居生活过渡时期的住宅布局形式，是对伊犁河谷定居和城镇地区中世纪传统游牧民族生活方式的见证。研究塔尔加尔的中世纪住宅建筑也使我们能够追溯原畜牧业为主的地区向定居城市过渡的整个转变过程。该地区的建筑和建造方式具有鲜明的地域特色，主要由当地建材、气候和经济发展内在机制决定。例如大量使用石材是源于当地石材丰富，恶劣的气候使建筑下沉于地面，而保留大型的院落则是塔尔加尔居民出于畜牧业圈养牲畜的需要。

奥尔内克遗址是丝绸之路上兴起的突厥聚居中心，逐渐发展为城市，成为游牧和农业定居文明间交流的桥梁。城市和草原不是两个敌对的世界，而是许多丝绸之路沿线政权的两大经济支柱。城市的兴起，主要与游牧民族、定居农民、城市居民和定居游牧族群之间的交流互动相关。他们为城市文化带入了很多草原元素，在七河地区形成了独特的城市和城市文化。

（2）天山南北

也存在着由游牧民族转向定居方式的案例。如申报点交河故城（C06-CN）在汉代史料记载属于游牧民族车师故国所在，现存于遗址西北向的车师墓葬（沟北墓地）可以清晰地证明这一历史。西汉帝国势力进入吐鲁番盆地之后，这一地点逐渐为汉帝国的管理机构和定居点所代替。车师人的住居方式现已不可考，但留存至今的故城遗址展现了独特的"减地法"建造方式，可视这一地区为较早期（约公元前2世纪之后）游牧转向定居的特殊案例。申报点北庭故城遗址（C07-CN）在历史上曾经是突厥的可汗浮图城与西州回鹘的夏宫，同时又受中原王朝城市建筑影响，建有大量亭台楼阁，也是游牧民族转向半农耕、半定居以及定居的典型例证。

（3）河西走廊

丝路开通之前这一地区主要为游牧民族生活。汉帝国崛起之后，为保障西北边境的稳定，将统治势力扩展到了河西。因此在公元前1世纪之后，整个河西走廊1000多公里的条形地带中，全部由中央政权从内地迁移大量农民，依托祁连山水系垦荒种地（参见Attribute 2 中华帝国建立的长距离交通保障体系——屯戍制度），住居方式随着生业和民族的变迁而全部转为定居方式。这也反映了游牧与农耕两大不同文明之间势力进退的影响。

9. 价值特征6

价值特征6（Attribute 6）：干旱地区多样的水资源管理。

本廊道与分布于亚洲北方草原地区、中部高原地区的丝路路网相比，与分布于中亚的河中地区或其他地区的丝路路网相比，在水资源管理体系上展现出更为丰富多样的管理、利用模式以及宏大的应用规模，体现出长距离交通在沙漠路线上的重要特征。

在全程5000km跨度上，我们可以看到多种充满了古代人类水利技术智慧的水资源利用系统，特别是在河西走廊、天山南路和七河地区的一系列沙漠戈壁等干旱半干旱甚至极干旱地区，"河－渠"、"井－渠"等多种水资源利用模式有效支撑了廊道沿线的长距离交通保障体系，包括中心城镇、商贸聚落等定居点，以及军事城堡、戍堡、烽燧等守护士兵的驻居点，驿站体系的停靠点，等等。与此同时，有保障的长距离交通又促进了大规模的商贸活动，为廊道沿线的城镇与聚落甚至包括整个地区的经济与文化带来了繁荣与昌盛。

（1）天山南麓

在天山南麓，位于塔克拉玛干沙漠北缘的绿洲城镇均依赖传统的灌渠技术进行定居点的生活用水与农业用水管理。特别是在吐鲁番盆地，年降水量只有16mm，而蒸发量竟达到3000mm，气候特征为酷热少雨，属中国极端干旱地区之一，史称"火洲"。但盆地北有博格达山，西有喀拉乌成山，夏季大量融雪和雨水流向盆地。从现存的唐代文书可以看出，汉唐时天山的雪水比较充足，高昌城当时的城市用水和农田灌溉都是通过明渠引用天山融雪的木头沟水系。后来随着气候干旱的加剧，夏季融雪和雨水在流向盆地的过程中渗入戈壁，汇成潜流，或形成泉涌。当地居民就利用山的坡度，巧妙地采用了坎儿井技术[1]。这是一种地下暗渠输水系统，由竖井、地下渠道、地面渠道和"涝坝"（即小型蓄水池）四部分组成。由于流量稳定、水质好，且不受季节、风沙影响，可以常年自流灌溉，长期以来都是吐鲁番人进行农牧业生产和人畜饮水的主要水源之一。这一技术有效维持了极干旱地区的城镇生存与发展，使之成为长距离交通路线上极干旱地区不可缺少的补给基地。本廊道的申报点之一的高昌故城遗址（C05-CN），除有史料记载其现分布于城外缓冲区内外的大量坎儿井遗址遗迹（部分沿用至今），亦可共同见证这一古老的"坎儿井＋灌渠"水资源管理系统对极干旱地区的城镇生存与发展所起的重要作用（图35、图36）。

与此同时，位于同一地区的交河故城（C06-CN）除了在城外采用"坎儿井＋灌渠"水资源管理系统，在城内用水上则"因地制宜"地采用了另一套水资源管理技术：城中居民一方面利用环绕城址的天然水系雅尔乃孜河，另一方面在城中采用深井技术，得以在战争等受困的情况下维系生存。现存于城中的深井遗址和保存完好的城址外围水系，可为这一种"深井＋河流"的水资源管理系统提供特殊的见证（图37、图38）。

（2）河西走廊

河西走廊南倚青藏高原，北与蒙古高原接壤，东连黄土高原，西通塔里木盆地，属于典型的半干旱地区。

历史上先后多次有诸多游牧民族和农耕民族的往来、迁徙、交流、斗争、融合。自汉武帝于公元前2世纪启动"河西四郡"的建设之后，中华帝国多次对这一地区进行大规模

---

1 有关这一技术的来源与应用年代尚在研讨之中。

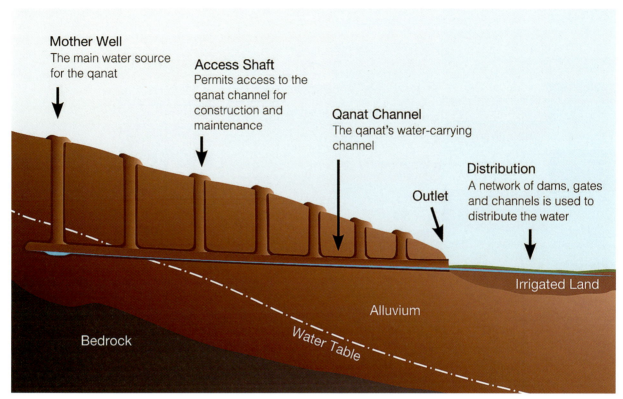

图35　吐鲁番地区坎儿井构造示意图

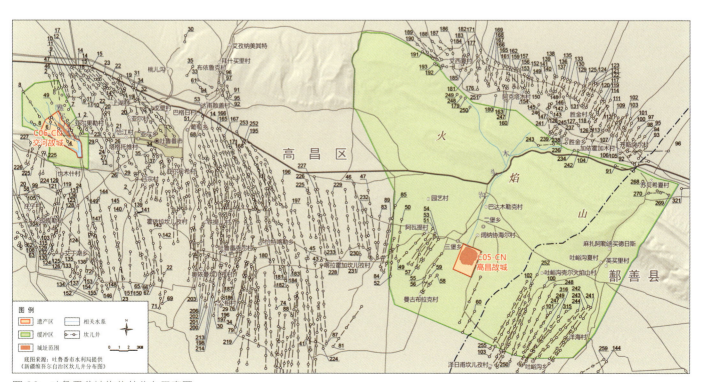

图36　吐鲁番盆地坎儿井分布示意图

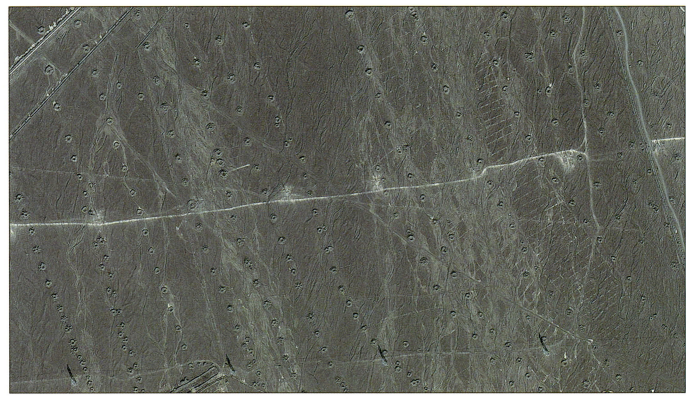

图 37　交河故城周边坎儿井卫星影像图

注：城址内功能分区参照李肖《交河故城的形制布局》绘制

图例
- 地表遗存边界
- 水系
- 水井
- 编号分区边界

功能分区	编号
大型院落区	C1
官署区	C2
仓储区	C3
居住区	C4
寺院区	C5
墓葬区	C6

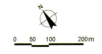

图 38　交河故城水系统分析图

1　石羊河，古名谷水，中国河西走廊三大内陆河流之一，位于甘肃河西走廊东端，河流起源于祁连山脉东段冷龙岭北侧的大雪山，消失于巴丹吉林和腾格里沙漠之间的民勤盆地北部。

2　疏勒河（Shule River），古名籍端水，甘肃省河西走廊内流水系的第二大河。中国西北部甘肃省河西走廊三大内陆河流之一。全长670km，流域面积41300km²。发源于青海省祁连山脉西段疏勒南山和托来南山之间，西北流经玉门、瓜州等绿洲，注入罗布泊。

3　黑河（Heihe River），古名弱水，中国河西走廊三大内陆河流之一，流经青海省、甘肃省、内蒙古自治区。发源于青海省海北藏族自治州，由祁连山流出各河和张掖、酒泉间的南山汇集而成。全长约800km。

4　参见：国家文物局古文献研究室、新疆维吾尔自治区博物馆、武汉大学历史系编，《吐鲁番出土文书》，文物出版社1991年版。

5　参见：柳洪亮：《略谈十六国时期高昌郡的水利制度——吐鲁番出土文书研究》，《新疆大学学报（哲学人文社会科学版）》1986年第2期。

的移民屯田活动，整个地区依赖灌溉技术、利用祁连山冰雪融水养育了绿洲农业，使得这一地区的经济方式从古老的游牧转换为农业和畜牧。

"河西四郡"主要依赖祁连山的三大内陆河水系维持生存与发展。其中：武威依赖于石羊河[1]，酒泉和敦煌依赖于疏勒河[2]，张掖依赖于黑河[3]。根据《史记》记载："用事者皆争言水利……河西、酒泉皆引河水及川谷之水以灌田。"

由此，一系列位于干旱的戈壁地带的河西城镇依赖绿洲经济得以维系，并直接为1000多公里的长距离荒漠交通提供了不可或缺的停靠供给。这一地区的灌溉技术采用的是中国始于公元前7世纪春秋时期的灌渠技术——整个灌溉系统由干渠、支渠、毛渠等分级水渠构成，采取自流的方式灌溉大片的农田。本廊道的申报点锁阳城遗址（T03-CN）迄今尚保留着4000hm²的屯田遗址，特别是现存于遗址上完整分布的整套总长达90000m的灌渠系统——这些屯田遗址和灌溉遗址全部位于申报区内（详见提名文件的Annex II-G T03-CN《锁阳城遗址管理规划》，图39、图40），可为"河－渠"这种水资源管理提供特殊的见证。尤为值得关注的是，现有许多汉唐时期的记载（史籍、汉简、出土文书[4]）指出，河西走廊的"河－渠"主要由军队提供安全保障，因为水资源管理系统在战争中也是敌方作为摧毁城镇的重点破坏目标。同时仿效中原地区设立了专门官员进行管理，并有一整套严密的水资源使用管理规定[5]。

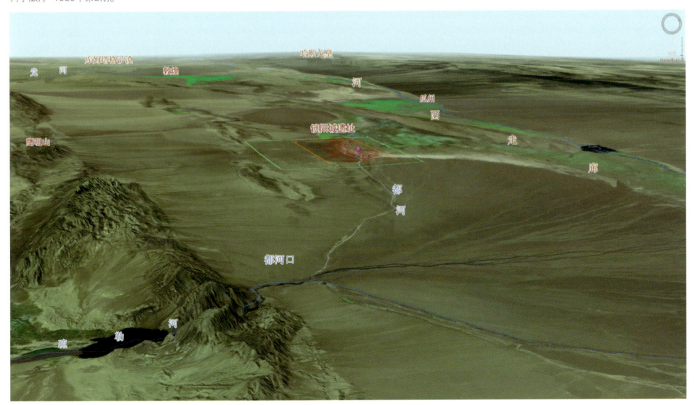

图39　锁阳城遗址灌溉渠系统鸟瞰示意图

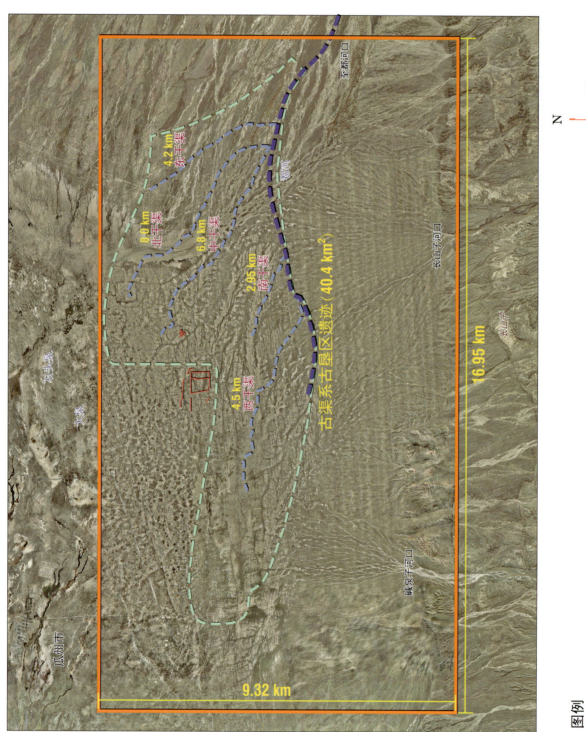

图40 锁阳城遗址灌溉渠系示意图

（3）七河地区

在卡尔摩尔根遗址，沙漠聚落的生活与水源直接相关，城址东南方 1km 处有一条天然河流的支流经过。河水通过人工水渠引向古城，现有遗存仍有 10km 长。距离水库不远有大坝遗址，用以提升水位，引导流向。上游发现一处水坝，另有三处水坝。水坝附近发现规划有序的耕地，田垄将其分隔为长方形、菱形和方形地块。

在奥尔内克遗址，沙漠地区的旅人们在城镇、聚居地之间，开凿了一系列的水井。这些水井没有灌溉用途，仅作为商旅的饮用水来源。

在阿克亚塔斯遗址，特殊的水管理系统为阿克亚塔斯的商旅提供近距离的水和耕地。经建材搬运容器遗存取样证实，城市使用当地的石材和土建成。阿克亚塔斯城位于吉尔吉斯阿拉套山麓、克孜勒库姆沙漠和山脉中间的狭长地带。沙漠地区由于水源匮乏难以穿越，山脉地区则为阿克亚塔斯提供了水源。因只有有限的季节性降水，阿克亚塔斯开发出了非常复杂的水资源收集和保存系统，包括改变地形，组合陶瓷管道，开挖沟渠、建造水坝，使用室内（建筑内部）和室外（山脚）蓄水库等，这是阿克亚塔斯的特色。

楚河流域遗址（碎叶城、布拉纳、红河城）的水利灌溉系统存在了 9—10 个世纪，夯土砌筑的运河环绕河谷和每个城镇。新城的供水则是基于地表水水渠和运河（今 Maltabar-aryk），在城镇内和城郊均有分支系统。运河从位于新城中部 15km 的伊塞克河取水。在这里发现了中世纪用来管控运河渠首工程的要塞遗址。一些大型聚落的主要水道尚存。城内一些区域供水使用烧制砖瓦制成的水管。水道支流通向住宅连接的蓄水池。城墙旁边的城壕也具有蓄水功能。有沟渠相连的大型水井，水控制设施和水坝都是新城典型遗存。基本上流入楚河的山川融雪提供主要灌溉用水。碎叶城遗址也可以发现类似的系统。布哈拉遗址考古发现了更复杂的水供应系统。

（4）结论

综上所述，中华帝国在天山南路的"河－渠"（C05-CN 高昌故城遗址内）、"河－井"（C06-CN 交河遗址内）、"坎儿井－渠"（C05-CN 高昌城遗址与 C06-CN 交河故城遗址所在的整个盆地）与河西走廊的"河－渠"（T03-CN 锁阳城遗址内）以及七河地区的"河－渠"自流灌溉和城镇用水系统（哈萨克斯坦的卡尔摩尔根和阿克亚塔斯遗址）都展现了本廊道水资源管理系统对维系长距离交通停靠站（包括绿洲城镇、戍堡、驿站等）的重要性，水资源系统的多样性以及在河西走廊的庞大的水利工程规模，成为本廊道突出的价值特征之一。

10. 价值特征 7

价值特征 7（Attribute 7）：记录了佛教沿着丝绸之路向东传播的一系列佛教寺院（包括佛塔、寺庙和石窟寺）。

源于印度的佛教曾经沿着丝绸之路传播至中亚和中国，对这些地区特别是中国的文化产生了广泛而持久的影响。本廊道沿线的佛教遗存类型包括石窟寺、僧院（含佛塔），在沿线的 4 个中国省区中，现在仍存佛寺与佛塔遗存 200 余处、石窟寺 100 多处。本次申报点有 18 处包含了各种类型的佛教遗存，以其建筑材料、建筑形式、平面布局、艺术风格、宗教题材等方面的演变与本土化过程，清晰地显示出佛教由西向东传播的轨迹，以及其后沿着本廊道发生的反复交互影响（图 41）。

佛教传播的轨迹可以从本次申报的一系列佛教建筑的艺术风格、空间布局与故事题材等变化中清晰展现：

佛塔在沿丝绸之路东传过程中，从印度的窣堵波（Stupa）发展到西域地区的生土覆钵式塔[1]，再到中原地区形成的四方楼阁式[2]砖塔及密檐塔[3]，显示了佛塔这种建筑类型在东传过程中的传播轨迹。此后，在河西走廊及更西的天山地区出现楼阁式塔的文物形象，则是佛教东传又回流向西产生影响的物证。

1　天山南路生土覆钵式塔的代表有本次申报的苏巴什寺遗址中的佛塔遗址、高昌故城佛塔遗址、交河故城佛塔遗址等，展现了印度佛塔与新疆地区生土建筑材料的结合。
2　北魏洛阳城永宁寺塔遗址、唐大雁塔等是印度佛塔建筑形式与中原楼阁式木结构建筑结合的产物，见证了佛教在东传过程中的中国化。
3　麦积山石窟、敦煌石窟中的密檐佛塔形象与西安小雁塔，显示了中亚佛塔形象与中原楼阁式木结构建筑结合的轨迹。

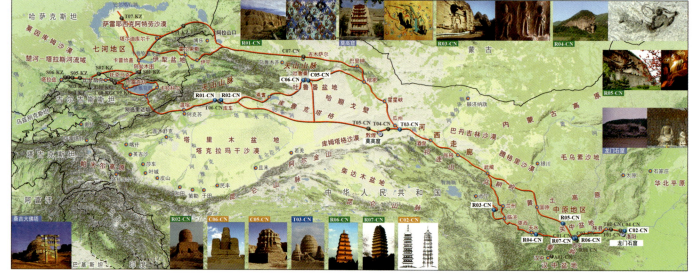

图 41 "丝绸之路：长安–天山廊道的路网"佛教传播轨迹示意图

佛寺在沿丝绸之路东传过程中，自西域向中原地区逐渐发生了建筑与布局的本地化。轨迹：佛寺建筑形式不断本地化，其平面布局经历了塔中心式 – 塔殿并列 – 佛殿主体的演变，最终在中原地区形成了自成一体的中国佛教寺院平面布局[1]。

石窟寺在沿丝绸之路东传过程中，自西域向中原地区逐渐发生了形式的创新与本地化。轨迹：石窟寺在本路网的演变与传播轨迹非常明显，印度的支提窟在龟兹石窟中演变为中心柱窟（如 R01-CN 克孜尔石窟第 38 窟），至敦煌石窟发展为殿堂窟，完成中国化过程。石窟的壁画和塑像风格由早期的佛传、本生故事画（如 R01-CN 克孜尔石窟），到大型经变画（如 R04-CN 麦积山石窟）的繁荣，呈现出随时代变化，佛教自西向东的传播，以及由中原地区形成自身的样式（龙门石窟、云冈石窟），形成返回的作用力，向西影响麦积山石窟的例子。其壁画和塑像风格甚至经由河西走廊（莫高窟），辐射到天山地区的龟兹和七河地区，并在这一廊道上呈现出反复回流、交互相应的特征。

七河地区城市遗址如新城和碎叶遗址中的佛教建筑遗存体现了来自东部（中国）和南部（犍陀罗和吐火罗）佛教传统的融合。

已经列入《世界遗产名录》的龙门石窟、莫高窟在本廊道的佛教传播轨迹中，分别作为 2 个重要节点，标示了 5 世纪佛教传播到中原地区的端点（龙门石窟）以及 8 世纪中原佛教艺术向西回流的典范（莫高窟）。

物证：

① R01-CN 克孜尔石窟

② R02-CN 苏巴什佛寺遗址

③ C06-CN 交河故城 – 中央佛塔、大佛寺、东北佛寺遗址、西北佛寺遗址、塔林遗址等

④ C05-CN 高昌故城 – 西南大佛寺遗址、东南小寺遗址、α 寺等

⑤ C07-CN 北庭故城 – 西大寺（北庭高昌回鹘佛寺）遗址

⑥ T03-CN 锁阳城遗址 – 塔尔寺遗址

⑦ R03-CN 炳灵寺石窟

⑧ R04-CN 麦积山石窟

⑨ R05-CN 彬县大佛寺石窟

⑩ R06-CN 大雁塔

⑪ R07-CN 小雁塔

⑫ C02-CN 汉魏洛阳城遗址 – 永宁寺遗址

⑬ S06-KZ 科斯托比遗址 – 带有菩萨形象的银昆虫

⑭ S01-KZ 塔尔加尔遗址 – 佛像雕塑

⑮ C11-KZ 开阿利克遗址 – 佛寺遗址

---

[1] 本次申报点涵盖了塔中心式、塔殿一体式、佛殿中心式等不同格局的寺院遗址，汉魏洛阳永宁寺遗址是佛教传入中原早期塔中心式佛寺的代表，交河故城、高昌故城中的佛寺呈现出塔殿并举、塔殿一体的特征，而大慈恩寺等则是寺院中国化后以佛殿为中心的寺院布局。敦煌石窟、克孜尔石窟等石窟中所呈现的寺庙布局，以及高昌、交河等新疆地区的城市遗址中的佛寺遗址，是中原地区佛寺布局形式回流的物证。

⑯ C10-KG 科拉斯纳亚·瑞希卡遗址 – 佛寺遗址

⑰ C08-KG 阿克·贝希姆遗址 – 佛寺遗址

以及：

已经列入《世界遗产名录》的龙门石窟、莫高窟。

11. 价值特征 8

价值特征 8（Attribute 8）：一系列大型的精美石窟寺是本廊道所特有的。

佛教石窟寺起源于印度，传播至阿富汗与中国等地。印度现存有以世界遗产阿旃陀石窟等为代表的众多规模可观、艺术极为精美的石窟寺，就丝绸之路的交流意义而言，它们的性质是佛教传播的起点，风格形制属于印度本土；阿富汗以巴米扬石窟为代表的石窟寺数量较少，大多年代较晚。中国的石窟寺始于 3 世纪，盛于 5—8 世纪；其中颇具代表性的遗存多数分布在本廊道沿线——除本次申报的 4 处和 2 处已列入世界遗产的遗存之外，沿线还有百余处列入各级保护单位的石窟寺。

（1）本廊道拥有的一系列大型的精美石窟寺

在本廊道上，分布着规模宏大、工艺精美的一系列石窟寺，由它们的代表性遗存克孜尔石窟（R01-CN）、麦积山石窟（R04-CN）、炳灵寺石窟（R03-CN）、彬县大佛寺石窟（R05-CN）与已有的世界遗产敦煌莫高窟和龙门石窟可共同勾勒出清晰的、成序列的佛教传播轨迹，是为本廊道特别突出的价值特征之一。

因此，本廊道的石窟寺具有规模大、数量多、年代早、持续时间长等特点，且艺术精美、风格变化明显，能清晰、完整地勾勒出石窟寺从西域的龟兹（今库车）到中原的洛阳的佛教东传轨迹。

（2）本廊道大型石窟寺的资金来源以及与商贸活动的关系

这些石窟寺的捐助和供养主要来自沿线各个地方政权和中央政权，包括支持开凿克孜尔石窟的龟兹王国、支持开凿炳灵寺石窟的西秦政权、支持开凿龙门石窟的北魏和唐政权、支持开凿彬县大佛寺石窟的唐皇室等。这在大量的石窟题刻、壁画题材和供养人题记中可以得到证明。

与此同时，富有商人的捐助和供养在大型石窟寺中也有反映，在龙门、敦煌莫高窟等大型石窟寺中有往来的商队和商人捐资开龛的题刻，如龙门石窟中号称商业三窟的"北市香行社""彩帛行净土堂""北市丝行像龛"就是典型案例；三窟中都可以发现一些中亚九姓胡（即粟特商人）的落款题刻（图 42～图 44）。可见富商对于本廊道的石窟寺建设也做出了一定贡献。

另有史料记载，商队成为僧人在遥远艰苦路途中跟从和结伴的主要对象，并经常为僧人捎带经卷，有力地促进和支持了佛教在本廊道的传播。例如僧祐（445—518 年）《出三

图 42 龙门石窟中由丝绸商人开凿的"北市丝行像龛"题额拓本图

图 43 龙门石窟中由香料商人资助开凿的"北市香行社"像龛题铭拓本

图 44 龙门石窟中由丝绸商人资助开凿的"彩帛行净土堂"

藏记集》中记载了罽宾(今阿富汗北部)高僧托商队将经卷带往凉州(今甘肃武威)的史实;而佛教的《摩诃僧祇律》等经卷中,鼓励僧人和商人结伴而行,将之描述为佛教传播过程中僧人的基本行旅方式。

12. 价值特征9

价值特征9(Attribute 9):宽容/多民族多宗教共存。

在公元前 2 世纪—公元 14 世纪期间，在本廊道上经由贸易路线获得传播的宗教主要包括佛教、琐罗亚斯德教（中国称"祆教"）、基督教（聂斯脱里派，中国称"景教"）、摩尼教与伊斯兰教等。这些宗教主要从古印度、波斯、叙利亚等发源地传播至中亚进而传播至中国。本廊道途经七河地区、天山南北、河西走廊，最后到达中华帝国中心中原地区，沿途现存有上述各宗教的诸多遗址遗迹。由于本廊道位于亚洲北方农耕与游牧文明的主要交汇地带，民族交流频繁，不同族群的往来促进了多种宗教的传播，使得本廊道成为多种宗教共存、传播的主要通道。

与此同时，位于文明交汇地带的本廊道沿线民族构成丰富，在传播佛教、祆教、摩尼教、景教等外来宗教的同时，依然传承了本民族的传统信仰，包括萨满教、腾格里信仰、道教等，揭示了本民族信仰与外来各种信仰和平共处、兼容并蓄的特征。

佛教、祆教、摩尼教、景教等宗教在本廊道的传播直接受益于两个方面。一是长距离交通路线的畅通，可促成有些使臣、传教士、僧侣等沿丝路交通进入中原地区或直接传教。如：史料记载公元前 2 年，有大月氏王的使臣伊存向汉人口授《浮屠经》，被中国学术界一般认为是佛教传入中国之始[1]。公元 67 年，天竺（古印度）高僧迦叶摩腾和竺法兰随汉使以白马驮载佛经、佛像抵洛[2]；公元 635 年有波斯传教士来到长安传播景教[3]，公元 694 年波斯国摩尼教法师来洛阳传播摩尼教[4]。二是经由本廊道上亚洲北方游牧民族的迁徙活动和河中地区以商贸为生的诸民族的贸易活动得以传播，如琐罗亚斯德教作为粟特人的主要信仰，伴随着粟特商人来往于丝路的经商活动在交通沿线获得传播，且主要存在于粟特人自己的生活方式与聚落中[5]；摩尼教在天山地区的传播也与回鹘民族在这一地区的活动密不可分[6]。

这些宗教在本廊道传播的过程中，于不同地区表现出不同的特点。其中：

（1）七河地区

作为中亚文明的最重要地区之一，自古即为欧亚东西陆路往来的必经之地，在本廊道开通的 16 个世纪中，曾有乌孙、西突厥、突骑施、喀喇契丹、葛逻禄等诸多游牧民族来往迁徙，表现出显著的多民族、多宗教交汇特征。本次申报的遗产点中，这一地区的多数遗址往往同时具有三种以上的宗教遗迹（表 4）。

哈萨克斯坦申报的遗产点包括开阿利克遗址（C11-KZ）、塔尔加尔遗址（S01-KZ）和科斯托比遗址（S06-KZ）。

吉尔吉斯斯坦申报的遗产点包括楚河流域的佛教遗址，体现了来自东部（中国和东突厥地区）和南部（犍陀罗和吐火罗）佛教传统的影响，例如新城遗址（C10-KG）、布哈拉遗址（C9-KG）和碎叶城遗址（C8-KG）。

碎叶城遗址的基督教建筑遗存和布哈拉的伊斯兰建筑也是重要的宗教遗存，见证了这一区域的宗教文化多样性。根据文献记载，摩尼教也曾经在楚河和塔拉斯河流域的定居人口中广泛传播。

---

1 《魏略·西戎传》记载：汉哀帝元寿元年，博士弟子景庐受大月氏王使伊存口授《浮屠经》。
2 《后汉书》卷四二。
3 P. Y. Saeki, The Nestorian Documents and Relics in China, Tokyo, 1937, 2nd edition, 1951.
4 《佛祖统纪》卷三九。
5 荣新江：《北朝隋唐粟特人之迁徙及其聚落》，《国学研究》6，北京大学出版社，1999 年。
6 林悟殊：《摩尼教及其东渐》，中华书局，1987 年。

（2）天山南北地区

这里是亚洲北方农耕文明与游牧文明的交汇地带，历史上亦曾有若干民族来来往往。因此这一地区除流行佛教以外，也保存有民族往来所留下的其他宗教遗迹。如：高昌故城（C05-CN）东部发现有景教寺院，并出土景教壁画（MIK III 6911）；高昌城西北葡萄沟也曾发现景教寺院[1]。高昌城同时还是西域地区摩尼教的中心，城内及周边石窟寺中保存有大量摩尼教遗存（如城内 K 寺、α 寺等，城外柏孜克里克石窟、吐峪沟石窟寺等）；位于高昌故城遗址缓冲区内的同期遗存吐鲁番胜金口曾发现祆教特色的女神像和三眼女神像[2]，在新疆的库车、鄯善、吉木萨尔等地的同期遗存中也曾出土祆教徒的纳骨器。

（3）河西走廊

受强大的中原文化影响，佛教在这些地区长期占据主导地位，分布有大量的佛教遗存。其他宗教的遗存较之西域明显减少，其传播发展多见诸文献史料。但作为本廊道上重要的佛教传播节点——敦煌莫高窟，因其于786年被吐蕃占领，所以避免了中原的"会昌灭法"[3]，在其出土文书中仍存有景教、摩尼教、祆教的传播物证。

（4）中原地区

长安、洛阳作为中华帝国的政治中心，不仅是各种宗教传播的中心[4]，也是诸多民族人群的汇聚中心。在长安与洛阳的相关历史文献中，都有许多关于多民族交流往来、商贸活动、住居生活以及景教、摩尼教、祆教等多种宗教活动的记载，能够佐证多种宗教和多种民族都曾在这一地区汇聚[5]。尤其是唐代，基于帝国全盛时在文化、政治、经济、外交等方面都达到了很高的成就，对周边地区与属国产生了明显影响，成为当时具有世界影响的东方文明中心。唐朝因此而具有兼容并蓄的社会风气，并给前此进驻中原的周边地区与国家的各个民族提供了一个空前的交流融合环境，同时唐帝国也从这一融合过程中汲取诸多的民族文明与文化，促进了唐代文明与文化的显著繁盛。有史料记载，诸多来自中亚粟特地区的胡人在唐朝的军政高位任职[6]。

上述例证足可说明，以本廊道突出的多民族多宗教共存现象，可揭示人类的宽容精神亦属本廊道的价值特征之一。

---

[1] A. von Le Coq, Chotscho, Facsimile-Wiedergaben der wiehtigerenFunde der erstenKöniglichPreussischen Expedition nachTurfan in Öst-Turkistan.Berlin, 1913, Auf Hellas Spuren in Östturkistan, Berichte und Abeuteuerder II und III DeutschenTurfan-Expedition, Leipzig, 1926, English translation, 1934.

[2] 林梅村：《高昌火祆教遗迹考》，《文物》2006年第7期。

[3] "会昌灭法"：公元9世纪中叶（845年），由于中国佛教的极度繁荣，势力膨大，占用大量田产和人口，对于当时社会生活和政治、经济产生了巨大的负面影响，导致唐朝皇帝终于决心拆毁佛寺、令僧侣还俗，大大打击了佛教在中国的势力。

[4] 长安曾发现781年所立《大秦景教流行中国碑》，记录了景教在长安、洛阳的发展。洛阳发现814年所立《大秦景教宣元至本经幢》，记录了洛阳大秦寺一批粟特人景教徒的活动。此外，唐代还有多位摩尼教法师在洛阳等地传法。

[5] 荣新江：《一个入仕唐朝的波斯景教家族》，《伊朗学在中国论文集》第2集，北京大学出版社，1998 年。G. Haloun & W. B. Henning, "The Compendium of the Doctrines and Styles of the Teaching of Mani, the Buddha of Light", AM III, 1952.

[6] 发动"安史之乱"的安禄山、史思明等人均为粟特地区的昭武九姓胡人。

"丝绸之路：长安-天山廊道的路网"多种宗教遗迹表　　　　表4

遗址名称	遗存年代	地理区域	遗存类型	佛教[1]	祆教	景教	摩尼教	伊斯兰教
本次申报遗产点								
开阿利克遗址	AD7—AD14	七河地区	寺庙、墓葬、石刻	●	●	●	●	●
塔尔加尔遗址	AD8—AD13	七河地区	不明	●		●	●	●
阿克贝托遗址	AD7—AD13	七河地区	墓葬			●		
奥尔内克遗址	AD8—AD13	七河地区	墓葬			●		
库兰遗址	AD7—AD13	七河地区	不明			●		●
科斯托比遗址	AD6—AD12	七河地区	墓葬			●		●
科拉斯纳亚·瑞希卡遗址	AD8—AD9	七河地区	祭坛、墓葬、碑刻、寺庙	●				
阿克·贝希姆遗址	AD5—AD13	七河地区	教堂、墓葬、寺庙	●		●		
布拉纳遗址	AD10—AD13	七河地区	碑刻、寺庙			●		●
高昌故城	AD9—AD13	天山南麓	寺庙	●		●	●	
敦煌莫高窟[2]	AD4—AD14	河西走廊	石窟	●	●	●		
本廊道沿线可作为佐证的非申报遗产点								
吐峪沟石窟	AD4—AD15	天山南麓	石窟	●	●		●	●
柏孜克里克石窟	AD5—AD13	天山南麓	石窟	●			●	
葡萄沟景教寺院	AD9—AD10	天山南麓	寺院			●		
史君墓	AD6	中原地区	墓葬		●			
安伽墓	AD6	中原地区	墓葬		●			
西安发现《大秦景教流行中国碑》	AD8	中原地区	石刻			●		
洛阳发现《大秦景教宣元至本经幢》	AD9	中原地区	石刻			●		

1　佛教传播详见Attribute 7、Attribute 8。
2　敦煌莫高窟已列入世界遗产名录。

13. 价值特征10

价值特征10（Attribute 10）：对于丝绸之路具有重要的起始意义。

"丝绸之路"是公元前2世纪至公元16世纪期间古代亚欧大陆间以丝绸为大宗贸易的、开展长距离贸易与文化交流的交通大动脉，是东西方文明与文化的融合、交流和对话之路。东西方洲际的大宗丝绸贸易，始于中国的西汉帝国，并被公认以公元前138年汉武帝从长安派遣张骞出使西域为起始事件——它使得东亚的帝国中心与天山地区、帕米尔高原以西的亚洲诸多地区建立起直接的交通往来，推动了整个丝路的繁荣与发展，在丝绸之路的发展历史上具有起始的意义。本廊道拥有这一事件的发生地点和关键人物的遗存——汉长安城未央宫遗址和张骞墓。简言之，丝绸之路的正式开辟与畅通，明显有赖于汉唐等中华帝国不同时期的经营和保障。对于整个丝绸之路而言，本廊道显然具有时间与空间的重要起始地位。

六、超大型线路遗产的理论探索

1. 关于廊道的讨论

这是一个涉及超大型集成系列文化线路遗产的概念,属于遗产辨认的基本依据,也是《主题研究报告》的主要贡献。

《主题研究报告》提出的"廊道"概念把分布于亚欧大陆10000km长、3000km宽的整个丝绸之路路网切分成大大小小的52条/段廊道,这是一种化整为零的策略,明显增强了跨国申遗的可操作性。但其中中国境内的丝路路网被《主题研究报告》切分成了10段:其中最长的一段是长安—玉门关(很明显,这一问题容易引发一系列潜藏的历史,甚至当代的某些问题)(图45)。如果照此划定,这条廊道不需要,也就是不符合"跨国联合申遗";如果选择符合跨越中、哈、吉三国国境的廊道,《主题研究报告》中只有从中国的库车往西进入吉尔吉斯斯坦的伊塞克湖,再通往哈萨克斯坦,也就是当年玄奘离开高昌后走的路段,以此作为一项世界遗产申报,价值肯定难以达到高的标准。最根本的问题是,中国的丝路"廊道"如果不能从当年的首都长安一直穿越现代的国境,那么这条交通线的意义还只能算是中国自己的,不具备跨国的意义,其OUV的界定必将受到很大限制,更难提炼出具有人

[1] 其中完全在中国境内的廊道共6条,包括其中的18、19、20、47、24、25;与境外连通的廊道共7条,包括其中的9、10、14、17、40、41、43。

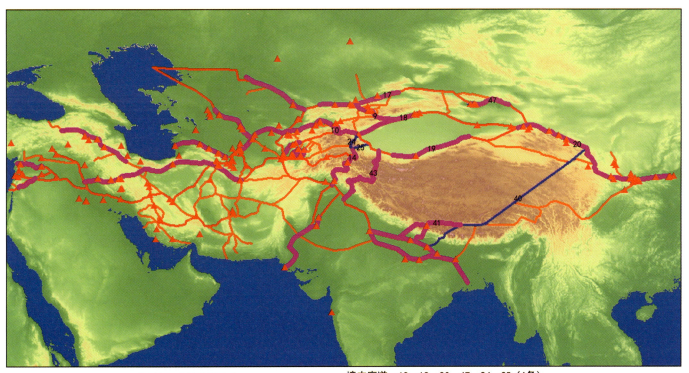

图例　──── 未列入可申遗廊道表格　　境内廊道:18、19、20、47、24、25(6条)
　　　──── 列入可申遗廊道表格　　通外境外廊道:9、10、14、17、40、41、43(7条)

图45　《丝路主题研究报告》2011年稿中的中国廊道图[1]

类文明高度的价值。所以，大家最终一致同意文本组的方案：作为整个丝绸之路的起始段，这条廊道必须从长安一直向西穿出国界。鉴于此，我们把中国境内的六条廊道连接起来，从而形成一条连贯的路网：廊道的东端界定在长安、洛阳，它们在公元前3世纪至公元10世纪一直是中华文明的政治、经济和文化中心，特别是发生在长安的汉武帝派张骞出使西域事件，已基本成为丝绸之路公认的起始标志；廊道的西端位于七河地区的塔拉斯河谷，这也是哈吉两国申报点的最西位置。整个廊道跨度达5000km，主路网长度达8700km。

值得一提的是，中国历史上向西扩张的势力范围从未越过塔拉斯河谷（如唐代），而西部帝国势力向东扩张也没有越过这一地区。也就是说，塔拉斯河谷在历史上就是东西方帝国势力在中亚的分界处。这一鲜明的地理—文化边界性质与长安城一起，共同赋予了整个廊道空间界定上的相对完整性。

2. 地理–文化单元的划分

丝绸之路的时空框架界定之后，其内在的组织结构，即存在于各个申报点之间的传播轨迹成为我们的探讨重点。从某种意义来看，长距离交通交流中内在的传播轨迹是有着层级之分的：太细则碎、太整无迹。这是一个非常关键的技术问题，即如何建立起申报单点与丝路整体关系的主要依据。我们在反复研究了丝路沿线遗产点背景之间的共性后，一种"地理—文化单元"的概念渐趋清晰。这个名词在国际专家的报告中曾经给予强调，但在如何切分上并没有展开，比如整个天山地区被视为一个地理—文化单元，草原游牧、绿洲农业和山地畜牧三种生业方式全都被混合了，定居与非定居也混合了。在丝路价值研究过程中，我们从生产方式、地理气候、住居方式以及民族、政权或地缘政治等方面的内在差异与关联角度，逐渐剥离出中原地区、河西走廊、天山南北和七河地区四个互为链接的地理—文化单元，借此构建整个交通路网的基本结构。这一模式也赋予超大型文化线路以特有的开放性，即可链接的基本构造形态——以相对独立的地理—文化单元作为衔接单位，同时具备相对的完整性。

3. 遗存分类及其内在关联轨迹

在丝路遗产的价值研究中，我们探讨的又一重要问题是申报点的分类方法。国际专家曾在OUV草案中提出过分类原则——将丝路遗产分为三类：第一类是基础设施，包括道路、驿站、桥梁、哨所以及水利灌溉设施等专用于支撑贸易和运输的遗存；第二类是产品和产地，包括交易货物本身和它的产地，例如丝路上具有商贸价值的采矿、金属加工基地以及丝绸、瓷器等货物的生产作坊遗址等；第三类是(交流的)产物，将未纳入前两类的所有城镇聚落、宗教遗址以及艺术、科学技术等非物质遗产全部归入此类。这三种分类如果应用于中亚，我猜测具有相当的合理性。但在中哈吉的丝路联合申报中，我们首先发现"生产"类的遗址在三国提交的第一批名单里几乎一个都没有(这还不算逻辑出问题)，而第三类所谓的"产

"物"在本廊道中不仅特别丰富，比如佛教传播的产物石窟寺之类，更为难堪的是中华帝国的政令中心无法解释为丝绸之路接通后的"产物"，包括汉长安城未央宫遗址、唐长安城大明宫遗址和汉魏洛阳城遗址之类，即便是西域的交河与高昌，也很难界定为是丝路的产物。这种无法摆脱的困境导致我们不得不抛弃国际文件的三种分类概念，另辟他途。

我们采取了问题导向的策略，以如何能够清晰有效地展现丝绸之路的价值特征为类型划分——采用自下而上的策略，从已有的33个申报点自身对丝路价值的不同支撑角度来进行遗存归类。依此方法，我们获得了五种主要类型：中心城镇遗迹、商贸聚落遗迹、交通和防御遗迹、宗教遗迹以及关联遗迹，然后按类分别阐述各类遗存对遗产整体价值的支撑角度，以及各类遗存内部的传播轨迹与关联程度。这一分类策略不仅符合实际情况，也意味着超大型文化线路在遗存分类上的开放性，可为今后丝绸之路的扩展项目以及新的廊道申遗提供示范。

七、结语

1.《评估报告》

2014年5月，国际古迹遗址理事会的丝路项目《评估报告》(whc14-38com-inf8B1)陈述："提名文件清晰地说明了将每一遗产点纳入系列提名的原理，以及它们如何为该系列遗产整体的突出普遍价值作出贡献。"事实证明，我们需要进入国际语境，更需要介入国际语境。

国际古迹遗址理事会认为总体来说，申报理由适当地反映出了该路段及其所影响和作用的广度和深度。但是，有必要对理由进行进一步扩充，以更清晰地说明随时间的推移，这些影响和作用是如何与遗产特性、不同的地理-文化区域、不断变化的经济和政治财富相关的。尽管在提名档案文件中进行了详细描述，但是对该廊道与其他廊道间的区别描述不够清楚，应对其他廊道所没有的独一无二的特性进行定义。

2014年2月提供的补充信息是对该需求的回应，对天山廊道的特性以及所表现出的丝绸之路的关键属性进行了清晰描述。

2. 补缺

"丝绸之路：长安－天山廊道的路网"的申报虽然以成功告终，但也必须看到：受准备工作来不及的影响，有些重要甚至是必要的中国丝路遗产点未能包含在内，特别是"帝王陵寝/墓葬"和"生产基地"两种具有基本属性的丝路遗存类型，在"长安－天山廊道"的遗存类型中尚属缺项。为此，本次借助丛书的编撰，在整体设计上专门作为补缺而设立了"生产卷"和"墓葬卷"2卷，以完善丝路遗产的功能构成类型，提升遗产的整体价值，

评估报告部分章节	表5
ICOMOS considers that the comparative analysis justifies consideration of this property for the World Heritage List.	国际古迹遗址理事会认为对比研究提供了将廊道列入世界遗产名录的理由
Justification of Outstanding Universal Value The Silk Roads: Initial Section of the Silk Roads, the Routes Network of Tian-shan Corridor is considered by the States Parties to be of Outstanding Universal Value as a cultural property for the following reasons: The Tian-Shan Corridor: ■ Is a significant component of the Silk Roads, hold the crucial starting position for the transportation and communication system of the entire cultural route. ■ Is a long distance cross regional transportation system that linked up multiple civilizations, and facilitated a lasting and far reaching exchange of activities in trade, religion, science and technology and culture. ■ Played an essential role in the cultural interchanges between nomadic and settled peoples, and between East and Central Asian civilizations. ■ Witnessed significant stages in the development of human civilization on the Eurasian continent over a period of eighteen centuries between the 2nd century BC and 16th century AD, and the outstanding characteristic of multicultural coexistence during this long span of time. ■ Promoted in a significant way dialogues between different civilizations and cultures across continents, that contributed to their common development. ■ Is an outstanding example in world history of how mankind established long-distance east-west transportation system and realized the widest interchange among civilizations and cultures across the Asian Continent. ICOMOS considers that this justification is appropriate in general terms in setting out the extent and scope of this section of the route and its influence and impact. The justification did however need to be augmented to set out more clearly how these influences and impact are related to the attributes of the property and to the way these reflect different geo-cultural areas and changing economic and political fortunes over time. In the nomination dossier, notwithstanding the fact that it was commendably detailed, what did not come out clearly was what distinguishes this corridor from others in terms of defining a set of characteristics that are not present in other corridors. The supplementary information provided in February 2014 responded to this need and has allowed a much clearer understanding to emerge of the very specific profile of this corridor as well as of the way it reflects certain key attributes of the overall Silk Roads.	具有突出普遍价值的理由 缔约国认为丝绸之路：起始段和天山廊道的路网具有文化遗产的突出普遍价值，理由如下： 天山廊道： 是丝绸之路的重要组成部分，是整个文化路线交通运输和交流体系的重要起始地点。 是长途跨地区交通运输系统，将不同文明连接起来，促进了贸易、宗教、科学、技术和文化活动长久而深远的交流。 在游牧民族和定居民族之间、东亚和中亚文明之间的文化交流上发挥了至关重要的作用。 见证了欧亚大陆在公元前2世纪至公元16世纪长达18个世纪的时间内人类文明进步的重要阶段，以及在这段时间内多元文化并存的鲜明特色。 以重要的方式推动不同大陆间文明与文化之间的对话，促进共同发展。 是世界历史上杰出的例证，反映了人类是如何建立东西方长途交通运输体系的，并实现了亚洲大陆最大范围的文明和文化交流。 国际古迹遗址理事会认为总体来说，申报理由适当地反映出了该路段及其所影响和作用的广度和深度。但是，有必要对理由进行进一步扩充，以更清晰地说明随时间的推移，这些影响和作用是如何与遗产特性、不同的地理-文化区域、不断变化的经济和政治财富相关的。尽管在提名档案文件中进行了详细描述，但是对该廊道与其他廊道间的区别描述不够清楚，应对其他廊道所没有的独一无二的特性进行定义。 2014年2月提供的补充信息是对该需求的回应，对天山廊道的特性以及所表现出的丝绸之路的关键属性进行了清晰描述。

并期待于后续的"长安－天山廊道"拓展工作中予以增补。

除了功能类型有缺失之外，作为丝绸之路的重要地区宁夏与青海两省区也因没有成功的申报点而不在路网框架之内。这两个地区不仅分布有丝路重要的遗址遗迹（例如涉及粟特人和吐蕃在丝路上的重要作用），在地理环境上也是丝路的重要组成部分。同样，期待着后续的"长安－天山廊道"拓展工作能予以增补。

3. 新的旅程

2014年6月22日，在第38届世界遗产大会上，随着卡塔尔公主的小锤子敲下，"丝绸之路：长安—天山廊道的路网"获准列入《世界遗产名录》。至此，中国与吉尔吉斯斯坦、哈萨克斯坦联合提交的这一文化遗产项目成为"丝绸之路"第一项丝路申遗成功的路段。国际古迹遗址理事会在评价其重要意义时指出："三个缔约国进行跨国界提名是将丝绸之路列入世界遗产名录过程中的一个重要里程碑。这是七年多合作努力以及更多年调查研究所取得的成果。"

致谢：丝绸之路总体价值研究是一项长期的、极富挑战性的任务，目前的阶段性成果得益于国内外考古、历史、遗产保护等相关领域专家的智慧集结与专业贡献，国家文物局在国际、国内专家协调和组织方面给予了有力的保障，河南、陕西、甘肃、新疆各省区各级文物行政管理部门提供了全力支持。"丝绸之路：长安－天山廊道的路网"遗产解读与突出普遍价值研究两文也是基于上述工作成果。特此诚挚致谢。

回顾七年的申遗历程，我发现，我们受到的支持和帮助是全方位的，有国家文物局的信任与支持，有丝路沿线遗产地各级政府的信任、支持和全力配合，有国际组织和中国考古、历史、文化遗产保护等诸多领域的众多专家学者鼎力支持，有各地业务同行的全力配合，特别是哈、吉两国的专家在整个合作过程中给予了充分的理解和积极的配合，在此致以十分诚挚的感谢！

回顾七年的申遗历程，我发现，历史所已经成长为一支特别能拼搏的团队，不仅能承受极度辛劳，更富创新精神，并基于团队共同的价值观——服务社会、奉献国家、同心协力、发挥所长、互为支撑，形成了一种不可估量的能力。无此精神和能量，便无丝路项目成功的保障。历史所不辱使命！我亦此生有幸！

回顾七年的申遗历程，我发现，丝绸之路的历史文化内涵竟是如此深厚、如此深远，不仅令我虔诚地领略了我们祖先的伟大与智慧，更引人重新审视长距离交通交流对人类文明与文化发展的重大作用，甚至能为中国当今的国策所用。丝路遗产的研究、保护与价值传承，正在进入一个新的历史阶段，任重而道远！

建筑历史研究所参与申遗过程遗产价值研究的其他主要人员包括傅晶、徐新云、李敏、王敏、蔡超、李琛、刘剑，后期课题成果整理的主要人员包括韩博雅、袁守愚、朱轶夫、王雅芬等。

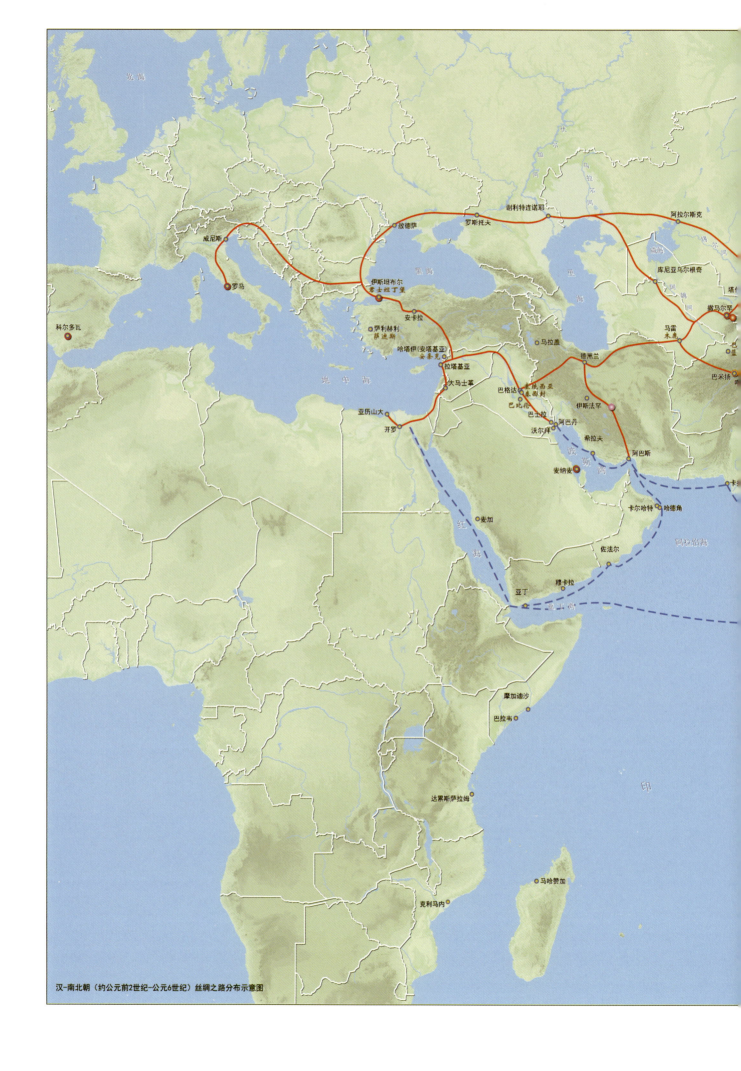

汉-南北朝（约公元前2世纪-公元6世纪）丝绸之路分布示意图

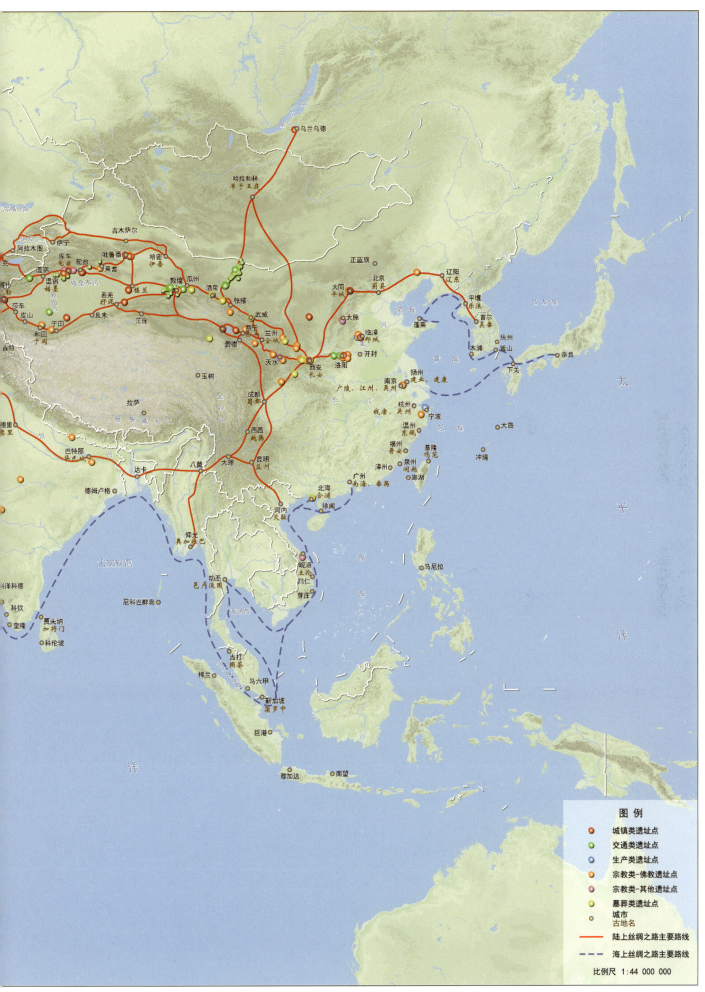

汉-南北朝（约公元前2世纪-公元6世纪）丝绸之路分布示意图

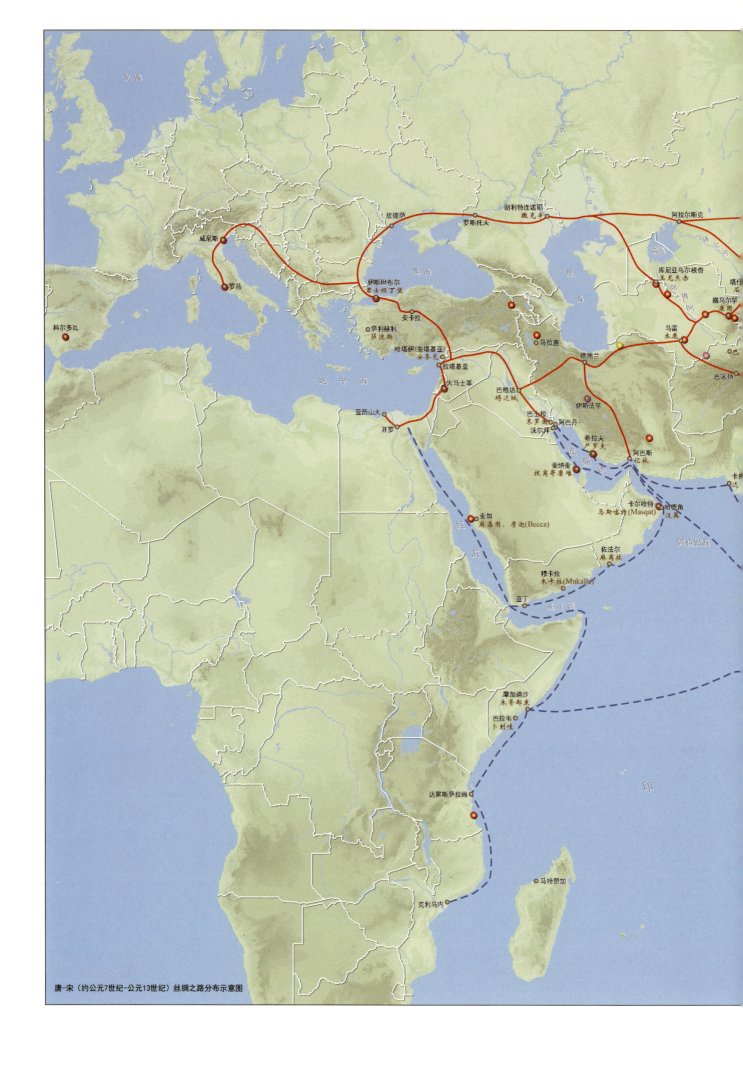

唐-宋（约公元7世纪-公元13世纪）丝绸之路分布示意图

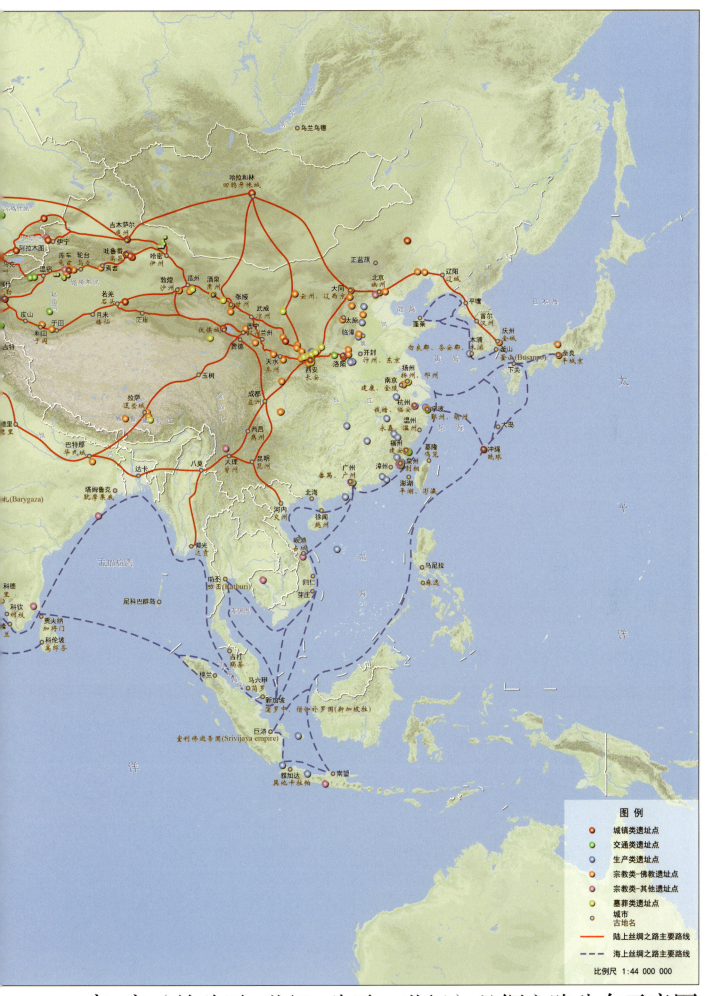

唐-宋（约公元7世纪-公元13世纪）丝绸之路分布示意图

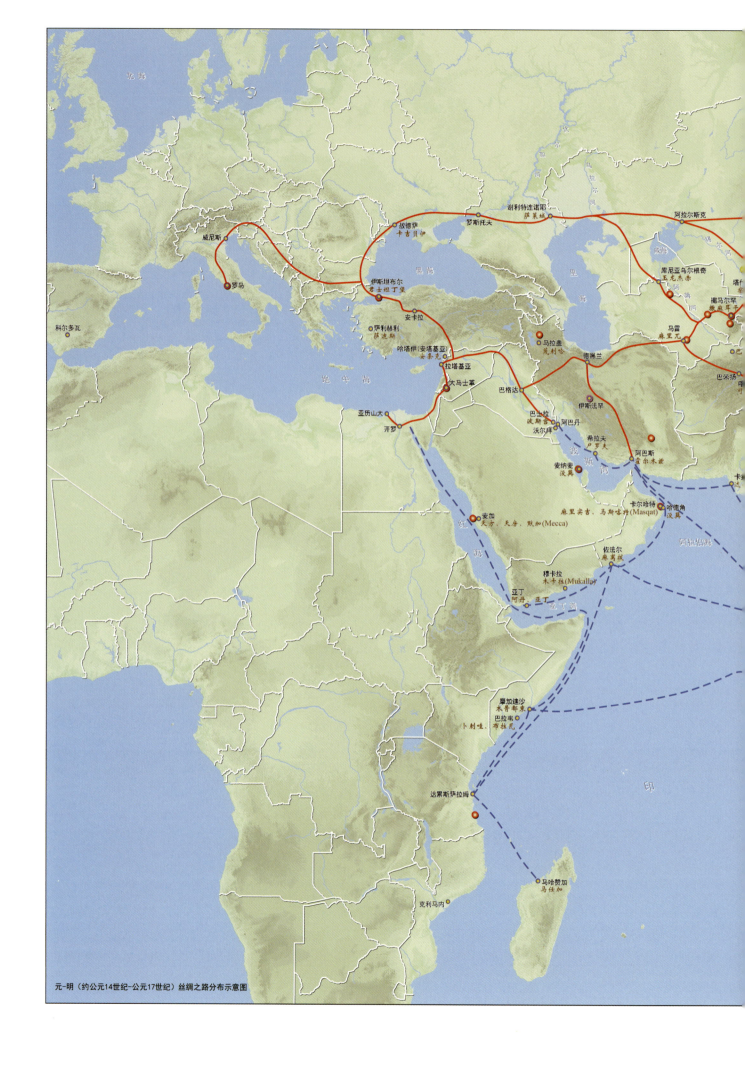

元-明（约公元14世纪-公元17世纪）丝绸之路分布示意图

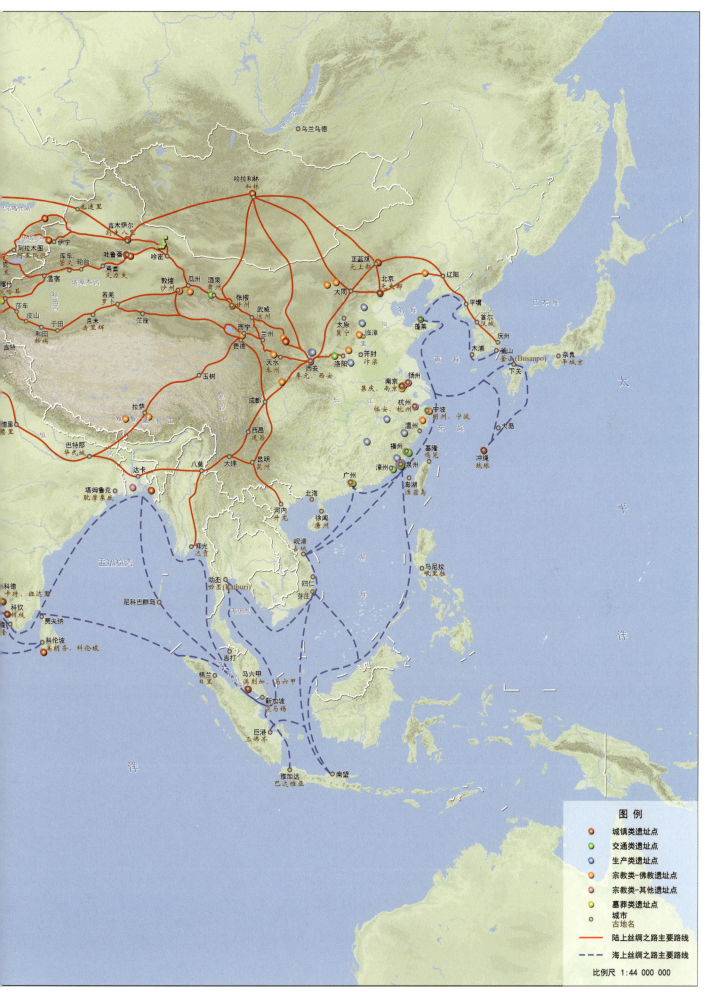

元–明（约公元14世纪–公元17世纪）丝绸之路分布示意图

附 录

附1 丝绸之路文化遗产相关概念简述
附2 参考文献

附1 丝绸之路文化遗产相关概念简述

一、文化线路

文化线路作为一种特殊类型的文化遗产，在1994年西班牙马德里召开的世界遗产委员会第19次会议被讨论认可。于2005年被纳入《操作指南》，并在附件中作进一步阐释。2008年10月4日在加拿大魁北克召开的国际古迹遗址理事会第16届大会通过《关于文化线路的国际古迹遗址理事会宪章》（*The ICOMOS Charter on Cultural Routes*，简称《文化线路宪章》），对文化线路遗产的定义、要素、特征、类型、真实性完整性等内容进行了界定。

1.《操作指南》（2019版）摘录（附件3：特定类型遗产列入《世界遗产名录》指南）

遗产线路（Heritage Routes）定义

22. 遗产线路的概念丰富多彩，它提供了一种有效的构架，使相互理解、多种历史观的共存及和平文化能在其中发挥作用。

23. 遗产线路由各种有形的要素构成，这些要素的文化意义来自于跨国界和跨地区的交流和多维对话，说明了沿这条线路上展开的运动在时空上的交流互动。

将遗产线路列入《世界遗产名录》

24. 在决定一条遗产线路是否具备列入《世界遗产名录》的资格时，下列几点应予以考虑：

(i) 重新考虑具有突出的普遍价值的相关要求。

(ii) 遗产线路的概念

——基于运动的动态、交流的概念、空间和时间上的连续性；

——涉及一个整体，线路因此具备了比组成要素的总和更多的价值，也因此获得了其文化意义；

——强调国家间或地区间交流和对话；

——应是多维的，不同方面的发展，不断丰富和补充其主要用途，可能是宗教的、商业、行政的或其他。

(iii) 遗产线路可被视为一种特殊的动态的文化景观（近期这种争论使其被纳入《操作指南》）。

(iv) 对遗产线路的认定基于各种力量和有形要素的集合，以见证线路本身的重大意义。

(v) 真实性条件也将基于线路的重要性和其他组成要素。线路的使用时间也要考虑在内，可能还需考虑其现今使用的频率和受其影响的族群对其发展的合理意愿。

以上几点需放在线路的自然框架及其无形的和象征性层面考虑。

2.《关于文化线路的国际古迹遗址理事会宪章》摘录

定义

任何交通线路，陆上、水上，或是其他类型都在实际中被清楚地说明并且也因其自身特殊的动态和历史的功能而呈现特点，都必须要满足下面的条件：

a) 必须来自并反映人们的互动行为和民众、国家、地区或大陆间在重要历史时期进行的多维、持续及互惠的货物、思想、知识和价值观的交流；

b) 必须要在时空上促进受影响文化间的交流，使它们在物质和非物质遗产上都反映出来；

c) 必须要集中在一个与其存在有历史联系和有文化遗产关联的动态系统中。

定义要素：背景、内容、文化线路作为一个整体的跨文化意义、动态特性和环境。

（1）背景：文化线路产生于自然和/或文化背景，对其施加影响，并且作为互动过程的一部分对其进行刻画，丰富其尺度。

（2）内容：一条文化线路必须要具备必要的物质要素来支持，以表明是文化遗产，并提供其存在的实际证明。所有非物质要素也给予构成整体的各种要素以支持和意义。

——作为服务于某一特定项目的工具，或者以人类完成特定目标的活动而出现，决定一条文化线路存在必不可少的物质要素，就是交流线路本身。

——其他基本的物质要素是与其历史线路功能相关的物质遗产资源（补给站；存物、休息和寄宿地；码头；要塞；桥梁；市场；医院；城镇中心；文化景观；宗教场所；礼拜和祈祷场所等）同时还包括非物质的遗产要素，其见证了这条线路沿线涉及的民众所进行的交流和对话的过程。

（3）作为一个整体的跨文化意义：文化线路的概念包含了作为整体的价值，要比单个部分简单地加在一起要更有价值并赋予线路以意义。

——文化线路构成一笔文化财富，得到各种文化的营养，并且通过提供大量共有的特性和价值系统从总体价值上超越它们。

——其总体意义上，各部分的价值存在于它们所共同分享的和多面的。

——其在大的尺度上允许民众、国家、地区和大陆进行文化联系。

——考虑到其领土和对其以上各种遗产要素的广泛管理，宽泛的尺度是重要的。

同时其所包含的文化多样性为文化提供了使其向单一发展的另类选项。

（4）动态特性：除了代表其历史线路的实际证据，与文化遗产要素一道，文化线路包含了一个动态要素，发挥着导线或渠道的作用。通过这个动态要素，相互的文化影响进行传递。

——文化线路的动态并不遵守自然法则或是因果关系，而仅仅是人类的行为过程和兴趣，所以只有通过把其看成一个文化现象来理解它。

——文化的流动不仅有物质或有形的东西来展示，还有精神和传统的见证，精神和传统是文化线路的非物质遗产。

——通过把文化线路理解成民众间一系列文化交流的动态要素，其文化遗产资源可以在部分真实及历史的范畴被了解，这就允许通过一种全面和可持续发展的途径来从整体上对线路进行保护。

（5）环境：文化线路与周围环境密切相关，不可分割。

——地理环境协助形成决定文化线路的路线或者随着时间的推移影响文化线路的发展。

——区域环境[自然或文化（城市或乡村）环境]提供了文化线路的框架，让其具有独特的风格，具有物质和非物质独特元素和价值。这对文化线路的理解、保护和享用非常重要。

——文化线路把多样的地理和遗产特征连接起来，形成独特的整体。文化线路及其环境与不同的自然和文化景观相关联，构成文化线路的各部分，并且由于文化线路的所经过地区和区域的不同展示出各自独特的风格和标识。这些不同的景观用其多样性塑造了文化线路各地段的多样性特色。

——在某些路线，与自然的关系非常敏感，而在其他路线，则是与城市或乡村的环境很敏感。在有古迹存在的地区，如果古迹与其他建筑物隔离（比如小教堂、寺院、喷泉、桥梁、边界线等），古迹与周围环境的关系则非常敏感，因为这会决定文化线路这一段的性质。

——要保护和保存文化线路，需要具有关于其周围环境的历史、自然和文化特征的广博知识。任何必要的干预都必须与这种环境相适应，尊重其特征，而不能扭曲传统景观，不管这种景观是自然或文化性质，抑或二者兼有。

——必须明确文化线路的环境，清楚标记已明确界定并进行管理的缓冲区，这样，其中的物质和非物质文化价值的真实性和完整性得以保存。该等保护必须包括不同景观的价值，这些景观组成了文化线路，赋予文化线路独特魅力。

1 本部分内容编译自联合国教科文组织世界遗产中心网站（whc.unesco.org）。

3. 已列入的线路遗产简介[1]

（1）圣地亚哥康波斯特拉之路：法兰西之路和北西班牙之路

列入年代：1993年列入、2015年扩展

遗产编号：669

国家：西班牙

符合标准：(ii)(iv)(vi)

简介：

圣地亚哥-德孔波斯特拉之路是通往位于西班牙圣地亚哥-德孔波斯特拉的使徒圣雅各墓葬的基督教朝圣之路，在中世纪时期对伊比利亚半岛和欧洲其他国家之间的双向文化发展交流起到了最根本的促进作用。扩展包括了位于巴斯克自治区拉里奥哈（La Rioja），利艾巴纳（Liébana）境内近1 500km的道路，还包括一些具有历史意义的遗址如教堂、医院、旅馆以及桥梁，都是为满足朝圣者需要而建的建筑。这次扩展纳入了9世纪时发现据信是圣雅各之墓后通往圣地亚哥康波斯特拉最早的朝圣之路。

（2）法国圣地亚哥——德孔波斯特拉朝圣之路

列入年代：1998年列入

遗产编号：868

国家：法国

符合标准：(ii)(iv)(vi)

简介：

圣地亚哥——德孔波斯特拉在整个中世纪是成千上万虔诚朝圣者们的终极目标，他们从欧洲各地蜂拥至此，为了到达西班牙，他们必须穿越法国。列入世界遗产的项目包括系列重要的历史古迹，标出了朝圣者穿越法国的路线。

（3）乳香之路（Land of Frankincense）

列入年代：2000年

遗产编号：1010

国家：阿曼

符合标准：(iii)(iv)

简介：

瓦迪·道卡的乳香树和什斯尔／乌芭尔以及相关的科尔罗里和巴厘德港口的商队绿洲遗迹，都表明这里的乳香贸易繁荣了很多个世纪。这项贸易在古代和中

世纪是最重要的商业活动之一。

（4）塔夫拉达·德乌玛瓦卡（Quebrada de Humahuaca）

列入年代：2003 年

遗产编号：1116

国家：阿根廷

符合标准：(ii)(iv)(v)

简介：

塔夫拉达·德乌玛瓦卡遗产地沿一条主要的文化路线——卡米诺印加分布。其源头起自安蒂恩高原(the High Andean Lands)上寒冷的荒原，沿格兰德河谷(the Rio Grande)延伸，直到南部150km与莱昂河(the Rio Leone)汇合处。山谷里的遗迹向世人展示了过去一万年间，它被作为主要的商业通道的历史。有多处明显的遗迹表明，这里曾先后是史前的狩猎军体聚集地，还是印加帝国时代（公元15—16世纪）和19至20世纪人们为独立而斗争的战场。

（5）纪伊山地的圣地与参拜道（Sacred Sites and Pilgrimage Routes in the Kii Mountain Range）

列入年代：2004 年

遗产编号：1142

国家：日本

符合标准：(ii)(iii)(iv)(vi)

简介：

大峰、熊野三山以及高野山三座圣地坐落在纪伊山地茂密的森林中，俯瞰太平洋，它们通过多条参拜古道连接奈良和京都两个古都，反映出根植于日本自然崇拜古老传统的神道教与自中国和朝鲜半岛引入日本的佛教的相互融合。该遗址及其周围的森林景观是1200多年来持续保留完好的圣山传统的写照。这个地区连同其丰富的小溪、河流和瀑布仍然是日本现存文化的一部分，每年吸引多达1500万游客来参拜和游览。三个遗址内都有神龛，有些神龛甚至修建于9世纪。

（6）熏香之路——内盖夫的沙漠城镇（Incense Route – Desert Cities in the Negev）

列入年代：2005 年

遗产编号：1107

国家：以色列

符合标准：(iii)(v)

简介：

那巴提人的四个城镇哈鲁扎 (Haluza)、曼席特 (Mamshit)、阿伏达特 (Avdat) 和席伏塔 (Shivta)，以及内盖夫沙漠的相关堡垒和农业景观，分布在通往地中海端的熏香之路两边。它们共同反映了自公元前3世纪起到公元2世纪间从阿拉伯南部到地中海地区乳香和没药贸易的巨大繁荣景象。复杂的灌溉系统、城市建筑、城堡和商队旅馆等遗迹，见证着条件艰苦的沙漠发展成为贸易和农业定居点的过程。

（7）皇家内陆大干线（Camino Real de Tierra Adentro）

列入年代：2010 年

遗产编号：1351

国家：墨西哥

符合标准：(ii)(iv)

简介：

"皇家内陆大干线"，又以"白银大道"而著称。这一遗产包括55处遗址，以及5处已列入世界遗产名录长度达1400km的遗址。总长2600km的大干线，从墨西哥北部一直延伸到美国得克萨斯州和新墨西哥州境内。16—19世纪时，这条道路主要用于运输萨卡特卡斯、瓜纳华托和圣路易斯波托西等地出产的白银及从欧洲进口的水银。尽管建设及加固这条道路主要是为了满足采矿业的需要，但实际上它也促进了各地之间，特别是西班牙与美洲之间社会、文化与宗教的联系。

（8）耶稣诞生地：伯利恒主诞堂和朝圣线路（Birthplace of Jesus: Church of the Nativity and the Pilgrimage Route, Bethlehem）

列入年代：2012 年

遗产编号：1433

国家：巴勒斯坦

符合标准：(iv)(vi)

简介：

这一遗产位于耶路撒冷以南10km，自从公元2世纪以来，就被基督教传统认定为耶稣的诞生地。公元339年，在此建成第一座教堂，公元6世纪的火灾后，在此基础上重建的教堂保留了原有建筑精美的马赛克地板。这一遗产地还包括拉丁、希腊东正教、方济会和亚美尼亚修道院和教堂，以及钟楼、露台花园和一条朝圣路线。

（9）Qhapaq Ñan 安第斯道路系统（Qhapaq Ñan, Andean Road System）

列入年代：2014 年

遗产编号：1459

国家：阿根廷、玻利维亚、智利、哥伦比亚、厄瓜多尔、秘鲁

符合标准：(ii)(iii)(iv)(vi)

简介：

　　该遗产是一个覆盖 30 000km 的印加通信、贸易和防御网络，由印加人在几个世纪前建造、部分基于印加前的基础设施。其路网通过世界上最极端的地理地形之一，将海拔超过 6000m 的安第斯山脉的白雪皑皑的山峰与海岸连接，穿过炎热的雨林、肥沃的山谷和沙漠。它在 15 世纪达到了最大范围，遍布安第斯山脉所在区域。Qhapaq Ñan 安第斯道路系统包括 273 个组成部分，分布在 6000 多公里的范围内，所包含遗址点突显了该路网的社会、政治、建筑和工程成就，以及与之相关的贸易、住宿和仓储基础设施、具有宗教意义的场所等。

二、系列遗产

"系列遗产"的概念出自《实施〈世界遗产公约〉操作指南》137 条（2005 年版首次出现，以后历版沿用、修订），后于《伊廷根文件》中专门阐释。该文件是国际遗产保护组织重点针对系列/跨国系列提名情况，于 2010 年 2 月在瑞士伊廷根（Ittingen）举行的国际世界遗产系列申遗专家会议中形成相关结论和建议，2010 年 7 月 25 日—8 月 3 日在巴西召开的世界遗产委员会第 34 次会议上作为工作文件发布。

该文件形成的决议和建议包括了 4 项内容：

1. 突出普遍价值和系列遗产

2. 系列遗产提名进程

3. 保护——世界遗产名录上的列入和除名

4. 管理系统和跨国系列遗产

其中，第一部分的决议对"天山廊道"的遗产组成具有重要的指导意义。

1.《操作指南》（2019 版）关于"系列遗产"的相关论述摘录：

　　137. 系列遗产应包括两个或两个以上逻辑联系清晰的组成部分：

　　1）各组成部分应体现出文化、社会或功能性长期发展而来的相互联系，进而

形成景观、生态、空间演变或栖居地上的关联性；

2）每个组成部分都应对遗产整体的突出普遍价值有实质性、科学的、可清晰界定和辨识的贡献，亦可包含非物质载体；最终的突出普遍价值应该是容易理解和便于沟通的；

3）与此一致的，为避免各组成部分过度分裂，遗产申报的过程，包括对各组成部分的选择，应该充分考虑遗产整体的连贯和管理上的可行性；

并且该系列作为一个整体（而非各组成部分）必须具有突出普遍价值。

2.《伊廷根文件》（UNESCO World Heritage: Serial Properties and Nominations, 2010）摘录

2010年2月25日至27日，瑞士伊廷根，国际世界遗产专家关于系列提名和遗产会议的结论和建议

2.1 突出普遍价值和系列属性

会议建议委员会就《实施〈世界遗产公约〉操作指南》第137条进行以下几方面的考虑：

i) 一个系列遗产的组成部分应包含：

a) 同一历史文化群体；

b) 代表了该地理区域特征的同类遗产；

c) 相同的地质、地貌形态、相同的生物地理区系或相同的生态系统类型

以上组成部分可能导致仅能列出一份遗址点名单，而没有对各组成部分之间的功能性关联作出合格的定义，或者解释它们如何作为一个整体对遗产的突出普遍价值作出的贡献。

对于文化遗产（cultural properties），各组成部分应体现出明确的文化、社会、历史或功能性长期发展而来的相互联系。

对于自然遗产（natural properties），各组成部分应考虑形成景观、生态、空间演变或栖居地上的关联性。

以上内容同样适用于系列遗产的扩展项目。

ii) 每个组成部分都应对遗产整体的突出普遍价值有实质性、科学的、可清晰界定和辨识的贡献，亦可包含非物质载体。最终的突出普遍价值应该是容易理解和便于沟通的。

iii) 与此一致的，为避免各组成部分过度分裂，遗产申报的过程，包括对各组成部分的选择，应该充分考虑遗产整体的连贯和管理上的可行性。

三、丝绸之路遗产概念

丝绸之路是东西方融合、交流和对话之路，两千多年来为人类文明的共同繁荣做出了巨大贡献。将丝绸之路作为遗产概念提出源于1988年联合国教科文组织启动的"对话之路：丝绸之路整体性研究"项目，该项目通过将科研活动与媒体报道相结合的方式，组织了五次国际科考活动。这一项目引发了世界范围对丝绸之路的浓厚兴趣，从而开始考虑将丝绸之路整体或部分地申报世界遗产。联合国教科文组织召开了若干次专题研讨会，对丝绸之路作为文化遗产概念的探讨随着文化线路遗产类型的提出、丝绸之路遗产构成要素类型的分类、丝绸之路整体与分段的跨国与系列申报策略的讨论逐步深入。这一过程中形成的国际共识文件主要包括2007年的《中亚与中国"丝绸之路"申报世界遗产概念文件》、2009年《丝绸之路突出普遍价值声明草案》、2011年《丝绸之路主题研究》。

1.《中亚与中国"丝绸之路"申报世界遗产概念文件》译文摘录

该文件起草工作的主要专家是英国专家苏珊·丹尼尔女士（Mrs. Susan Denyer）和亨利·克利尔博士（Dr. Henry Cleere），主笔是克利尔博士。2007年4月，这一文件在丝绸之路跨国联合申遗协调委员会塔吉克斯坦杜尚别会议上形成了初稿；在2008年7月中国西安会议上完善，获缔约国一致同意；并报送世界遗产委员会，被通报认可备案。

第三部分 丝绸之路

二、丝绸之路地理特征

丝绸之路从东到西穿越中国肥沃的中部平原，经过甘肃河西走廊，到达天山南北。其南线在这里分为两支，横越塔克拉玛干大沙漠之后在喀什汇合。从喀什开始，丝绸之路的南线通过喀喇昆仑山脉通向印度北部；中线穿越帕米尔高原到达巴尔克，经过梅尔夫到达伊朗，经过喀布尔到达印度；北线穿越费尔干纳盆地到达撒马尔罕，在这里，一条通往北方的道路穿过咸海和里海之间的阿姆河盆地最终到达黑海沿岸的港口。此外，从撒马尔罕出发向南穿越中亚大草原到达梅尔夫。从梅尔夫可到达德黑兰，也可经过泰希封城到达美索不达米亚平原，或经过帕尔米拉古城到达地中海沿岸的港口。

此外跨越山脉通向印度次大陆也有几条重要的路线，它们也是丝绸之路交通网络的组成部分。这些线路中最西侧的一条经过巴尔克，穿过兴都库什山脉抵达今天的阿富汗，经过喀布尔到达巴基斯坦，通过塔西拉进入印度冲积平原。此外，还有一些与位于高加索国家和以色列的主干线连接的支线。在第二阶段的申报中，可以考虑将它们纳入进来。

尽管现代国家间的边界与丝绸之路这一跨国界线性遗产进行申报并没有多大

关系,但是唯一实际的做法却是相关的公约成员国合作进行申报。

相关国家一致同意进行考察和研究,制作出这一古代连接东西方的贸易大动脉的详细地图,这一点至关重要的。当代有大量关于丝绸之路的著作,每一部著作中都有相关的地图,它们体现了作者对这些贸易和文化路线的个人理解与诠释,而这些诠释都不尽相同。因此,非常有必要成立一个专家工作组,达成共识,制作出一幅详尽、准确和公认的地图。当然,这一地图并不排斥由于新的考古或历史资料的发现而进行的修改和增减。

三、丝绸之路历史

直到最近,学术界才普遍接受丝绸之路开启于公元前2世纪这一观点。公元前138年,汉武帝派遣张骞出使西域,招募月氏人以抵抗残忍的北方匈奴。张骞直到13年后才回到汉都城长安(今天的陕西西安)。虽然其随行的100名士兵均未幸存,但是他却获得了关于西域的宝贵信息。

虽然大家都接受了以张骞出使西域作为丝绸之路的起始时间这一观点,但是却忽视了这一事实,即考古发掘显示,早在张骞之前,中亚大草原上的游牧民族在彼此之间并与中国西部和地中海地区进行了相当规模的交流互动。不过,他们并非城镇居民这一无法否认的事实对在公元前1世纪前该地区就出现了轮廓清晰的交通线路网络这一观点产生了十分不利的影响。同样,有大量的证据证明,一个道路系统已经于公元前4世纪在亚历山大大帝所征服的中亚以西的地区构建。该道路系统起初是出于军事目的而建造的,但是很快就为中亚和地中海地区的商人们所采用。毫无疑问,公元前138年之前很早的时期,丝绸就被运到中国以外的地区,这一点已经得到考古发现的佐证。例如,在古代的大夏国(即今天的阿富汗)就发现了公元前15世纪的丝绸。在确定丝绸之路是何时成为主要的贸易大动脉的时候,有必要考虑是什么时候出现了安全和管理上的保障,使得可持续的、有组织的贸易活动成为可能?什么时候商人们认为值得长途跋涉,尤其是翻越帕米尔高原,运送贵重的物品?

关于丝绸之路的所有实际功能都消亡而仅仅成为一个交通网络的具体时间,目前也同样存在争议。最早在公元8世纪晚期,多种因素共同作用,使得丝绸之路这一陆上路线的价值大大降低。开始于福建和广东港口的海上贸易在蓬勃发展,而与此同时,蚕蛹和养蚕知识也走私到了中亚、欧洲和日本,从而结束了中国在这一领域的垄断地位。当蒙古帖木儿大帝的孙子兀鲁伯于1449年去世时,帖木儿帝国对中亚的强力控制也走到了尽头,丝绸之路上的商队开始屡遭攻击和掠夺。

几乎不可能确定丝绸之路消亡的准确时间。不过,从15世纪开始,这条陆上线路缺乏安全保障,同时中国的商船舰队取得成功。这一事实意味着,这条连接东西方的伟大的贸易和文化纽带从15世纪开始不再发挥作用。因此，可以首先提出，丝绸之路的起止时间为公元前2世纪至公元15世纪。但是，这并不排斥将这一时期之外的遗址纳入最终申报的世界遗产中，如果该遗址具有重大意义的话。

在这些世纪里，丝绸之路具有一种统一性。这一统一性由丝绸之路上的贸易规模以及在其最东端的中国和最西端的地中海地区的政治和经济的稳定性所决定。在这一时间范围内，并不是所有的线路都在同时使用，而且根据不同的地区，贸易和文化交流活动也在不同时期有多有少。总的来说，有如下3个最活跃的时期：

1. 古代时期：公元前2世纪至公元3—4世纪；
2. 中世纪时期：公元5世纪至8世纪；
3. 蒙古帝国时期：公元13世纪至15世纪。

第四部分："丝绸之路"申报世界遗产的策略

二、丝绸之路的范畴：遗产类型

鉴于丝绸之路的起源、用途、发展、有形遗产等均具有文化与自然的双重属性，下列这些与丝绸之路有直接关系的遗产类型应当加以考虑：

历史上控制和保护贸易线路并从中获利的城镇；

沿途为接待旅行者建造的聚居点和客栈；

自然地理特征，如隘口等；

文化景观，如农业区、为维持聚居点而建造的集水系统等；

旅行者捐资建造的神殿和其他宗教场所，包括佛教、伊斯兰教、祆教、基督教、摩尼教等所有宗教；

保护丝绸之路的军事要塞和其他建筑物；

岩画；

与丝绸之路上的聚居点直接相关的墓葬；

艺术创作物；

反映无形联系、文化多样性与创造力的古迹遗址；

丝绸之路交通系统的遗迹，以及尚未被现代交通形式所改造的景观，包括交叉路口等。

一定有足够数量的有形证据支持和证明其与丝绸之路的关系，如建筑物、道路、土木工事等。如果某个遗址仅仅有地下的考古发掘证明其存在，而没有可见的地上标志，则其可以成为一个有力的例证。在选择的时候，应当评估其与丝绸之路的联系。

在丝绸之路沿线的公约成员国应当建立该国与丝绸之路相关的考古遗址和历史建筑清单，这一点十分重要。应当努力保证这些清单是宽泛兼容的。申报指导委员会应当负责整体框架和基本标准的建立。

2.《丝绸之路突出普遍价值声明草案》

2009年5月22日，在哈萨克斯坦阿拉木图举行的第五届联合国教科文组织关于丝绸之路系列申遗的次区域研讨会上（2009年5月18日—24日），讨论并接受了本草案。

丝绸之路是东西方之间融合、交流和对话之路，近两千年来为人类的共同繁荣做出了重要的贡献。这条线路的整体意义超过其所有组成部分之和。

公元前2世纪至公元16世纪期间，丝绸之路尤为繁荣。丝绸之路的路网起始于长安（现西安市），由东亚一直往西最终到达地中海地区，并向南延伸到印度次大陆，促成并促进了品类丰富的双向洲际贸易。各类商品中，中国丝绸最为名贵，此外还有来自中国的贵重金属和宝石、陶瓷、香水、装饰木材、香料等原料，以及它们换取的棉毛织品、玻璃、葡萄酒、琥珀、地毯和名贵的马匹。这些贸易将不同的文明联系起来，持续了千百年，其支撑系统由沿线的商队驿站、商业据点、贸易城市和要塞构成，分布总长超过一万公里，可被认为是人类历史上最长的文化线路。

通过丝绸之路这个网络传送的远不仅是贸易商品。佛教、犹太教、伊斯兰教、景教、基督教、袄教和摩尼教经由丝绸之路而传播，科学技术的发展也通过这些线路得以交流，如：从中国传出的有造纸、印刷、火药、铸铁、弩、指南针和瓷器等，同时由中亚、中东、地中海地区和西方传出的有工程学的发展（特别是桥梁建造）、棉花种植及加工、挂毯编织、历法、葡萄种植，以及一些玻璃和金属加工技术。此外，大量的医学知识和药物，一些目前看来非常普遍的水果和其他粮食作物也得到双向传播。

因此，丝绸之路在经济、社会、文化和环境等领域都具有全球性的重要意义。

丝绸之路沿线的古迹、遗址和文化景观可分为：

1）基础设施（用于贸易和运输）；

2）生产（交易货物）；以及

3）产物（如：交流和联系所产生的城市、艺术、知识）

丝绸之路包括这些遗产类型的杰出代表，其属性包括：

- 地形和自然特征
- 城市布局和建筑设计
- 社会经济发展
- 政治事件

- 宗教和精神价值
- 科技成就
- 艺术成就（雕塑、绘画、雕刻等）
- 非物质遗产

在第一类"基础设施"中，除商业驿站和客栈，军事邮驿、戍堡和堡城，桥梁，灌溉系统等遗址，还包括标志性的自然和文化景观。第二类"生产"是指反映采矿、金属加工、制造业、手工业及其他产业和生产的遗址。第三类"产物"包括贸易城市、城市中心和居民点、宗教、精神和礼仪场所（如：圣地、朝圣的洞穴、坟墓和遗址）和与政治事件及思想、语言、音乐、舞蹈、诗歌等传播相关的场所。

丝绸之路文化路线遗产列入的理由如下[1]：

标准（ii）：由于丝绸之路遗产展示出显著的人类价值交流；

标准（iii）：由于丝绸之路遗产是长距离进行贸易活动和传播文化传统的杰出典范；

标准（iv）：由于丝绸之路遗产包含了在近2000年中支持贸易和交流所必要的，集城市、建筑和技术于一体的杰出范例；

标准（v）：由于丝绸之路遗产为人类与环境之间的相互作用提供一种卓越的见证；

标准（vi）：由于丝绸之路遗产与历史的和现存的传统、信仰和价值系统有直接和实质的联系。

真实性、完整性和管理的陈述草案

- 完整性

丝绸之路文化路线系列遗产申报提名的完整性需要展示所有体现其突出普遍价值所必需的属性。目标是，在对初始申报进行一系列扩展后，将全面反映大文化路线规模属性的内容纳入整个遗产，特别是它的基础设施，如：商队驿站、堡垒、桥梁、灌溉系统、农业系统和道路标志、高价值贸易货物的相关生产场所（如金属开采和加工）；以及近2000年以来的长距离、有益贸易的著名产物，特别是城市、乡镇和圣地，以及它们与科学、技术、宗教、艺术和建筑领域知识交流之间的关联。

申报遗址的边界将充分涵盖所有属性。

健全的筛选过程将保证这些所选出的提名地不会受到威胁。

- 真实性

丝绸之路文化路线系列遗产申报的真实性是指每个特性能否充分展现它们和突出普遍价值的关系。所有提名地将进行仔细的研究和记录，以展现它们与丝绸

---

1 证明丝绸之路遗产列入也符合标准（i），则完全取决于对丝绸之路的整体是否是人类天才杰作的成功辩论结果（不同于一个经由时间和各类因素所产生的成果，丝绸之路遗产中一些是由人类精心创造，另外一些采用和结合了随意的因素）。

之路繁荣时期的关系（即从公元前 2 世纪至公元 16 世纪末）和对丝绸之路的基础设施、生产或社会经济发展所作出的突出贡献。

所有建筑遗存、考古遗址和景观都保存完好，此外，对有必要保护、修复之处或正在进行保护的项目，都遵照协调委员会通过的保护和考古原则及方针采用了恰当的材料和方法。不存在不可接受的重建。自繁荣期以来，它们与丝绸之路的联系没有通过不恰当的干预减弱，所有遗址都可以清楚地展示它们的关系。

- 保护和管理

所有遗址均受到国家级保护，拥有合适的缓冲区。

大丝绸之路文化路线的整体管理系统涉及若干层面、多个管理机构。总体机构是政府间协调委员会，负责制定遗产申报的限度，完善所有参与的缔约国在保护、展示和文化旅游等事项上所采用的方针、政策和监管机制。每个国家都有一个国家级协调机构，负责协调遗址之间的事项。在地方级别，遗产管理因不同的所有权和当地或地方政府的安排而异。但是，所有遗产地拥有一个经批准的管理规划，清晰阐明了遗址特性如何对丝绸之路遗产整体作出贡献，并说明了它们的阐释和游客管理将如何与其他遗址进行协调。

3.《丝绸之路主题研究》

6.2 定义：中心点、线路分段和廊道

6.2.1 中心点

中心点：一个主要的城市中心，通常是多条线路交汇的地方。这些中心很可能曾经在管理、再供给、再分配／市场买卖和生产中和在反映丝绸之路在建筑、艺术、社会和信仰方面的影响中发挥重要作用。

6.2.2 分段

线路分段：两个中心点之间的线路，考虑到已知的地形和文化特点（参照 6.3 部分了解如何对它们进行数字化）。例如，在图 1 中，红色线路（"数字化丝绸之路计划"绘制）利用那一地区的河流和绿洲，反映了那一线路的复杂性。由此界定的线路不是要尽力反映出每条路线和道路，而是要凸现人与商品的主要活动。

6.2.3 廊道

廊道：这是适用于所有数字化线路分段的一个统一的缓冲区。其目的是应对中心点之间的具体线路和道路可能存在的变化性，并网罗分段上的遗址／风景。后者反映了线路对驿站、堡垒、桥梁、小城镇和宗教遗址等方面的发展的影响。

8.2 申遗策略

8.2.2 以主题、个体遗址还是廊道为依据？

丝绸之路的规模构成一个跨越数千平方公里的巨大景观，无法对沿路的所有现存遗址或所有的廊道进行申遗。本研究分析了可以采用的选择少数遗址／景观进行申遗的三种方法：

- 采用突出主题的方法，反映整个丝绸之路潜在"突出的普遍价值"的主要特性；
- 参照整个丝绸之路的潜在"突出的普遍价值"选择个体的遗址／景观；
- 或在丝绸之路沿线选择若干能够反映地缘政治和结果多样化的立体廊道，它们中的每一个都可以被视为具有自己的"突出的普遍价值"的系列申遗候选者。

下面归纳了每种可能性的理由，并解释了为什么依据廊道的方法是推进申遗工作的最佳方法。

突出主题：选取丝绸之路的不同特性，并选择最佳遗址和景观以表现那种特性的潜在"突出的普遍价值"。例如，选取反映驿站和灌溉系统等的遗址，探讨丝绸之路的"基础设施"；或选择反映丝绸之路上的大城市、丝绸之路上的石窟、丝绸之路上的伊斯兰圣地或丝绸之路上的音乐等探讨丝绸之路的"结果"。也许总共需要选择20-30个类似遗址才能充分反映那些特性。这种遗址的选择的优势在于，能促进跨国界的工作以及具体的专业知识的交流（如在有关佛教石窟的管理和保存的方法方面）。

本方法的明显困难在于：

- 这种方法破坏了对整个丝绸之路景观的理解：断裂了大城市、小一些的市场城镇、驿站、圣地和寺院等之间的相互联系。将丝绸之路沿线的一组驿站剥离出来，切断它们与地形、小城镇的背景、水力管理、天然关隘等问题的关联，似乎意义不大。
- 这种方法倾向于忽略一些较小类型的遗址，违背了"整体比个体总和重要"的思想。
- 一些主题，如大城市，分布在整个线路上，因此，单独对这些城市申遗将是一个涉及多个参与国的非常复杂的过程。
- 为每个主题选择最适当的遗址将需要更为细致的比较分析，以证明选择的适当性。本主题研究提供了一些着手那一过程的证据，例如，强调了丝绸之路沿线城市形态的多样性（7.3.4.1），但是，这还需要对每个主题地区进行更为深入的挖掘。这将耗费大量时间，且相当复杂。
- 也许最为重要的是，世界遗产委员会可能不会赞同这种方法，因为伊廷根会议（Martin 和 Gendre 论著，2010年版）强调，应该通过文化财产的组成部分反映一段时期明确界定的文化、社会、历史或功能性联系，不能仅仅对遗址编制目录，而不对各组成部分之间的功能性联系进行充分的界定[1]。

---

1 对《实施指南》第137段的修订建议要包含这样的内容。

系列申遗中的个体遗址：选择各国内的个体遗址以反映整个丝绸之路的潜在"突出的普遍价值"（这实际上是编定丝绸之路初步遗址清单的现有策略）。

本方法的明显困难在于：

- 丝绸之路系列申遗所涉范围巨大，提出了多方面的管理问题。
- 在遗址选择中，很难找到共同点。本研究中对各国丝绸之路的比较性分析支持了提出在（上述）主题内进行具体选择的理由，但是，举例来说，很难在这儿选择一个商队旅馆，在那儿选择一个商队旅馆，然后作出将他们包括在内的令人信服的比较分析。在沿线应当选择5个、10个、20个还是100个商队旅馆？它们如何反映了政治与社会的差异以及对不同的水文和地形需要的反应？突出主题和选择廊道的方法集中关注这种决策问题。
- 实际上，对上述每种类型的遗址/景观都需要进行主题研究：需要进行这种研究以证明为什么某个特定的城市、商队旅馆、清真寺等被选中。
- 其结果是，申遗的程序将变得非常复杂：它实际上要求在形成一个清晰的整体申遗策略以及各个参与国能够进行申遗之前必须先就选择遗址的方方面面的问题达成一致意见。
- 这种复杂性和困难已经被各参与国理解和表达，这也正是为什么要从事这项《主题研究》。

廊道：选择若干能够反映丝绸之路地缘政治背景、展示"突出的普遍价值"的廊道，可能提供了一种能够包含容易操作的系列申遗的方法。这个方法也可以缩小比较分析的范围，也能加快选择遗址。

这种申遗策略的整体情况现在可以进行设计（参见8.2.3部分）。一旦得到各参与国同意，就可以按照不同的时间表选择不同的廊道。多数这些廊道的选择具备的优势是促进跨国工作和具体的专业知识的交流。

廊道一方面注意到了任何特定分段上的主要中心点，这将包括具有复杂证据的一些非常重要的城市；另一方面也注意到了一系列较小的遗址，通过这些遗址的景观，其保障和基础设施，以及宗教、艺术和社会变迁的结果来反映变化的概念。这种方法通过捕捉丝绸之路上的小规模的因素支持关注更大范围的思想——"整体比组成部分更重要"。

本方法的一个困难在于：

- 在选择遗址的过程中，一些遗址/景观可能因为未能确认足够的遗址而被排除在外。另外，由于廊道对固有地理区域的关注，必然会有一些非常重要的遗址处于未被选中的分段。在上述两个方法中（按主题和个体遗址），在选择遗址方面存在着优势——能够将最重要的遗址包括在内。然而采用廊道的方法，某一廊道之内的一个主要遗址，如果未被包括在优先选择的清单内，就有可能被排斥在申遗程序之外。然而，这个方法不会排除那些作为个体能反映出对丝绸之路的特别反应的那些个体遗址。

8.2.3 具体廊道的选择

本研究阐述了可以被作为较小规模的系列申遗的廊道。选择廊道的目的是反映丝绸之路在（1）地形、气候和生态景观方面的差异性以及（2）其历史文化的多样性。

选择丝绸之路上（1）能够反映对地形、气候和生态差异性的文化反应的廊道也许比较容易。我们考察的是可能观察到的当代景观和生态的特点，并对其历史条件（如沙漠化过程）进行了某些推测。我们需要包括那些穿越高原和山间关隘、肥沃的河谷和绿洲、沙漠及其边缘、海滨地区和主要的渡河点等的廊道。

捕捉丝绸之路上的（2）帝国和地缘政治难度稍大一些。部分原因在于，我们尚未理解许多遗址的考古顺序或其历史时期。例如，从地表的废墟有时很难看出定居点的奠基日期。再例如，在中亚有大量的遗址，其地表废墟属于公元12/13世纪末期（蒙古人征服欧洲时期）。然而，在深层地下是否存在贵霜帝国城市生活的很好例证很难做出肯定性的回答。即便如此，我们实际上对这种帝国体系的规模、分布和年代有了很多理解（参见7.3.5部分），因此可以说，我们能够抓住这些遗址的特性，从而保证把保存完好的掩埋在地底下的遗址包括在内（参见7.6部分）。我们需要捕捉在丝绸之路上一度繁荣且相互竞争的主要帝国体系，也需要捕捉那些散布其中的较小王国和城邦的发展。

然而，我们也可以建议包括那些能够捕捉对地缘组织做出多样化反应和作为丝绸之路更广大表现的线路。我们在表1（将提交会议讨论）中列出了我们建议的可以包括在申遗策略中的廊道清单。这个表格也包含了选择这些具体的廊道的理由（也请看详细的廊道目录中列出的具体的地理——生态、文化和历史特点——附件3）。在对廊道的最终名单达成了一致意见之后，可以对本研究进行扩展，向世界遗产委员会提交一份《丝绸之路框架》文件——以解释为什么包括那些选中的廊道，它们如何服务于丝绸之路总体框架。

8.2.4 在选定的廊道中的遗址选择

基本思想是，每个选定的廊道都能够在整个丝绸之路的框架之内作为一个重要而独具特色的系列申遗候选名单而展示其自己的"突出的普遍价值"。在廊道内选择的遗址应当是那些能够直接而具体地反映廊道作为地理-文化整体的特性。这些遗址应当能够反映：

• 对地形和自然特点的反应

- 城市模式和建筑设计
- 社会－经济发展
- 影响廊道的政治事件
- 宗教和信仰活动
- 科技成就
- 在艺术上（雕塑、绘画和雕刻等）的具体成就。

这不是说要把任何特定廊道内的所有遗址都选定进行申遗。多数廊道景观面积非常大（600-1400公里长），规模太大的问题仍然是个问题。如果把每个廊道沿线的每个驿站、瞭望塔、堡垒、小城镇、石窟、寺院和主要城市都包括在内很不现实，更不用说保证实际上接触和解释了。恰恰相反，选择遗址的基础是，它们对于某个特定廊道的"突出的普遍价值"的特性作出了突出的贡献。

对于那些选定的廊道，"通用的"60公里缓冲区（6.2.3部分）将为一个更为具有细微差别的、能够反映当地的地形情况（6.2.4部分）的边界所替代。这能够将那些离廊道很近、但是目前却处于廊道之外的遗址包括在内。

然而，在选择（或者不选择）一些较小的遗址的问题上存在着矛盾。较短的廊道可以允许项目将更多复杂的遗址包含在内。例如，从梅尔夫到Amul一段（200公里），可以说，每个小的驿站都能够予以管理和保护。但是，较长一些的整体廊道能够将更多重要的遗址包含在内。

四、长安—天山廊道路网的相关文件

界定丝绸之路作为文化遗产类型的特性和时空概念后，这样一个路网状分布的超大型遗产，却很难按照系列遗产的规则选取统一适用的价值标准界定，原有的和同时进行的国际文化线路申遗案例，都不能提供可以效仿的经验。世界遗产中心、国际古迹遗址理事会联合丝绸之路申遗协调委员会开展了跨国联合申报世界遗产的"主题研究"，进一步明确丝绸之路跨国联合申遗的路径和方式。由英国中亚考古专家蒂姆·威廉姆斯博士起草，于2011年形成了《丝绸之路主题研究》文件。该文件提出"选择廊道能提供推进申遗工作的最为有效的途径"，即"选择若干能够反映丝绸之路地缘政治背景、展示'突出的普遍价值'的廊道，可能提供了一种能够包含容易操作的系列申遗的方法。这个方法也可以缩小比较分析的范围，也能加快选择遗址"。基于相互关联但又具不同自然环境地理气候条件和区域历史文化脉络的内在特性，"主题研究"把丝绸之路划分为同一框架体系内的52条文化廊道。建议各廊道分别、陆续申报为"丝绸之路"总体名称之下具有自身突出普遍价值的世界遗产组合，每个廊道都是一组以文化线路为特征的系列遗产，又共同归属于"丝绸之路"这一庞大的"系列的系列遗产"组合中。

按照该文件提出的申遗策略，2011年5月丝绸之路系列申遗协调委员会（Coordinating Committee on the Serial World Heritage Nomination of the Silk Roads）第二次会议（土库曼斯坦阿什喀巴哈德）上，商议确定中国与中亚五国的丝绸之路跨国系列申遗为优先申报项目，包括涉及中国、哈萨克斯坦与吉尔吉斯斯坦的"起始段与天山廊道"，以及涉及塔吉克斯坦、土库曼斯坦和乌兹别克斯坦的"阿姆河廊道"。在实际的申遗操作过程中，其中"起始段"即对应中国预备名单中的项目名称"丝绸之路中国段"，强调古代中国作为东方文明中心的创始地位与核心作用，但最终实施的中国、哈萨克斯坦、吉尔吉斯斯坦三国联合申遗项目定名为"长安—天山廊道的路网"，对《丝绸之路主题研究》所提出的相关廊道根据价值关联性进行了整合。三国联合提交提名文件后，世界遗产国际组织国际古迹遗址理事会在评估报告中对这一丝绸之路中首项列入的廊道给予积极评价。

1.《丝绸之路主题研究》中与中国有关的主要申遗廊道

编号 No.	距走廊	距离（km）	理由（1）	理由（2）	参与国
Part of 20	丝绸之路：帝王之城－洛阳至西安	387	特点：肥沃的平原与主要河系，养育着大批城市人口	反映了汉、魏、隋、唐主要首都的风貌，对中国的城市生活和艺术产生了重大影响	中国
Part of 20	丝绸之路：河西走廊－仙人崖至敦煌	1 230	西方与中国之间大部分行程中的主要景观。狭窄的山口，主要战略性地形	主要的基础设施（驿站和城堡）及其重大影响，尤其是在宗教仪式方面	中国
Part of 47	丝绸之路：吐鲁番盆地－哈密至吐鲁番	727	沙漠和干旱的盆地构成的复杂地形	主要的灌溉系统和北线的主要发展与相关的社会－政治发展	中国
Part of 18	丝绸之路：塔克拉玛干大沙漠北缘－库车至喀什	668	天山南麓：主要是沙漠构成的线路，间或存在季节性绿洲	丝绸之路基础设施的关键地形——对这一点的适应和控制对于东方和西方之间的许多交通是十分重要的	中国
Part of 19	丝绸之路：塔克拉玛干大沙漠南部的绿洲线路——米兰至和田	852	南部沙漠边缘，间或存在季节性绿洲	控制通向南部和西部的重要地形——与北线存在着不同的适应情况、纪年和帝国体系	中国
43	丝绸之路：穿越高耸的喀喇昆仑山－斯利那加、列城和桑菊关	1 014	蜿蜒的山间线路，适应重大气候与季节问题	对严酷环境的复杂适应，产生独特的建筑、文化接触和帝国/政治控制	中国和印度
14	丝绸之路：喀喇昆仑要道（经过红其拉甫山口）－塔什库尔干至塔克西拉	681	山间路线，利用了狭窄的河谷和高山的山口	中国与印度次大陆贵霜帝国之间的联系主要通过这个走廊进行	中国和巴基斯坦
8/9	丝绸之路：伊塞克湖畔和楚河河谷－阿克苏至塔拉兹	804	吉尔吉斯山脉山麓、楚河河谷、伊塞克湖南岸一线。肥沃的土地，充足的水源。在楚河河谷的上游部分，有高山山口，连接着伊塞克湖和阿克苏	在相当长的一段时期，富饶的地区支持着城市中心的重大发展以及人口和物质的大规模流动	中国、吉尔吉斯斯坦、哈萨克斯坦
6/10	丝绸之路：中亚肥沃的河谷（匹拉夫善河谷与费尔加纳山谷）－喀什至奥什和撒马尔罕	570	土耳其斯坦与帕米尔－阿莱山脉的山麓。由高山山口连接塔克拉玛干大沙漠，经过Surkhab 山谷和阿来/Chyirchyk 山口	一系列帝国体系的接合点（如帕提亚帝国的疆界，在克乌德遮兰德有地区性的首都塞西亚的安提阿），有时还有一些独立国家。在文化交流上具有重大影响，包括与喀什和战略性地点的联系	中国、吉尔吉斯斯坦、乌兹别克斯坦
Part of 17	丝绸之路：伊塞克湖以北	1 192	大草原	联系大草原与东部走廊的重要线路—航海的连接点联系在一起	哈萨克斯坦与中国

2. ICOMOS 关于长安—天山廊道的路网评估报告

3. 列入世界遗产名录、完整性、真实性的理由

比较分析

国际古迹遗址理事会与参与丝绸之路整体项目的缔约国展开合作，就丝绸之路开展了广泛的主题研究，其中对中国至地中海间的整个丝绸之路进行了宏观层面的比较分析。

这有助于确认54个"廊道"并从地理－文化－政治方面进行定义。这些廊道保留了大量有形遗产，反映出贸易方式、财富的创造、起到支持作用的定居地、防守安排和对景观的统一管理，尤其是水力管理方面。

这些廊道将沿线城市或城镇等"节点"联系起来，综合反映了路线上社会、经济部署、防守部署以及为运输驼队提供日常食宿的路站等等的复杂性。

现有提名是指丝绸之路东部5个廊道的一部分。

提名档案文件中的比较分析开篇即对天山廊道与列入世界遗产名录的其他文化线路进行了对比。尽管使用了列表分析，但最终没有给出明确的结论。国际古迹遗址理事会认为，任何已列入世界遗产名录的路线都无法反映出丝绸之路贸易网络的广度和深度、内在发展或其结构的多样化和数量之多，无法证明丝绸之路的重要性。

比较分析的第二部分对提名廊道与更广范围丝绸之路上的其他廊道进行了对比。这个分析并未将天山廊道的特殊性质作为进行对比的基点，因此并未充分揭示出天山廊道的特点。

国际古迹遗址理事会认为主题研究实际上已进行了分析，并明确指出每一廊道反映了丝绸之路贸易的不同地理－文化－政治特点。

第三部分对提名遗产和未纳入提名的遗产进行了对比，从国家的角度进行分析，并划分为不同的类别——城镇、贸易地点、交通运输和防守设施、宗教活动场所，以及相关遗产（如古墓）。采用列表方式从价值、真实性、完整性和保护现状等角度对中国境内遗产进行了分析；哈萨克斯坦境内遗产也采用列表从重要性、保护现状和信息等角度进行了分析；吉尔吉斯斯坦的遗产则从遗址迹象的日期进行分析。这些分析结果合并成一个表格进行分析，显示了最终选择的合理性。

国际古迹遗址理事会认为，廊道绵延数千公里，没有统一的数据资料、研究分析或保护现状，比较分析已阐明了从广阔的廊道上选择遗产的种种困难。不过，国际古迹遗址理事会认为分析可以让人们更好地理解为何强调这些类别以及为何作出最终选择。

主题研究中有关于丝绸之路的三个关键部分，值得注意：

1 复杂的水利管理系统支撑了丝绸之路沿线定居地及农业的发展，尤其是，廊道内部一些城镇由于水供应的枯竭而逐渐落败。在河西走廊文字描述中对这一点稍有提及，但并未展开分析。似乎多个遗产都出现了类似的迹象，但并未进行明确界定。

2 定居社会与游牧社会之间富有成效的交流。这一点在申报理由上有阐述，但在对遗产选择进行分析时没有突出强调。例如我们建议，对中国而言，贸易地点这一类别相关度较低。

3 路线上的驿站和烽燧（尤其是中国段）是安全、常规贸易的先决条件。这一点并未进行详细分析，仅在唐朝长安城和洛阳城之间站点详图上有所显示。另外，仅有一个烽燧纳入提名，在对比分析中并未对其他一系列保存下来的烽燧进行描述。应将驿站和烽燧作为一个整体进行分析，这对展示正规贸易支撑系统的巨大作用很有帮助。

为充分理解丝绸之路丰富的交流活动，廊道不仅仅反映出宫殿和城镇的权力和财富积累，同时也反映了技术基础设施、贸易路线对较小社区的影响方式、定居社区与游牧社区间的相互交流，以及为沿途运输驼队建造的各种设施。

应国际古迹遗址理事会要求，缔约国于2014年2月份提交了补充信息，有助于人们加深对这些内容的理解，尤其是详细的水力管理体系、定居社区与游牧社区间的相互交流，以及佛教的传播。关于驿站和烽燧，缔约国表示已将注意力转移在这方面开展更多研究，并可能将它们纳入未来系列遗产中。

总之，国际古迹遗址理事会认为，对比研究提供了将廊道列入世界遗产名录的理由，但是提名遗产应能全面反映出廊道的全部特性，尤其是驿站和烽燧，这一点考虑欠佳。

国际古迹遗址理事会认为对比研究提供了将廊道列入世界遗产名录的理由

续表

具有突出普遍价值的理由

缔约国认为丝绸之路起始段和天山廊道的路网具有文化遗产的突出普遍价值，理由如下：

天山廊道：

是丝绸之路的重要组成部分，是整个文化路线交通运输和交流体系的重要起始地点。

是长途跨地区交通运输系统，将不同文明连接起来，促进了贸易、宗教、科学、技术和文化活动长久而深远的交流。

在游牧民族和定居民族之间、东亚和中亚文明之间的文化交流上发挥了至关重要的作用。

见证了欧亚大陆在公元前2世纪至公元16世纪长达18个世纪的时间内人类文明进步的重要阶段，以及在这段时间内多元文化并存的鲜明特色。

以重要的方式推动不同大陆间文明与文化之间的对话，促进共同发展。

是世界历史上杰出的例证，反映了人类是如何建立东西方长途交通运输体系的，并实现了亚洲大陆最大范围的文明和文化交流。

国际古迹遗址理事会认为总体来说，申报理由适当地反映出了该路段及其所影响和作用的广度和深度。但是，有必要对理由进行进一步扩充，以更清晰地说明随时间的推移，这些影响和作用是如何与遗产特性、不同的地理－文化区域、不断变化的经济和政治财富相关的。尽管在提名档案文件中进行了详细描述，但是对该廊道与其他廊道间的区别描述不够清楚，应对其他廊道所没有的独一无二的特性进行定义。

2014年2月提供的补充信息是对该需求的回应，对天山廊道的特性以及所表现出的丝绸之路的关键属性进行了清晰描述。

廊道的价值特征可清晰地界定为：

由中国帝国建立的促进贸易的驿站和烽火台正规系统，七河地区各州府建立的要塞体系、商旅客栈和路站；

反映中国帝国1200多年间政权中心的一系列宫殿，见证了七河地区9—14世纪政权中心的楚河城市及其对长途贸易的管理；

西起库车县（现为新疆库车市）东至洛阳城的一系列佛塔和大型精美的石窟寺，它们记录了佛教从印度沿喀喇昆仑山向东传播的历程，反映了吸收当地思想后舍利塔设计理念的变迁，反映了地方当局和中国中央帝国政府的赞助和富裕商人的捐赠，反映了行走在路线上的僧侣的影响，关于这些僧侣的行程记录可追溯至公元前2世纪；

廊道沿线多种宗教（以及各种种族群体）的形成和共存，包括七河地区古粟特人的主要宗教拜火教；楚河和塔拉斯河谷、Qocho城、洛阳城的摩尼教；Qocho城、新疆周边以及长安城的基督教教派；Burana的伊斯兰教；

城镇和城市受益于日益繁多的贸易活动而逐渐繁荣起来，这反映了定居社区和游牧社区间的相互作用：

——游牧民族和农民以及不同种族人民之间的相互依赖，如七河地区土耳其人和古粟特人；

——天山山脉游牧社区向定居社区的转变，表现在半地下建筑等极具特色的建设和规划；

——公元前1世纪之后对河西走廊1000英里廊道进行农业扩展规划，形成为农业驻防并变革为定居农业社区。

各种各样大型的水力管理系统对促进城镇发展至关重要；贸易地点、要塞、商队旅馆和农业的发展是必要的支持体系，尤其：

——在极其干旱的吐鲁番盆地所修建的坎儿井地下水渠，其中部分至今仍在使用，它们将水资源传输至Qocho城，作为交河故城深水井的补充；

——河西走廊沿线大规模的明渠和壕沟网络将河水引导至定居地，使锁阳城周边90km范围内得以有人生存；

——在七河地区河水通过运河和管道进行配水并存储在水库中。

续表

完整性和真实性
完整性 提名文件清楚地论述了为什么提名系列遗产作为一个整体具备一定的完整性，并通过详细分析论述了每一遗产所具有的完整性。 整个系列遗产充分反映了天山廊道的重要性及其所具备的突出普遍价值，这体现在城镇和城市、较小贸易地点、交通和防御设施、宗教活动场所和古墓的充分表达。 就单个遗产而言，尽管有人认为它们在城市和乡村发展、基础设施建设、旅游和农业方式的变迁等背景下非常脆弱，但是在大多数情况下这些危险都能得到充分控制。 国际古迹遗址理事会强调，有必要确保在某些遗址地采用传统方式所建造的围墙等现代干预措施不会与考古记录相混淆。 大多数边界充分表现出了定居地的全部规划特征，并留出余地可进行更多的研究或探索，但是 Kayalyk 和库兰是个例外，因为这两个地方的提名遗产自 20 世纪 70 年代开始就已被农村所侵占。 为更深入了解城市地区与其周边沙漠景观，尤其是贸易路线间的关系，有必要开展进一步的地面调查或对周边地区进行遥感调查。 在某些遗址地，对其存在具有重要意义的广泛的、完整的水力管理系统目前已位于边界之外，有些甚至位于缓冲区之外。在 Karamergen 遗产并未勘测到沟渠。有必要评估水力管理系统通过何种方式反映了遗产的完整性，在有些地方也应考虑对边界进行微小改动。 真实性 提名文件清楚地论述了为什么提名系列遗产作为一个整体具备一定的真实性，并通过详细分析论述了每一遗产所具有的真实性。 整个系列遗产包含了足够多的遗产，能充分反映天山廊道的特定优势和特点。 单个遗产的真实性大多是令人满意的。 然而，如能清楚地传达这些遗产的全部价值，必须进行更多的调查、研究和阐释，说明这些遗产是如何与它们所连接的路线相联系的。以定居地为例，应说明它们是如何通过复杂的水力管理技术在沙漠地区存在下来的。 七河地区的 11 个考古遗产通过回填和覆盖加以保护，防止退化，在当前缺乏充分保护手段的情况下这是对暴露在外的砖块进行稳定的必要方式。这意味着很难充分理解遗迹的重要意义。国际古迹遗址理事会认为通过国际援助探索创新方式来研究城市功能的范围和幅度，是有可能的，也很有必要。（这与阐释有关——见下文）。 通常，有必要开展更多考古和学术研究以澄清遗产，尤其是城市遗产的功能。将对提名遗产进行的零散的考古研究，通过阐释遗产与其所关联的古代路线连接起来。
国际古迹遗址理事会认为已完全符合完整性和真实性的相关规定。

续表

提议列入世界遗产名录的标准

依据文化标准（ii）（iii）（v）和（vi）对遗产进行提名。

标准（ii）：*体现了在一段时期内或世界某一文化区域内重要的价值观交流，对建筑、技术、古迹艺术、城镇规划或景观设计的发展产生过重大影响；*

缔约国阐述了这一标准的合理性，理由是：广阔无垠的大陆路网、超长使用时长、遗产遗迹及其动态互连的多样性、遗产所促进的丰富的文化交流、连接并交叉穿越的不同的地理环境，都清晰地展示了公元前2世纪至公元16世纪之间，欧亚大陆不同文化区域内发生的大量的交流，尤其是游牧与草原和定居耕地/绿洲/牧业文明之间的相互交融。

从建筑和城市规划的发展、宗教和信仰、城市文化和居住地、商品贸易，以及路线沿线所有区域间不同种族间的关系等几个方面来说，这些相互交流和影响是深远的。

天山廊道展示了一个动态发展的通道如何将欧亚大陆上的文明和文化连接起来，并实现了文明与文化之间最广泛、最持久的相互交流，这是世界历史上非常典型的范例。

国际古迹遗址理事会认为已完全符合该标准，因为这一特殊的廊道集合反映了丝绸之路的属性，传达并展示了各种特定文化在技术、建筑和宗教等方面进行思想交流的范围和广度，因此而与其他廊道有所区别。

该阐述同时提到在丝绸之路沿线新建道路和铁路（详见下文）以"复兴历史功能"。但这不能作为阐释标准合理性的理由，因为该标准要求的时限为丝绸之路繁荣发展的时期——公元前2世纪至公元16世纪。

国际古迹遗址理事会认为符合该标准。

标准（iii）：*能为现存的或已消逝的文明或文化传统提供独特的或至少是特殊的见证；*

缔约国阐述了这一标准的合理性，理由是：天山廊道独特见证了公元前2世纪至公元16世纪期间欧亚大陆经济文化社会发展之间的交流和互通传统。

这主要表现在，路线沿线分布了首都城市、中心城镇和定居地遗迹，它们特殊见证了那些曾经存在或历经了18个世纪变迁发展的大量古代国家和文明，以及一直延续至今的中华文明。

国际古迹遗址理事会认为，天山廊道作为一个系列确实为公元前2世纪至公元16世纪期间活跃了1800年之久的国际贸易体系提供了特殊的见证。尤其是，长途贸易对景观定居结构产生了深远影响，表现在：城镇和城市的发展将游牧社区和定居社区有机结合起来，水力管理系统为定居地的发展提供了基础条件，广泛分布的要塞、烽火台、路站和商队旅馆为旅行者提供了食宿并确保他们的人身安全，佛教圣地和石窟寺的不断兴建，拜火教、摩尼教、基督教教派和伊斯兰教等其他宗教受益于在高价值贸易背景下管理形成的国际化多民族社区的发展而得到展示和传播。

国际古迹遗址理事会认为符合该标准。

标准（v）：*是传统人类聚居、土地使用或海洋开发的杰出范例，代表一种(或几种)文化或者人类与环境的相互作用，特别是由于不可扭转的变化的影响而脆弱易损；*

缔约国阐述了这一标准的合理性，理由是：天山廊道是一个反映人类与自然环境之间相互交流的出色范例，这表现在长途贸易的发展推动了古人采取一系列适应、利用和改造自然环境的措施，在沙漠地区开展农业和并将其发展成人类定居地。

国际古迹遗址理事会认为，已符合该标准，长途贸易推动了大型城镇和城市的发展，精心设计的复杂的水力管理系统从河流、水井和地下泉水引流并加以传送，作为饮用水或灌溉用水使用，支持了居民和旅行者的生活。

国际古迹遗址理事会认为符合该标准。

续表

标准（vi）：与具有突出的普遍意义的事件、文化传统、观点、信仰、艺术作品或文学作品有直接或实质的联系；

缔约国阐述了这一标准的合理性，理由是：天山廊道有大量的遗产和遗迹、已发掘出的文化遗产、书写于竹片上的文献资料、历史记录和旅行游记等，与下述事件直接相关，包括：张骞出使西域承担外交使命，这是欧亚大陆人类文明和文化交流历史上的里程碑事件；佛教传入古代中国，对东亚文化带来重大影响；不同大陆间的丝绸贸易（也就是丝绸制品与马匹的物物交换）；古粟特人在丝绸之路沿线特有的贸易传统；重要的历史、地理和文化价值的文化作品等。

国际古迹遗址理事会认为，张骞出使西域是一个非常重要的事件，他建立了外交联盟，贸易开始得到发展。该重要事件在单个遗产即张骞墓上有直接和实质性的反映，但是就其他方面而言，该遗产仅能从最广泛的角度体现出整个贸易的后续历史及其影响。

丝绸之路作为一个整体，天山廊道作为其中一个特殊部分，毫无疑问是许多具有突出的普遍意义的重要思想、信仰和技术革新在相当长时间内进行传播的通道。关键问题是哪些重要的无形文化特质可以与该系列遗产中的33个遗产有直接和实质性的联系。

国际古迹遗址理事会认为，突出性是指宗教思想的实质性影响，水力治理、建筑、城镇规划相关的技术的沿线传播，这在许多遗产都有特别反映。

提名档案文件建议，丝绸生产、造纸、印刷、瓷器制造、铸铁、挖井、棉花种植和加工、织造技艺、立法科学、酿酒、葡萄、苜蓿属植物、石榴、胡麻和茄瓜的种植、上釉和金属加工技术、医疗和药学知识等专业领域的先进技艺知识在整个沿线都得到了传播。尤其是缂丝技术和丝绢纺织业是其中最为重要的成就之一。国际古迹遗址理事会认为，尽管所有这些思想或实践都非常重要，但并不是都能从提名遗产的本体角度加以理解。

国际古迹遗址理事会认为，可选择对提名遗产发展有直接影响的思想和实践，从更小的范围阐述符合该标准的理由——如沿丝绸之路传播的各种宗教思想，不仅包括佛教同时也包括基督教教派（于公元500年传至中国）、摩尼教、拜火教，以及早期伊斯兰水利管理、建筑创意和城镇规划理念。

国际古迹遗址理事会认为符合该标准。

国际古迹遗址理事会认为提名遗产符合真实性和完整性条件。国际古迹遗址理事会同时认为已按照系列方法，符合标准（ii）（iii）（v）和（vi）中的条件。

附2　参考文献

一、相关国际宪章，会议成果及丝绸之路专题研究

1. John Lawton (eds.), *UNESCO Silk Roads Project, Integral Study of the Silk Roads*,[M]Paris: UNESCO, 1997.
2. International Scientific Committee on Cultural Routes (CIIC) of ICOMOS, *THE ICOMOS CHARTER ON CULTURAL ROUTES* [Z]Canada: Quebec, 2008.
3. *A Concept for the Serial Nomination of the Silk Roads in Central Asia and China to the World Heritage List*,[Z] Tajikistan: Dushanbe, 2007.
4. *Draft Statement of Outstanding Universal Value (SOUV) at Almaty Workshop*, May 2009,[Z].Kazakhstan：Almaty.
5. Oliver Martin, Samuel Gendre(eds.)*International Expert Meeting on World Heritage and Serial Properties and Nominations Ittingen*, Switzerland, 25 – 27 February 2010.[Z] Swiss Federal Office of Culture, 2010.
6. *Ashgabat Agreement*, [Z]. Turkmenistan: Ashgabat, 2011.
7. Feng Jing and Ron van Oers, *UNESCO Missions to Chinese Section of the Silk Road ,A systematic Approach towards World Heritage Nomination*[R], By, UNESCO World Heritage Centre (Paris) ,August 2003 and July 2004.
8. Susan Denyer , *Silk Roads Serial Nomination: Approaches*[Z], Silk Roads Coordinating Committee, Xian , November 2009.
9. Susan Denyer, *OUV and Nomination Strategy for the Silk Roads*[Z], Workshop on WH Nomination of Silk Roads, Xi'an, 25th November 2010.
10. Susan Denyer, *Nomination Strategy for The Silk Roads*[Z], Workshop on World Heritage Nomination of Silk Roads, Ashgabat, 2-6 May 2011.
11. ICOMOS, *The Silk Roads: thematic study* [R],directed by Tim Williams, with the support of Paul Wordsworth, in collaboration with Susan Denyer(ICOMOS), and Feng Jing, Roland Lin(UNESCO World Heritage Centre),March, 2011.

二、综合文献目录

1. Abū Rayhān Muhammad ibn Ahmad al-Bīrūnī, *Selected works, V. 1: Monuments of past generations*,[M].Tashkent,1957.
2. Abū Rayhān Muhammad ibn Ahmad al-Bīrūnī, *Selected works, V. I-VI.*,[M].Tashkent,1957-1975 .
3. Ahrarov I.A., Rempel L.I., Carved *Stucco of Afrasiab*,[M]. Tashkent, 1971.
4. Aitova S.M. , *Statistical analysis of finds of Ancient Turkic coins in Semirechie and Otrar oasis*, [J]. *Izvestiya MN I NAN RK*.,Almaty, N1 (224). -c.125-130, 2000.
5. Akhrarov Ikram A., Rempel L.I. , *Afrasiab Carved Pieces*, [M].Tashkent, 1971.
6. Akishev Kimal A., Baipakov K.M., *Land of Ancient Irrigation in the Lower River of Ili River*.[M], 1968.
7. Aldabergenov Nurtaz O., "*Excavations of Shakhristan at Aktobe Site.*" *Medieval Cities of the Southern Kazakhstan*, [Z] Alma-Ata, 1986.
8. Amanbaeva B.E., *Carved Pieces in the Interior of Krasnorechensk Ancient Settlement*, Krasnaya Rechka and Burana, Frunze.[M], 1989.
9. Amanbaeva B.E., *Carved stucco in interior of medieval dwellings of the Krasnaya Rechka site*, [C].Krasnaya

Rechka and Burana, p. 137-142, 1989.

10. Amanbaeva B.E., Kubatbekov M., *The fifth season of works at the Burana site*, [C]. *AO-1984*, M.: Nauka, C. 574, 1985.

11. Antonova E.V., *To the research of a place of vessels in a picture of primitive farmers*, [C]. *East Turkestan and Central Asia in system of cultures of the Ancient and medieval East*, M.: Nauka, C. 35-65,1986.

12. *Archaeological Map of Kazakhstan*, [Z].1960.

13. Auboyer, J., *La route de la soie. Les arts de l'Asie Centrale ancienne dans les collections publiques françaises*, Paris 1976.

14. Auezova Alua M., *Mahmoud al Kashgar at-Turk, Translation, Introduction and Comments 3*. [M], 2005.

15. Bailey, H. W., *Indo-Scythian Studies being Khotanese Texts*, vol.VII. Cambridge 1985.

16. Baipakov K.M., *Medieval city culture of Southern Kazakhstan and Semirechie (VI-beginning of VIII centuries)*, [M].Alma-Ata,1986.

17. Baipakov K.M., Goryacheva V.D., *Semirechie,Central Asia and the Far East during Middle Ages*, [C]. Book 1: *Central Asia in the Early Middle Ages*, M., Nauka, [Archaeology in 20 vol.]. -c.151-162,1999.

18. Baipakov K.M., Shardenova Z.J., Peregudova S., *Early medieval architecture of Semirechie and Southern Kazakhstan on the Great Silk Road*, [M]. Almaty: Kylym,2001.

19. Baipakov Karl M., *"Ceramics of the Medieval Kulan." Search and Excavations in Kazakhstan*, [Z]Alma-Ata, 1972.

20. Baipakov Karl M., *"Excavation of the Early Medieval Castle in Semirechye." The Newsletter of the Academy of Science of Kazakh SSR*, [Z] Alma-Ata, 1966.

21. Baipakov Karl M., *"Research in Otrar Oasis and Talas Valley. "Archaeological Discoveries*[Z], Moscow, 1983.

22. Baipakov Karl M., *"To the Question of Localization of Dzhamukat."*[Z] Margulan Readings, Almaty, 1989.

23. Baipakov Karl M., Antonov M.A., *"Akyrtas Monument."Materials of International Scientific Conference "Role of steppe settlements and civilization of nomads"*, [Z] Astana, 2008.

24. Baipakov Karl M., Efstifeyev U.G., Kok B., Pachikin K.M., Savelyev T.V., *Ecological and Archaeological Research in Southern Balkhash (Northeastrn Semirechye),Archaeology, Ethnology and Anthropology of Eurasia*. [M], 2001.

25. Baipakov Karl M., Groshev I.A., *New Data on the Lands of Ancient Irrigation of Ili River*, [M]. *Problems of Reconstruction Management and Technologies According to Archeological Data*, 1993.

26. Baipakov Karl M., Kapekova G.A., Voyakin D.A., Maryashev A.N., *Treasurers of Ancient and Medieval Taraz and Zhambyl Province*.[M], 2011.

27. Baipakov Karl M., *Kostobe Ancient Settlement,Code of History and Culture of the Republic of Kazakhstan*,[M]. Zhambyl Province, Almaty, 2002.

28. Baipakov Karl M., *Medieval Cities of Kazakhstan on the Silk Road*.[M], 1998.

29. Baipakov Karl M., *Medieval Urban Culture of South Kazakhstan and Semirechye*.[M], 1986.

30. Baipakov Karl M., Northedzh A., *"New Data on Akyrtash."The Newsletter of the Ministry of Science, Academy of Science of the Republic of Kazakhstan*,[Z].Almaty, 1997.

31. Baipakov Karl M., Popov A.P., *Works at Ornek Site*,[M] Moscow, 1988.

32. Baipakov Karl M., Savelyeva T.V., Chang K., *Medieval Towns and Villages of Northeastern Zhetysu*.[M], 2005.

33. Baipakov Karl M., Shardenova Z.Zh., Peregudova S.Y., *Early Medieval Architecture of Semirechye and South Kazakhstan on the Silk Road*.[M], 2003.

34. Baipakov Karl M., *Silk Road on the Territory of Kazakhstan*.[M], 2007.
35. Baipakov Karl M., Ternovaya G.A., *"Paradise" in the Country Complex of Lords of the Medieval Kulan." The Newsletter of the Academy of Science of the Republic of Kazakhstan*, [Z].Almaty, 2002.
36. Baipakov Karl M., *The Ancient Cities of Kazakhstan*.[M], 2005.
37. Baipakov Karl M., Voyakin D.A., *Kazakh Segment of the Silk Roads in the Serial Nomination of UNESCO*.[M], 2011.
38. Balasaghuni ,*Civil-philosophical idea of peoples of Central Asia*,[M]Bishkek: Ilim, p. 91-118. 1991.
39. Baratova L. S., *Ancient Turkic Coins of Central Asia (typology, iconography, interprétation)*, [M].Tashkent, 1995.
40. Barfield T., The *Hsiung-nu Imperial Confederacy: Organization and Foreign Policy*, [J]. Journal of Asian Studies, 1981, Vol. 41. № 1. S. 45-61.
41. Barfield, T. J., *The Perilous Frontier: Nomadic Empires and China*. Cambridge: Basil Blackwell, 1989.
42. Barthold W.V., *Some words on Aryan culture in Central Asia (Central Asia Bulletin, 1896. June) , Works. V.II, part 2.* ,[J].M.: Nauka, p. 322-332, 1964.
43. Barthold, V. V., *Four Studies on the History of Central Asia*. Tr. from the Russian by V. & T. Minorsky, Leiden 1962.
44. Barthold, V. V., *Turkestan Down to the Mongol Invasion*, 1928; London, 3e ed. 1968.
45. Bartol'd V. V., Trans, Luo Zhiping, 2010, *Translation of: Zwölf Vorlesungen über die Geschichte der Türken Mittelasiens. (Twelve lectures on history of Turkic people of Central Asia)*, China Social Science Publishing House.
46. Bartol'd V.V., trans, Zhang Xitong, Zhang Guangda,1968, Turkestan down to the Mongol invasion,Luzac; 3rd edition. Shanghai Ancient Books Publishing House.
47. Bartol'd V. V., *Twelve lectures on history of Turkic people of Central Asia,Works., Vol.5, M., 1968, p. 76*.
48. Bartold V., *History of cultural life of Turkestan. - L., 1927*, Sochineniya, T.II, ch.l,[M].M., Nauka, p.167-432,1964.
49. Bartold V., *Essay on history of Semirechie*, [M].Works,T.IV,M. Nauka ,1963 .
50. Bartold V.V., *The report on a trip to Central Asia with the scientific purpose, 1893-1894, Works, Vol.4, M., p.55-57*,[M].1966.
51. Bartold V.V., *About Christianity in Turkestan in premongolian period, T.Vol2, part2, M., p. 282, 288, etc*,[C].1964.
52. Bartold V.V.,*Essay on History of Semirechie. Vernyi 1898 , Works, T.II, ch.l*,[M]. M., Nauka, p.21-106, 1964.
53. Bartold Vassiliy V., *History of Turkestan*,[M] Moscow: Publishing House of the Eastern Literature, 1963.
54. Bartold Vassiliy V., *Report on the Trip to Central Asia with a Scientific Purpose*,[M]. Works, Moscow: USSR Academy of Sciences, 1966.
55. Bartold, Vassiliy V.,*Essay Stories of Semirechye*,[M]Moscow: Publishing House of the Eastern Literature, 1963.
56. Bartold, Vassiliy V.,*Turkestan in the Era of the Mongol Invasion*, Moscow: Publishing House of the Eastern Literature,[M]1963.
57. Bazin, L., éd. *Les systèmes chronologiques dans le monde turc ancien*. Budapest 1991.
58. Beal S., *Si-yu-ki,Buddhist records of the Western World,Vol. 1 -* [M].London,1906.
59. Beal, S., *The life of Hinen-Tsiang by the Shaman Hwui Li*, 1911.
60. Beal, S., *Travels of Fah-Hian and Sung-Yun: Buddhist Pilgrims from China to India (400 AD and 518 AD)/* translated from the Chinese, 1869.
61. Beal, Sameul, *Si-Yu-Ki, or the Buddhist Records of the Western World*; London: Trubner, 1884, 2 Vols.

Reprinted: Delhi 1969.

62. Beckwith, Ch. I., *The Tibetan Empire in Central Asia: A History of the Struggle for Great Power among Tibetan, Turks, Arabs, and Chinese during the Early Middls Ages*. Princeton 1987. first paperback edition, with a new afterword, 1993, xxii+281.

63. Belenitski, A. M., *Asie Centrale*, tr. by J. Hagarth, Geneva 1968.

64. Belenitski, Alexander M. Bentovich I.B., and Bolshakov O.G., *Medieval City in Central Asia*,[M] 1973.

65. Belenitskiy A.M., Bentovich I.B., Bolshakov O.G., *Medieval city of Central Asia*,[M].M.: Nauka,1973.

66. Benn, Ch., *China's Golden Age: Everyday Life in the Tang Dynasty*, Oxford University Press, 2004.

67. Berg Lev S., *Selected works*,[M]. Moscow: Publishing House of the USSR Academy of Sciences, 1963.

68. Bernshtam A. N., *Architectural monuments of Kirghizia*,[M].M ,1950.

69. Bernshtam A.N., *Archaeological essay on Northern Kirghizia*,[M].Frunze,1941.

70. Bernshtam A.N., Chuy *Valley: Works of Semirechensky archaeologicalexpedition*, [J].Materials and researches on Archeology of the USSR ,1950,№ 14, M.-L., p. 47-55.

71. Bernshtam A.N., *The basic stages of cultural history of Semirechie and Tien-Shan*, [J]*Soviet Archaeology*,1949, XI.

72. Bernshtam A.N., *Chuy Valley*, [C].Works of Semirechenskaya *Expedition, MIA № 14*,.M.; Leningrad,1950 .

73. Bernshtam A.N., *Historical and cultural past of Northern Kirghizia on materials of the Big Chuy canal*, [M]. Frunze, 1943.

74. Bernshtam A.N., *Uigur epigraphics of Semirechie, EW, vyp.2*,[M].1948.

75. Bernshtam Alexander N., 1949, *Talas Valley: Works of Semirechensk Archaeological Expedition, 1936-1938*,[J] *Materials and Research on the Archaeology of the Kazakh SSR*, Alma-Ata.

76. Bernshtam, Alexander N., *Talas Valley: Works of Semirechensk Archaeological Expedition. 1936-1938, Materials and Research on the Archaeology of the Kazakh SSR*, [M]Alma-Ata, 1949.

77. Bernshtam, Alexander N. *Chu Valley*.,[J]*Works of Semirechye Archaeological Expedition*. Materials and Research on Archaeology of the USSR, Moscow, Leningrad, 1950.

78. Bhattacharya-Haesner, Ch., *Central Asian Temple Banners in the Turfan Collection of the Museum für Indische Kunst, Berlin. Painted Textiles from the Northern Silk Route*, Berlin: Dietrich Reimer Verlag, 2003.

79. Bīrūnī, Abū Raihān, *al-Āthār al-bāqiya*, ed. E. Sachau, Leipzig, 1876-1878. tr. E. Sachau, *The Chronology of Ancient Naitons*, London 1879.

80. Bodde, D., *China's Gifts to the West*, Washington 1971.

81. Bolshakov Oleg G., Negmatov N.N.,*Excavations in the Suburbs of Pyanjikent, Works of the Tajik Archaeological Expedition, Materials and Research on the Archaeology of the USSR*, [M].Moscow, 1966.

82. Borodina I.F., *Decorative facings as an element of tectonics of architecture of Central Asia IX-XII centuries*, [J],Architectural heritage,1986, № 34, M: Stroiizdat, C. 95-98.

83. Boulnois, L., *La Route de la soie*, Éditions Olizane, 3e édition, Genève 1992.

84. Boulnois, Luce, *The Silk Road*, 1966.

85. Boyce, M., *A History of Zoroastrianism*. Vol. I: The early period. Leiden: E. J. Brill, 1975; Vol. II: Under the Achaemenians, 1982; Vol. III: Zoroastrianism under Macedonian and Roman Rule, M. Boyce & F. Grenet, 1991.

86. Boyce, M., Zoroastrians: *Their Religious Beliefs and Practices*. London: Routledge and Kegan Paul, 1979.

87. Brentjes Burchard.,"*Islamic art and Architecture in Central Asia.*"[Z].Journal of Central Asia. 1993.

88. Bretschneider, E., *Medieval Researches: From eastern Asiatic Sources Fragments towards the knowledge of the Geography and History of Central and Western Asia from the 13th to 17th Century*. 2 vols. 1888.

89. Buryakov Yuriy F., Bogomolov G.I., *About the Planning and Architecture of Early Medieval Haradzhket*,[M]. Urban Planning and Architecture, Tashkent, 1989.

90. Bussagli, M., *Painting of Central Asia*. Tr. From Italian by I. Robinet, Geneva 1963, Repr. 1978.

91. Carter, T. F., *The invention of printing in China and its spread westward*, New York: Columbia University Press, 1925; revised by L.C.Goodrich, New York: The Ronald Press, 1955.

92. Chao Huashan, S. Gaulier, M. Maillard & G. Pinault, *Sites Divers de la Région de Koutcha. Epigraphie Koutchéenne*, Paris 1987.

93. Chavannes, E. & P. Pelliot, "Un traité manichéen retrouvé en Chine (traduit et annot,)", JA, 18, 1911, 499-617; 2 série, 1, 1913, 99-199, 261-394.

94. Chavannes, E., *Les documents chinois découverts par Aurel Stein dans les sables du Turkestan oriental*. Oxford 1913.

95. Chavannes, Éd., "Les pays d'Occident d'apres le Heou Han Chou", *TP*, serie II, vol. VIII, 1907, pp. 149-234.

96. Chavannes, Éd., "Les pays d'Occident d'après le Wei lio", *TP* 6, 1905, 517-531.

97. Chavannes, Éd., "Voyages des pèlerins bouddhistes: l'itinéraire d'Ou-kong". *JA*, Vol. 6., 1895.

98. Chavannes, Éd., *Documents sur les Tou-kiue (Turcs) occidentaux*, St. Petersburg 1903.

99. Chermak Lev K., *Settled Kirgiz by Chu River,Notes of the Western Siberian Division of the Russian Code of Monuments of History and Culture of the Republic of Kazakhstan*,[M].Zhambyl Province, 2002.

100. Chung, Saehyang P., "Study of the Daming Palace: Documentary Sources and Recent Excavations", *Artibus Asiae* 50, 1990,23-72.

101. Chung, Saehyang P., "Symmetry and Balance in the Layout of the Sui-tang Palace-City of Chang'an", *Artibus Asiae* 56,1996, 5-17.

102. Dabbs, J. A., *History of the discovery and exploration of Chinese Turkestan*, The Hague: Mouton & Co., 1963.

103. Daniel C. Waugh, *Richthofen's "Silk Roads" Toward the Archaeology of a Concept*, ,[J] The Silk Road 5/1 (2007): 1-10.

104. Darkevich V.P., Marshak B.I., *About a so-called Syrian dish from the Perm area*, [J],*SA, N2.- S.213-232*, 1974.

105. de la Vaissiere, É., James Ward (tran.), *Sogdian Traders. A History*, Brill, 2005.

106. Djumagulov C.h., *Epigraphy of Kirghizia*. Edition 2:[M].Frunze: Ilim, 1982. - 400 p.; Edition 3: Frunze: Ilim, p.1987. - 283,1987.

107. Djumagulov Ch., *Language of Syriac-Turkic (Nestorian) records of Kirghizia*, [M].Frunze: Ilim, p. 161 ,1971.

108. Ebrey, P. B. *The Cambridge Illustrated History of China*. Cambridge: Cambridge University Press, 1996.

109. Ecsedy, I., "The role of long distance trade in connection of China with the Western countries (Hsi-yu) ", *La Persia e l'Asia Centrale da Alessandro al X Secolo*, Roma 1996, 229-233.

110. Eleuov Madiyar E., "About the Question of the Defense System of Early Medieval Cities and Villages of Chu Valley." *Medieval cities of the Southern Kazakhstan*, [Z]Alma-Ata, 1986.

111. Eleuov Madiyar E., "About the study of the citadel of Aktobe." *Materials of the Republican scientific conference of young scientists and specialists of social studies,* [Z]Alma-Ata, 1981.

112. Eleuov Madiyar E., "Excavations of the Medieval Workshop at Aktobe Site." *The History of Tangible Culture of Kazakhstan*, [Z]Alma-Ata, 1980.

113. Elisseeff, Vadime (ed.), *The Silk Roads: highways of culture ad commerce*, New York and Oxford: Berghahn Books/Unesco, 2000.

114. Fedorov M. N., *Balasagun under Karakhanids (according to numismatic data)*,[J].[Bulletin de I' Académie des-

sciences de la RSS du Kirghizstan], № 2, pp. 87-94,1975.

115. Filanovich M.I., 1983, *Tashkent: Origin and development of towns and urban culture.*,Tashkent: Fan, p. 1983. – 199.

116. Fischer, G.F., "Balkhash Lake and Stream of Ili River from Iliiskiy Settlement to its Mouth, 1884,Groshev, Viktor A. Irrigation of Aktobe (Chu Valley)." *Medieval Cities of the Southern Kazakhstan*[Z], Alma-Ata, 1986.

117. Foltz, R, *Religions of The Silk Road: Overland trade and cultural exchange from Antiquity to Fifteenth century*, New York: St. Martins Press, 1999.

118. Forte A., *An ancient Chinese monastery excavation in Kirgizija*,[J] CAJ.,1994 V.31.1-P.42,53.

119. Franke, H. and Denis Twitchett, ed. 1994. *The Cambridge History of China, Vol. 6, Alien Regimes and Border States*, 907-1368. Cambridge, Eng.: Cambridge University Press.

120. Franke, O. R., "Eine chinesische Templinschrift aus Idikusahri bei Turfan (Turkistan)", *APAW*, 1907, 1-92.

121. Franz, H. G., *Kunst und Kultur entlang der Seidenstraße*, Graz 1987.

122. Frye, R. N., *The Heritage of Central Asia from Antiquity to the Turkish Expansion*. Princeton: Markus Wiener Publishers, 1996.

123. Gabain, A. von, "Das uigurische Königreich von Chotscho, 850-1250", *SDAW*, 1961, 81pp.

124. Gabain, A. von, *Das Leben im uigurischen Königreich von Qoco* (850-1250), Wiesbaden 1973.

125. Gabain, A. von, *Einführung in die Zentralasienkunde*, Darmstadt 1979.

126. Gibb, Har. *The Arab Conquest of Central Asia*. London 1923, reprinted 1970.

127. Giles, H. A. (tr.), *The Travels of Fa-Hsien (399-414 AD). Record of the Buddhistic Kingdoms*. First edition. Cambridge University Press, 1923.

128. Gillman, Ian & Hans-Joachim Klimkeit, *Christians in Asia before 1500*. University of Michigan Press, 1999.

129. Golden, P., *An Introduction to the History of the Turkic Peoples*. Wiesbaden: Otto Harrassowitz, 1992.

130. Goodrich, L. Carrington. *Trade Routes to China from ancient times to the age of European expansion. Highways in our National Life*. 1950.

131. Goriatcheva V.D., *À propos de deux capitals du kaghanat karakhanide, Etudes Karakhanides*,[J]Cahiers d'Asie Central, 2001. № 9. Paris,P. 91-114.

132. Goryacheva V. D., *Urban culture of Turkic Kaganates in Tian-Shan (middle of V -beginning of XIII century)*, [M]. Bishkek,2010.

133. Goryacheva V. D.,*History of Urban culture of Tian-Shan during the epoch of Turkic Kaganates, VI -beginning of XIII century*. [D]. *Dissertation work of the doctor of historical sciences*, Bishkek, chapter II, 2011.

134. Goryacheva V.D., *La pratique des sepultures en naus dans le Semiretchie (d´apres les fouilles de la necrople de Krasnorecenskoe)*, [J] *Cultes et Monuments Religieux dans I´Asie Centrale Preislamique: U.A. 1222.- Memoire N 2.*,Editions du CNRS. Paris, 1987,P.73-79, Pl. XL-XLV.

135. Goryacheva V.D., Baipakov K.M., *Basic results of arhaeological-topographical study of the Krasnaya Rechka site in 1978-83*, [C]*Krasnaya Rechka and Burana: Materials and researches of the Kirghiz archaeological expedition*, Frunze: Ilim,, 1989. p. 69-78.

136. Goryacheva V.D., Baipakov K.M., *To a question on localisation of Navekat*, [J]Culture and art of Kirghizia,Theses of National (USSR) Scientific Conf., 1983, L.,,p.74-75.

137. Goryacheva V.D., *Central Asia in the early Middle Ages*, [C]*Central Asia and the Far East during the Middle Ages, Archaeology*. M.: Nauka, p. 151-162; tabl. 97-107, 1999.

138. Goryacheva V.D., K. Warikoo(ed), *Buddhist Heritage of Central Asia: Problems of Study and Conservation*, [J] *Bamiyan: Challenge of World Heritage*, New-Delhi, 2002.

139. Goryacheva V.D., *Kyrgyzstan on the Great Silk Road and Cultural Relationship with India*, [J], *Himalayan and Central Asian studies- Vol. 2. No. 3-4*,. New Delhi. July-Dek.. , 1998,S. 67-82.
140. Goryacheva V.D., *Medieval city centres and architectural ensembles of Kirghizia (Burana, Uzgen, Safid-Budan): the Popular scientific essay*, [M]Frunze: Ilim,, 1983p.144.
141. Goryacheva V.D., *New Findings of the Indo-Buddhist Cultural in Kyrgyzstan*, [C] *India and Central Asia (Pre-Islamic period)*,.Tashkent , 2000.
142. Goryacheva V.D., *New finds of Hindu-Buddhist culture in Kyrgyzstan, India and Central Asia*,[C]Tashkent, 2000, p.99-106.
143. Goryacheva V.D., Peregudova S.Ya., *Buddhist monuments of Central Asia across Kyrgyzstan*, [J].The Almanac «Buddhist world», M.: Raritet, p. 56-73, 1994.
144. Goryacheva V.D., Peregudova S.Ya., *Christian monuments on the territory of Kyrgyzstan,From history of ancient cults of Central Asia, Christianity*,[C].Tashkent.. , 1994,p.84-95.
145. Goryacheva V.D., *The Early Medieval Monuments of Buddhism in Northern Kirgizia,Buddhists for Peace*, Ulan-Bator, 1980,*№ 4. P. 45-51*.
146. Goryacheva V.D., *Kyrgyz-Indian Cultural Relations Between sixth and Tenth Centuries*, [J] *Contemporary Central Asia, Vol.II.-No.2 Published for the Central Asian Studies*, New Delhi, India. , 1998 p. 17-25.
147. Goryacheva, Valentina D., and Peregudova S.L., *Buddhist Monuments inKyrgyzstan*.[M] Bulletin of the Ancient History (WFI), 1996.
148. Grek T.V., *Indian import of VIII-X centuries*[Z] *Monuments of culture and art of Kirghizia,Antiquity and Middle Ages: the Exhibition catalogue of the State Hermitage, L,№. 247-252*, 1983.
149. Grenet F., *Les pratiques funeraires dans 1'Asie Centraie sedentaire de la conquete Grecque a 1'Islamisation, Publicati-ones de 1'U.R.A. 29, Memoire N 1*,[J]Paris, p.362, 1984.
150. Grousset, R., *The Empire of the Steppes: A History of Central Asia*, New Jersey, 1970.
151. Grünwedel, A., *Altbuddhistische kultstätten in Chinesisch-Turkistan, bericht über archäologische Arbeiten von 1906 bis 1907 Kuča, Qarasahr und in der oase Turfan*, Berlin 1912.
152. Grünwedel, A., *Alt-Kutscha: archäologische und religionsgeschichtliche Forschungen an Tempera-Gemälden aus buddhistischen Höhlen der ersten acht Jahrhunderte nach Christi Geburt*. Berlin: Elsner, 1920.
153. Grünwedel, A., *Bericht über archäologische Arbeiten in Idikutschari und Umgebung im Winter 1902-1903*, München 1906.
154. Gulásci, Z., *Manichaean Art in Berlin Collections*. (Corpus Fontium Manichaeorum: Series Archaeologica et Iconographica I). Turnhour 2001.
155. Hallade M., Gaulier, S. & L. Courtois, *Douldour-Aqour et Soubachi: Mission Paul Pelliot IV*, Asie Centrale et Haute-Asie, Paris 1982.
156. Hambis, L., *Koutcha, Temples construits: Douldour-aqour et Soubachi(Texte)*, Paris 1982.
157. Hambis, L., *Site de Koutcha: Douldour-aqour et Soubachi(Planches)*, Paris 1967.
158. Hansen, V. (ed.), *The Silk Road. Key Papers*, 2 Parts, Leiden-Boston: Global Oriental, 2012.
159. Hansen, V. *The Silk Road. A New History*, Oxford University Press, 2012.
160. Harmatta, J. (ed.), *From Alexander the Great to Kül Tegin. Studies in Bactrian, Pahlavi, Sanskrit, Arabic, Aramaic, Armenian, Chinese, Türk, Greek and Latin sources for the history of pre-Islamic Central Asia*. (=Collection of the sources for the history of pre-Islamic Central Asia. Series I, vol. IV). Budapest 1990.
161. Harmatta, J. (ed.), *Prolegomena to the Sources on the History of Pre-Islamic Central Asia*, Budapest 1979.
162. Harmatta, J. (ed.), *Studies in the Sources on the History of Pre-Islamic Central Asia*, Budapest 1979.

163. Härtel, H., *Along the Ancient Silk Routes, Central Asian Art from the West Berlin State Museums, An Exhibition lint by the Museum für Indische kunst, Staatliche Museen Preussischer Kulturbesitz,Berlin, Federal Republic of Germany. The Metropolitan Museum of Art*, New York 1982.

164. Hasanov P.L., *Mahmud Kashgari*,[M]. Tashkent, p. 48, 1963.

165. Hedin, Sven. *Across the Gobi Desert*. London: Routledge, 1931; New York: E. P. Dutton, 1933.

166. Hedin, Sven. *History of the expedition in Asia 1927-35*. pt.1-4, 1945.

167. Heng Chye Kiang（王才强），*Cities of aristocrats and bureaucrats. The Development of Cityscapes in Medieval China*, University of Hawai'i Press, 1999.

168. Herrmann, A, *Historical and Commercial Atlas of China*, Harvard-Yenching Institute, Cambridge, Massachusetts, Harvard Univ. Press, 1935.

169. Herrmann, Albert, *Die alten seidenstrassen zwischen China und Syrien*, Berlin 1910.

170. Hirth, F., *China and the Roman Orient: Researches into their Ancient and Mediaeval Relations as Represented in Old Chinese Records*, Shanghai & Hong Kong, 1885.

171. *History of the Kirghiz Soviet Socialist Republic since ancient times up to now: in 5 Vol. - Vol.1. Since the ancient times to the middle of XIX century*, [M].Frunze: Kyrgyzstan, p.798,1984.

172. Hmelnitski S.G., *Architecture of Central Asia XI - beginning of XIII вв: between Samanid and Mongols, Part. II*.[M].Berlin-Riga, 1997.

173. Hmelnitskij S.G., *Between Kushans and Arabs, Architecture of Central Asia in V-VIII centuries*, [M].Berlin-Riga, 2000.

174. Hmelnitskij S.G., *Experience of reconstruction of the Buddhist temple at the site of Ak-Beshim*,[M]. *Tr.KAEE, – T.II. – M.,C. 243-245*, 1959.

175. Hopkirk, Peter. *Foreign Devils on the Silk Road: The Search for the Lost Cities and Treasures of Chinese Central Asia*. London: Jon Murray, 1980.

176. Hudson, G. F., *Europe and China*, London 1931.

177. Hudûd al-'âlam., *The Regions of the World. A Persian geography 372 A.D. - 982 A.D.,Translation and explanations by V. Minorsky*,[M].London, p. 303, note 1, 1937.

178. Hudyakov Yu.S., *Studying of armour-clad cavalry of ancient Turks and Kyrgyz*, [J]*Dialogue of civilisations, Vyp.2(5). – S. 48-51*, 2004.

179. Hulsewé, A. F. P., *China in Central Asia, The Early Stage: 125 B.C. - A.D.23*. Leiden 1979.

180. Hunter, E. C. D., "Conversions of the Turkic Tribes", in Craig Benjamin and Sam Lieu (eds), *Walls and Frontiers in Inner-Asian History* (Brepols, Turnhout: 2002) [Silk Road Studies VI], 183-196.

181. Hunter, E., "The Church of the East in Central Asia", *Bulletin of the John Rylands University Library of Manchester*, 78, 1996, 129-142.

182. Imankulov D.j., *Basics of Preservation of Architectural and Urban Heritage of Kyrgyzstan*, [D], *Dissertation work of the Doctor of Architecture*,. Bishkek, chapter III, 2008.

183. Inostrantsev K.A. , *Turkestani ossuaries and astodans* ,[J]*ZVORAO. V. XVII, p. 0166-0171*, 1907.

184. Institute of South Asian Studies (eds.), 1994, *A Collection of Middle and South Asia's Historical Materials in Chinese Documents, (2 volumes)*,[M].Peking University, Shanghai Ancient Books Press.

185. Jakubowski Alexander Yu., *History of the Mongols of XI-XIII centuries,Essays on the History of Russian Oriental Studies*, [M]Moscow, 1953.

186. Jenner, William John Francis, *Memories of Lo-Yang: Yang Hsüan-chih and the Lost Capital (493-534)*, New York: Oxford University Press, 1981.

187. Ji Xianlin, *Fragments of the Tocharian A Maitreyasamiti-Nataka of the Xinjiang Museum, China*. Transliterated, translated and annotated by Ji Xianlin, in collaboration with Werner Winter and Georges-Jean Pinault, Mouton de Gruyter, Berlin and New York, 1998.
188. Kamyshev A.M., *Early medieval coin complex of Semirechie: History of occurrence of monetary relations in the territory of Kyrgyzstan.*,[M].Bishkek, 2002.
189. Karaev O., *History of Karakhanid Kaganate*,[M]. Frunze, 1983.
190. KLEIN W., *Das Nestorianische Christentum and den Handelswegen durch Kyrgyzstan bis zum 14*, [J].Jh., in *Silk Road Studies III*, Turnhout (B), 2000.
191. Klementz, D. A., *Nachrichten über die von der Kaiserlichen Akademie der Wissenschaften zu St. Petersburg in Jahre 1898 ausgerustete Expedition nach Turfan*, St. Petersburg 1899.
192. Kliashtornyi S.G., *Ancient Turkic runic records as source on history of Central Asia*,[M].M: Nauka, 216p. , 1964.
193. Kliashtornyi S.G., *Epoch of Mahmud al-Kashgari* ,[Z].TS,. #1. p. 78-83, 1972.
194. Kliashtornyi S.G., *Records of ancient Turkic written language*, [Z]. *Source study of Kyrgyzstan (from antiquity until XIX century)*, Bishkek: Ilim, p. 64-112, 1996.
195. Kliashtornyi S.G., *Records of ancient Turkic written language, Eastern Turkestan in antiquity and early Middle Ages: Ethnos, languages, religions*, [M].Under the editorship of B.A. Litvinskiy, M.: Nauka, p. 326-369, 1992.
196. Klimburg-Salter, D. (ed.), *The Silk Route and the diamond path: Buddhist art on the transhimalayan trade routes*, Los Angeles: University of California Press, 1982.
197. Klimkeit, H.-J., *Gnosis on the Silk Road: Gnostic Texts from Central Asia*, New York 1993.
198. Klimkeit, H.-J., *Manichaean Art and Calligraphy*. (Iconography of Religions, 20), Leiden: E. J. Brill, 1982.
199. Klimkeit, H.-J., *Manichäiche Kunst an der Seidenstrasse. Alte und neue Funde*. Opladen 1996.
200. Klyashtornyj S.G., *Ancient Turkic runic Inscriptions on Central Tian-Shan*,[J].Izvestiya MON RK and NAN RK, 2001.№ 1. p. 83-89.
201. Kolchenko V.A.,*Ty the typology of ossuars of the Chuy valley*, [J].*New findings about ancient and medieval Kyrgyzstan, [Osh-3000.Vyp.II.]*, Muras, S.49-53, 1999.
202. Kononov A.N. *1978, Semantic color naming in Turkic languages*, [J].*TS 1975*, .M., p.159-179, 1978.
203. Kononov A.N., *To history of formation of Turkish written-literary language*, [J]. *TS 1976, M.,p.256-287*.
204. Kopylov Ivan I., Kerekesha L.I., *"Talkig (Ancient Talgar) is a Crossroad of the Silk Road." Archaeological Monuments on the Silk Road*,[M] Almaty, 1993.
205. Koshevar V.G., *New numismatical testimony on trade relations in Semirechie in VII-XII centuries*,[J].*DTs, N2(5). – S.34-39*, 2004.
206. Kozhemyako P.N., *Early medieval cities and settlements of the Chuy Valley*, [M].Frunze, 1959.
207. Kozhemyako P.N., *The report on field archaeological works at the Krasnaya Rechka site in 1962-1963*, [C]. *Krasnaya Rechka and Burana: Materials and researches of the Kirghiz archaeological expedition*, Frunze: Ilim, p.25-69, 1989.
208. Kozhemyako, Petr N., *The Early Medieval Cities and Villages of Chu Valley*.[M], 1959.
209. Kyzlasov L.R., *Archaeological research at Ak-Beshim site in 1953-1954 g*,[M].*Tr.KAEE. Vol.II. – M., c.160-227*, 1959.
210. Lapierre N., *Le Bouddisme en Cogdiane, d´aprés les données de I´archeologie (VI-IX-e)*,[J]. Paris: Presses Universitaires du Septentrion, 1998.
211. Lattimore, O. & Eleanor Lattimore ed., *Silks, Spices and Empire*, New York: Delacorte Press, 1968.

212. Lattimore, O., *Studies in Frontier History: Collected. Papers, 1928-1958*, Mouton, Pairs - La Haye, 1962.
213. Laufer, B., *Sino-Iranica, Chinese Contributions to the History of Civilization in Ancient Iran*. With Special Reference to the History of Cultivated Plants and Products, Chicago 1919.
214. Le Coq, A. von & E. Waldschmidt, *Die buddhistische Spätantike in Mittelasien, I-VII, Berlin 1922-1933*; rep. Graz 1973-1975.
215. Le Coq, A. von, *Buried Treasures of Chinese Turkestan: An account of the activities and adventures of the second and third German Turfan expeditions*, tr. by A. Barwell, London 1928.
216. Le Coq, A. von, *Chotscho: Facsimile-Wiedergaben der vichtigeren Funde der ersten königlich preussischen Expedition nach Turfan in Ost-Turkistan*, Berlin 1913.
217. Le Coq, A. von, *Von Land und Leuten in Ostturkistan: Berichte und Abenteuer der 4. deutschen Turfanexpedition*, Leipzig 1928.
218. Legge, James (tr.), *A Record of Buddhistic Kingdoms, being an account by the chinese monk Fa-hein of travels in India & Ceylon (AD 399-414) in search of the Buddhist books of Discipline*, Translated and annotated with a Corean recension of the Chinese text, Oxford: Clarendon, 1886; Reprinted: New York: Paragon, Dover, 1966.
219. Lehtinen, Ildiko (ed.), *Traces of the Central Asian Culture in the North: Finnish-Soviet Joint Scientific Symposium Held in Hanasaari, Espoo, 14-21 January 1985*, Helsinki, 1986. (Mémoires de la Société Finno-Ougrienne, No. 194).
220. Lerch, Petr I., *Archaeological Trip to Turkestan Area in 1867*.[M], 1870.
221. Leslie, D. D. & K. H. J. Gardier, *The Roman Empire in Chinese Sources*, Roma 1996.
222. Leslie, D. D., "Persian Temples in T'ang China", MS 35, 1981-83, 275-303.
223. Lévi, S.,"Le Tokharien", *JA*, 222, 1933, 1-30.
224. Lieu, S. N. C., *Manichaeism in Mesopotamia and the Roman East*, Leiden 1994.
225. Lieu, S. N. C., *Manichaeism in the Late Roman Empire and Madieval China*, Manchester U.P. 1985.
226. Litvinskij B.A., *Buddhism, East Turkestan in the ancient time and the early Middle Ages: Ethnos, Languages, Religion*,[M].M.: Nauka, 1992.
227. Litvinskij B.A., *More About Buddhist monuments of Semirechie (Kirghizia)*,[J].VDI, 1996, № 2. c. 190-193.
228. Litvinsky Boris A., Solovyov B.S., *Medieval Culture of Tokharistan*,[M] Moscow, 1985.
229. Litvinsky, B., Zhang Guang-da and Samghabadi, R. Shabani, *History of Civilizations of Central Asia*. Vol III: The Crossroads of Civilization: A.D. 250 to 750, UNESCO Publishing, 1996.
230. Liu Mau-tsai, *Kutscha und seine Beziehungen zu China*. Wiesbaden 1969.
231. Liu Xinru, *Silk and Religion. An Exploration of Material Life and the Thought of People*, Delhi: Oxford University Press, 1996.
232. Livshits V.A., *Khromov A.L. Middle Iran languages, Basics of Iranian linguistics*,[M]. M, p. 347-514, 1981.
233. Livshits V.A., *Krasnaya Rechka and Burana*, [J]*Materials and researches of Kirghiz archaeological expedition*,. Frunze: Ilim, ,p. 78-85, 1989.
234. Livshits V.A., *Sogdians in Semirechye: linguistic and epigraphic evidence*, [J] *Written records and problems of history of culture of people of the East: XV annual scientific session of IVAN USSR. S. I. ,*.M.: Nauka, p. 76-85, 1981.
235. Livshits V.A., *Predecessor of Khayyam in Semirechye in VIII-IX centuries*,[J].DTs,, 2004. #1 (4),p. 55-56.
236. Livshits V.A., *Sogdian documents from mountain Mug. Edition II, Legal documents and letters*,*Reading, translation and comments by V.A. Livshits*,[M]. M.: Nauka. p. 222, 1962.
237. Lobachyova N.P.,*To history of calendar ceremonies of grain-growers of Central Asia*, [C]*Ancient customs,*

beliefs and cults of peoples of Central Asia, M. Nauka, p. 6-31, 1986.
238. Loewe, M., *Records of Han Administration; volume I: Historical Assessment; volume II: Documents*. Cambridge: Cambridge University Press, 1967; reprinted London: Routledge Curzon, 2002.
239. M.S. Asimov and C.E. Bosworth(eds.), *History of Civilizations of Central Asia, Tome IV, The age of achievement AD 750 to the end of the fifteenth century, part 1* , [M].The historical, social and economic setting , UNESCO.
240. Mahmudov K., Balasagun, *Social Sciences in Uzbekistan*, [M].1972, № 2, p. 49.
241. Maillard, M., *Grottes et monuments d'Asie Centrale. Essai sur l'architecture des monuments civils et religieux dans l'Asie central sédentaire depuis l'ère chrétienne jusqu'à la conquête musulmane*, Paris: Librairie d'Amérique et d'Orient Jean Maisonneuve, 1983.
242. Maillard, Monique. "Essai sur la vie matérielle dans l'oasis de Tourfan pendant le Haut Moyen Âge", *Arts Asiatiques*, tome XXIX, 1973.
243. Mair, V. H., "Reflections on the Origins of the Modern Standard Mandarin Place-Name 'Dunhuang' - with an added Note on the Identity of the Modern Uighur Place-Name 'Turpan'", 季羡林教授八十华诞纪念论文集 , 2, 南昌，1991, 901-954.
244. Mankovskaya, Liya Yu., *Typological Frameworks of Architecture in the Central Asia*.[M], 1980.
245. Mannerheim, C. G., *Across Asia from West to East in 1906-08*, 1940.
246. Margulan, Alkey Kh., *From the History of the Cities and Architecture Art of Ancient Kazakhstan*.[M], 1950.
247. Maspéro, H. (ed.), *Les Documents chinois de la troisième expédition de Sir Aurel Stein en Asie Centrale*. London 1953.
248. Masson M.E., *Origin of two Nestorian tombstone pebbles in Central Asia* ,[J].ONUz,,1978 # 10, p. 49-53.
249. Mazahéri, Aly. *La route de la soie*. Paris: Papyrus, 1983.
250. McMullen, Divid "Bureaucrats and cosmology: The ritual code of T'ang China", *Rituals of Royalty: Power and ceremonial in traditional societies*, ed.by David Canadine and Simon Price, Cambridge: Cambridge University Press, 1987, 181-236.
251. Minorsky, V., *Hudud al-'Alam. The Regions of the World*. A Persian Geography 372 A.H. - 982 A.D. Translated and Explained by V. Minorsky, Oxford University Press, 1937.
252. Modi J.J., *The Religions Ceremonials and Customs of the Parsces*,[M] Bombay, 1922.
253. Motov Yuriy A., Nurpeisov M., *Work on the Site of Lugovoye and Karakistak Tract,Report on the work of the archaeological expedition of the Code of monuments in 1986*,[M].Alma-Ata, 1987.
254. Moule, A. C. & Paul Pelliot. *Marco Polo: The Description of the World*, London 1938.
255. Moule, A. C., *Christians in China before the year 1550*, London: Society for Promoting Christian Knowledge, 1930; rep. Taipei: Cheng Wen, 1972.
256. Nastich V. N., *Funeral epigraphics of the Arabian scripts as a source on medieval history of Kirghizia and southern Kazakhstan,Source and textual study of Medieval Middle East.*,[M], p. 161-177. 1984.
257. Nastich V.N., *To history of calendar in medieval Semirechye*, [J] Info Bulletin, MAIKCA, Spec. edition. : Nauka,p. 116-117, 1987.
258. Nastich V.N., *Arabic and Persian inscriptions on kairaks from Burana site, Kirghizia at Kara-Khanid Kaganate*,[M] Frunze: Ilim, p. 221-234. 1983.
259. Needham, J., *Science and Civilisation in China*, Vol.V, Part 1, by Tsien Tsuen-hsuin, Cambridge University Press, 1985.
260. Nilsen V.A., *Architecture of Central Asia of V-VIII centuries*,[M]Tashkent. 1966.

261. Nurzhanov Arnabai A., *"Glass Articles of the Medieval Ancient Settlement." Materials of the international conference of "Bekmakhanov readings"*, [Z].Almaty, 2003.
262. Nurzhanov Arnabai A., *"Archaeological Investigations at Lugovoye Site." Archaeological Surveys in Kazakhstan*, [Z].Alma-Ata, 1992.
263. Nurzhanov Arnabai A., *"Terracotta Figures from Kulan Ancient Settlement." The Newsletter of Kazakh National University*, [Z].Almaty, 2003.
264. Nusov V. E., *Architecture of Kirghizia since the most ancient times up to now*[M], Frunze. 1981.
265. Nusov V.E., *Monuments of architecture of Kyrgyzstan*,[M]Frunze,p.11-12. 1963.
266. Palgov, Nikolai N., *"Balkhash Sands of Sary-Isik-Otrau." The Newsletter of the state geographical society.*[Z], 1930.
267. Patsevich Geronim I., *Historical Topography of Towns and Settlements of Southern Kazakhstan in VII-XV centuries* (according to Archaeological data).[M], 1954.
268. Pelliot, P., "A propos du 'Tokharien'", *TP*, 32, 1936, pp. 259-284.
269. Pelliot, P., "Rapport de M. Paul Pelliot sur sa mission en Turkestan chinois (1906-1909) ", *Comptes rendus des séancess de l'Académie des inscriptions et belles-lettres*, 1910, 58-68.
270. Pelliot, P., "Trois ans dans la Haute Asie", conférence de M. Paul Pelliot dans le grand amphitheatre de la Sorbonne, le 10 décembre, 1909, *Asie Française*, 1910, 1-16.
271. Pelliot, P., *L'inscription nestorienne de Si-ngan-fou*, Kyôto/Paris, Italian School of East Asian Studies et Collège de France, 1996.
272. Pelliot, P., *Notes on Marco Polo*, 3 vols. Paris 1959-1973.
273. Pelliot, P., *Recherches sur les Chrétiens d'Asie centrale et d'Extrême-Orient*, Paris 1973-84.
274. Petrov K.I., *Essay on social and economic development of Kirghizia in VI-XIII cc*,[M] Frunze. 1981.
275. Pinault, G.-J., "Tocharian and Indo-Irianian: Relations between Two Linguistic Areas", *Indo-Iranian Languages and Peoples*, Oxford University Press 2002, 243-284.
276. Pinks, E., *Die Uiguren von Kanchou in der Frühen SungZeit (960-1028)*, (Asiatische Forschungen 24), Wiesbaden 1968.
277. Pribytkova A. M., Design *features of the Central Asian minarets*, [J]*Architectural Heritage, №17* M,p. 197-202. 1964.
278. Pribytkova A.M., *Architectural ornament IX-X centuries in Central Asia, Architectural Heritage, №21.*,[M]. Stroiizdat, C. 121-134. 1973.
279. Pugachenkova Galina A., *Ways of Architectural Development of the Southern Turkmenistan in the Period of Slavery and Feudalism*,[M] Moscow, 1958.
280. Raspopova V.I., *Metal products of early medieval Sogda*, [M], Nauka, s.138. 1980.
281. Raspopova V.I., *Pottery of Sogdians in Chuy Valley*, [J].*Tr. KAEE. Vol.IV,*. 1960.
282. Rong Xinjiang, "Further Remarks on Sogdians in the Western Regions", *Exegisti monumenta. Festschrift in Honour of Nicholas Sims-Williams* (Iranica 17), eds. Werner Sundermann, Almut Hintze and François de Blois, Wiesbaden: Harrassowitz Verlag, 2009, pp.399-416.
283. Rong Xinjiang, "Further Remarks on the Migrations and Settlements of the Sogdians in the Northern Dynasties, Sui and Tang", *Eurasia Studies*, vol. I, ed. Yu Taishan & Li Jinxiu, Beijing: The Commercial Press, 2011.2, pp. 120-141.
284. Rong Xinjiang, "Juqu Anzhou's Inscription and the Daliang Kingdom in Turfan", *Turfan Revisited – The First Century of Research into the Art and Cultures of the Silk Road*, ed. D. Durkin-Meisterernst et al. (Berlin:

Dietrich Reimer Verlag, 2004), pp. 268-275 + pls.1-3 + figs.1-2.
285. Rong Xinjiang, "New Light on Sogdian Colonies along the Silk Road. Recent Archaeological Finds in Northern China", *Berlin-Brandenburgische Akademie der Wissenschaften. Berichte und Abhandlungen*, Band 10, Berlin: Akademie Verlag, Oktober 2006, 147-160.
286. Rong Xinjiang, "Sogdians around the Ancient Tarim Basin", *Ērān ud Anērān. Studies Presented to Boris Il'ič Maršak on the Occasion of His 70th Birthday*, eds. M. Compareti, P. Raffetta and G. Scarcia, Venezia: Libreria Editrice Cafoscarina, 2006, 513-524.
287. Rong Xinjiang, "The Migrations and Settlements of the Sogdians in the Northern Dynasties, Sui and Tang" (tr. by Bruce Doar), *China Archaeology and Art Digest*, IV.1: Zoroastrianism in China, December 2000, 117-163.
288. Rong Xinjiang, "The Network of Chinese Buddhist Monasteries in the Western Regions under Tang Control", *"The Way of Buddha" 2003: The 100th Anniversary of the Otani Mission and the 50th of the Research Society for Central Asian Cultures*. (Cultures of the Silk Road and Modern Science, Vol. 1.), ed. Irisawa Takashi 入澤崇, Osaka: Toho Shuppan 東方出版, 2010, pp.215-220.
289. Rossabi M., (ed.), *China Among Equals: The Middle Kingdom and Its Neighbors, 10th-14th Centuries*, California Univeristy Press, 1983.
290. Rtveladze E.V., *Great Silk way: Encyclopedic reference book. Antiquity and early Middle Ages*, Tashkent, State Scientific Publishing House: "Uzbekiston milliy encyclopediasy", [M].p. 280.1999 .
291. Saeki, P. Y., *The Nestorian documents and relics in China*, Tokyo: The Toho Bunkwa Gakuin 1951.
292. Savelyeva Tamara V., *Medieval Cities and Settlements of North-Eastern Zhetysu (semirechye)*[M], Almaty, 2005.
293. Savelyeva, Tamara V., *About Foundation of the Nomads in Ili Valley (based on excavations of the settlement Talgar).Interaction of nomad culture and ancient civilizations*,[Z].Alma-Ata, 1987.
294. Savelyeva, Tamara V., and Voyakin D.A., *"Weaponry of the Medieval Talhir." Military Archaeology*[Z], S.-Petersburg, 1998.
295. Savelyeva, Tamara V., and Voyakin D.A., *Articles of Iron of the Medieval Talhir. (Household items).The Newsletter of the Ministry of Science and Higher Education of the Republic of Kazakhstan*.[Z], 1999.
296. Savelyeva, Tamara V., *Medieval Talgar. Monuments of History and Culture of Kazakhstan of Kazakhstan*.[Z], 1986.
297. Savelyeva, Tamara V., *Settled Cultures of the Northern Slopes of Zailiskiy Alatau in VIII - XIII centuries (based on excavations of the settlement Talgar and monuments of its periphery)*.[M], 1994.
298. Savelyeva, Tamara V., Zinyakov N.M., Voyakin D.A., *Smithery of Northeastern Semirechye*.[M], 1998.
299. Schafer, E. H., *The Golden Peaches of Samarkand: A Study of Tang Exotics*, Berkeley¬: University of California Press, 1963.
300. SEMENOV G.L., *History of archaeological studies at Ak-Beshim, Excavations 1996-1998, in Suyab Ak-Beshim*,[M], State Heritage and Historical Institute NAN Kyrgyzstan, p 4-114. 2002.
301. Senigova, Taisiya N., *Medieval Taraz*.[M], 1972.
302. Shardenova, Zukhra Zh., *"Palace of Arab Architects in Kazakhstan." The Newsletter of the National Academy of Science of the Republic of Kazakhstan*, [Z]Almaty, 2004.
303. Sher Ya.A., *Burial with a horse in Chu valley*, [J]SA, # 1. p. 280-282. 1962.
304. Sher Ya.A., *Stone monuments of Semirechye*. [M]; L.: Nauka,p.138. 1966.
305. Shishkin Vassiliy A., *Varakhsha*, Moscow.[M], 1963.
306. *Si Yu Ji or Description of the Travel to the West. Works of the Members of Russian Spiritual Mission in Beijing*,

[M] 1866.

307. Sims-Williams, N. "The Sogdian Ancient Letter II", *Philologica et Linguistica: Historia, Pluralitas, Universitas. Festschrift für Helmut Humbach zum 80. Geburtstag am 4. Dezember 2001*, hrsg. von Maria Gabriela Schmidt und Walter Bisang unter Mitarbeit von Marion Grein und Bernhard Hiegl, Wissenschaftlicher Verlag Trier, 2001, pp. 267-280.

308. Sims-Williams, N., "Christianity in Central Asia and Chinese Turkestan; iv. Christian Literature in Middle Iranian Languages", *EI*, V.5, 1991, 530-535.

309. Sims-Williams, N., "Die christlich-sogdischen Handschriften von Bulayiq", *Ägypten, Vorderasien, Turfan: Probleme der Edition und Bearbeitung altorientalischer Handschriften*, Berlin 1991, 119-125.

310. Sims-Williams, N., F. Grenet & É. de la Vaissière, "The Sogdian Ancient Letter V", Alexander's Legacy in the East: Studies in honor of Paul Bernard. BAI 12, 2001, 91-104.

311. Sinor, D. (ed.), *The Cambridge history of Central Asia*. Vol.1: From earliest times to the rise of the Mongols. Cambridge 1989.

312. Soper, A. C., "Imperial Cave-Chapels of the Northern Dynasties: Donors, Beneficiaries, Dates," *Artibus Asiae*, 28/4, 1966, 241-270.

313. Soper, A. C., *Literary Evidence for Early Buddhist Art in China*. Ascona: Artibus Asiae, 1959.

314. Soper, Alexander C. "A Vacation Glimpse of the T'ang Temles of Ch'ang'an. The Ssu-T'a Chi by Tuan Ch'eng-Shi", *Artibus Asiae*, 23:1,1960, 15-40.

315. *Source studies of Kyrgyzstan (from antiquity until XIX century)*,[M] Bishkek: Ilim,. p. 507. 1996.

316. Sourdel-Thomine J., Spuler V., *Die Kunst des Islam*, [M]Oldenburg, 1973.

317. Staviski B.Ya., *Destinies of Buddhism in Central Asia: According to archeology,* [M].Nauka, 1998.

318. Staviskii, B. J., *Les Arts de l'Asie Centrale*. 1974.

319. Stebleva I.V., *Development of Turkic poetic forms in XI century*,[M] 1971, M.: Nauka, p. 299.

320. Stein, M. A., *Innermost Asia. Detailed Report of Explorations in Central Asia, Kan-su and Eastern Iran*, 4 vol., Oxford: Clarendon Press, 1928.

321. Stein, M. A., *On Ancient Central-Asian Tracks. Brief Narrative of Three Expedition in Innermost Asia and North-western China*, London: Macmillan and Co., 1933.

322. Stein, M. A., *Ruins of Desert Cathay: Personal Narrative of Explorations in Central Asia and Westernmost China with Numerous Illustrations, Colour Plates, Panoramas and Maps from Original Surveys*. 2 vols. London 1912.

323. Stein, M. A., *Serindia. Detailed Report of explorations in Central Asia and Westermost China*, 5 vol., Oxford: Clarendon Press, 1921.

324. Sullivan, Michael A., *The Cave Temples of Maichishan. With an account of the 1958 expedition to Maichishan*. London 1969.

325. Sundermann, W., "Completion and Correction of Archaeological Work by Philological Means: the case of the Turfan Texts", *Histoire et cultes de l'Asie centrale preislamique*, Paris 1991, 283-288.

326. Sundermann, W., "Iranian Manichaean Turfan Texts concerning the Turfan Region", *Turfan and Tun-huang, the texts*, Firenze 1992, 63-84.

327. Sundermann, W., *Mitteliranischen manichaiesche Texte kirchengeschichtlichen Inhalts* (BTT XI), Berlin 1981.

328. Tabaldiev K.Sh., *Evolution of funeral ceremony of nomads of inner Tien Shan in Middle Ages: dissertation abstract … candidate of historic sciences*.[D] 1994, Novosibirsk, p.24.

329. Tabaldiev K.Sh., *Kurgans of medieval nomad tribes of Tien Shan*,[M]Bishkek, p. 254. 1996,

330. Takayasu Higuchi(ed.) , *Studies of Buddhist Sites of Northern Central Asia*,[J]Bulletin of the research Centre for

Silk Roadlogy. Silk Roadlogy №4,Tokyo. Ss. 158-183. 1997.
331. Terenojkin A.N., *Archaeological investigations at the river Chu in 1929*, [J] PIDO,№ 5-6. 1935, C. 139-150.
332. Thilo, Thomas, *Chang'an: Metropole Ostasiens und Weltstadt des Mittelalters 583-904* Teil: Die stadtanlage, Wiesbaden 1997.
333. Torgoev A.I., Kij E.A., Kolchenko V.A., Viktorova O. S., Kazimirova R. A., KulishA.V., *New Buddhist monument in Chuy Valley (Northern Kirghizia)*, [J],*Messages of the State Heritage, 2012*, [Vyp.] LXX. SPb., C.191-200.
334. Torgoev A.I.,*To a periodization of belt ornaments of Semirechie* ,[J],*Dialogue of civilisations Vyp. II.*,Bishkek, S. 134-135. 2003.
335. *Travel of Plano Carpini and Gillaume Rubrouck to the Eastern Countries*, [M]Alma-Ata, 1993.
336. Tremblay, X., *Pour une histoire de la Serinde: le manicheisme parmi les peuples et religions d'Asie Centrale d'après les sources primaries*. Wien: Verlag der österreichischen Akademie der Wissenschaften, 2001.
337. Trombert, É. "Textiles et tissus sur la Route de la soie." In *La Serinde, terre d'échanges: Art, religion commerce du Ier au Xe siècle. XIVes Rencontres de l'Ecole du Louvre* (Paris, La Documentation française, 2000) pp. 107-120.
338. Trombert, É. "Une trajectoire d'ouest en est sur la route de la soie: La diffusion du cotton dans l'Asie centrale sinisée," in *La Persia e l'Asia Centrale: Da Alessandro al X secolo* (Rome, Accademia Nazionale dei Lincei, 1996), 205-227.
339. Trutovski V.K., *The report of the imperial archaeological commission for 1892, SPb, C. 73-75*,[M]1894,.
340. Trutovski V.K.,*About two stones with the Arabian inscriptions, sent by F.V. Pojarkov from Tokmak*, [J],*«Drevnosti vostochnye», Works of East commission of the Moscow archaeological society*. 1888, *Vol.I, Vyp.I.*.
341. Umemura, Hiroshi, "A Qoco Uyghur King Painted in the Buddhist Temple of Beshbaliq". in: Turfan, Khotan und Dunhuang. Vortrge der Tagung "Annemarie v. Gabain und die Turfan-forschung", veranstaltet von der Berlin-Brandenburgischen Akademie der Wissenschaften in Berlin (9.-12. 12. 1994). Hrsg. von Ranald E. Emmerick, Werner Sundermann, Ingrid Warnke und Peter Zieme, Berlin, Akademie Verlag, 1996, pp. 361-378.
342. Uray, G., "Tibet's connections with Nestorianism and Manicheism in the 8th-10th Centuries", *Contribution on Tibetan Language, History and Culture*, ed. by E. Steinkellner and H. Tauscher, vol. I, Wien 1983, 399-429.
343. Volin S., *Data of Arabic sources of IX-XVI centuries about Talas river valley and adjacent areas*, [J].*Works of Institute History, archeology AN KazSSR.T.8*, Alma-Ata, p. 72-92.
344. Volin Semyon L., *Arab Sources of IX-XVI centuries. About Talas River Valley and Adjacent Areas, Works of the Institute of History, Archaeology and Ethnography of the Academy of Sciences of the Kazakh SSR*.[M], 1960.
345. Voronina V.L., *Architectural ornament of Central Asia (classification questions)*, [J]*Architectural heritage*, 1980, №*28, p. 189-191*.
346. Voyakin Dmitriy A., "Smithery of the Northeastern Semirechye in the Middle Ages (based on the materials of the settlements Talgar and Almaty)."[Z] Doctorate Dissertation, Almaty, 2010.
347. Waldschmidt, E., *Gandhara, Kutscha, Turfan. Eine Einführung in die frühmitelalterliche Kunst Zentralasiens*. Leipzig: Klinkhardt & Biermann, 1925.
348. Wang, Helen. *Money on the Silk Road: The Evidence from Eastern Central Asia to c. AD 800*, London, 2004.
349. Warner, L., *The long road in China. Descriptive of a journey into the far west of China to discover and bring back famous Buddhist frescoes and statuary*, New York 1926.
350. Watters, T., *On Yuan Chwang's Travels in India 629-645*. ed. by T. W. Rhys Davids and S. W. Bushel. New

York:AMS, 1971, 2vols. Originally London: The Royal Asiatic Society, 1904-1905.
351. Whitfield R. & A. Farre, *Caves of the Thousand Buddhas. Chinese Art from the Silk Route, London* 1990.
352. Whitfield, Roderick. *The Art of Central Asia: The Stein Collection in the British Museum*, 3 vols., Tokyo 1982-1985.
353. Whitfield, S. *Life along the Silk Road*, London: John Murray, 1999.
354. Williams, Tim., "The city of Sultan Kala, Merv, Turkmenistan: Communities, Neighbourhoods and Urban Planning from the Eighth to the Thirteenth Century." Cities in the pre-modern Islamic world: the urban impact of religion, state and society,[Z]London, 2007.
355. Wittfogel K. A., *Feng Chia-sheng. History of Chinese Society: Liao (907-1125), dans: Transaction of the American Philosophical Society*,[M] Philadelphia, v.36, p. 645. 1949.
356. Wood, F. *The Silk Road: Two Thousand Years in the Heart of Asia*, University of California Press, 2003.
357. Wood, F., *Did Marco Polo go to China*? London: Secker & Warburg, 1995.
358. Wright, Arthur F., "The Cosmology of the Chinese City", *The City in Late Imperial China*. ed. by G. W. Skinner, Stanford 1977, 33-37.
359. *Xi Yu Ji or Description of the Travel to the West. Works of the Members of Russian Spiritual Mission in Beijing*, 1866.
360. Xiong Victor Cunrui, *Sui-Tang Chang'an. A Study in Ubran History of Medieval China*; Ann Arbor: Center four Chinese Studies,The University of Michigan, 2000.
361. Yadrintsev N., *Archaeological researches of Dr. Pojarkov near Tokmak*, [C]*ZAN. T. 52. Kn.2.- SPb, 1886, p. 154-159.*
362. Yaldiz, M., *Archäologie und Kunstgeschichte Chinesisch-Zentralasiens (Xinjiang)*, Leiden 1987.
363. Yarshater, E. (ed.), *The Cambridge History of Iran: Seleucid, Parthian and Sassanian Periods*, vol. 3, nos1-2, Cambridge University Press, 1983.
364. Yarshater, Ehsan (ed.), *Encyclopaedia Iranica*. London and New York 1982.
365. Yu, Ying-shih, *Trade and Expansion in Han China: a study in the structure of Sino-Barbarian economic relations*, Berkeley: University of California Press, 1967.
366. Yule, H. *Cathay and the Way Thither*, London: Hakluyt Society, 1866.
367. Yule, Henry, (tr.) *The Book of Sir Marco Polo the Venetian concerning the Kingdoms and Marvels of the East.* 1903.
368. Zaharova I.V., *Twelve-year animal cycle of peoples of Central Asia*, [J], *Works, IIAE AN KazSSR. V.8.*, Alma-Ata,p. 32-65.
369. Zelinskij A.N., Kuznetsov V.I., *Tibetan inscriptions of Issyk-Kul*,[J]*CNV. Vyp. VIII.M.,.p.183-185*. 1969.
370. Zelinskij A.N., Kuznetsov V.I.,*Tibetan inscriptions of Issyk-Kul*, CNV, Vyp. VIII.[M],.p.183-185,1969.
371. Zhang Guangda and Rong Xinjiang, "A Concise History of the Turfan Oasis and Its Exploration", *Asia Major,* third series, vol.11, Part 2, 1998 (1999), 13-36.
372. Zieme, P., *Religion und Gesellschaft im Uigurischen Königreich von Qočo. Kolophone und Stifter des alttürkischen buddhistischen Schrifttums aus Zentralasien* (Abhandlungen der Rheinisch-Westphälischen Akademie d. Wiss., Bd. 88), Opladen 1992.
373. Zürcher, E., *The Buddhist Conquest of China, The Spread and Adaptation of Buddhism in Early Medieval China* (Sinica Leidensia , No 11): 2 vols. Leiden 1972.
374. [塔]M.S. 阿西莫夫，[英]C. E. 博斯沃思主编. 中亚文明史：第四卷下 [M]. 刘迎胜译. 北京：中国对外翻译出版公司，2010.

375. [德]克林凯特.丝绸古道上的文化[M].赵崇民译.乌鲁木齐：新疆美术摄影出版社，1988.
376. [德]夏德.大秦国全录[M].朱杰勤.郑州：大象出版社，1975.
377. [俄]巴托尔德.蒙古入侵时期的突厥斯坦（上下册）[M].张锡彤，张广达译.上海：上海古籍出版社，1963.
378. [法]阿里·玛扎海里.丝绸之路：中国—波斯文化交流史[M].耿昇译.北京：中华书局，1993.
379. [法]布尔努瓦.丝绸之路[M].耿昇译.济南市：山东画报出版社，2001.
380. [法]查里亚阿德尔主编.中亚文明史：第六卷[M].巴黎：联合国教科文组织，2005.
381. [法]勒尼·格鲁塞.草原帝国[M].魏英邦译.西宁：青海人民出版社，2001.
382. [法]路易·巴赞.突厥历法研究[M].耿昇译.北京：中华书局.
383. [法]沙海昂.马可·波罗行纪[M].冯承钧译.上海：上海书店出版社，1924.
384. [法]沙畹著.西突厥史料[M].冯承钧译.北京：中华书局，2001.
385. [荷兰]J·E·范·洛惠泽恩－德·黎乌.斯基泰时期：一种对公元前1世纪到公元3世纪印度北部的历史、艺术、铭文及古文字学的研究[M].许建英，贾建飞译.昆明：云南人民出版社，1949.
386. [美]劳费尔.中国伊朗编：中国对古代伊朗文明史的贡献[M].林筠因译.北京：商务印书馆，2009.
387. [美]麦高文.中亚古国史[M].章巽译.北京：中华书局，2004.
388. [美]谢弗.唐代的外来文明[M].吴玉贵译.西安：陕西师范大学出版社，1985.
389. [美]丹尼尔·C.沃.李希霍芬的"丝绸之路"：通往一个概念的考古学[M].蒋小莉译//朱玉麒主编.西域文史 第七辑.北京：科学出版社，2003.
390. [日]白鸟库吉著.塞外史地论文译丛（第二辑）[M].王古鲁译.长沙：商务印书馆，1938.
391. [日]白鸟库吉著.塞外史地论文译丛（第一辑）[M].王古鲁译.长沙：商务印书馆，1938.
392. [日]江上波夫著.骑马民族国家[M].张承志译.北京：光明日报出版社，1986.
393. [日]松田寿男著.古代天山历史地理学研究[M].陈俊谋译.北京：中央民族学院出版社，1970.
394. [日]藤川繁彦.中亚考古学[M].东京：同成社，2009.
395. [日]藤田丰八.慧超往五天竺国传笺释[M].北京：泉寿东文书藏校印，1911.
396. [日]藤田丰八.西域研究[M].杨鍊译.北京：商务印书馆，1935.
397. [日]羽田亨.西域文明史概论（外一种）[M].耿世民译.北京：中华书局，2005.
398. [日]羽溪了谛.西域之佛教[M].贺昌群译.北京：商务印书馆，1956.
399. [日]足立喜六.法显传考证[M].何健民，张小柳译.台北市：国立编译馆，1936.
400. [瑞典]斯文赫定.亚洲腹地旅行记[M].李述礼译.上海：开明书店，1948.
401. [苏]克利亚什托尔内.古代突厥鲁尼文碑铭[M].李佩娟译.哈尔滨：黑龙江出版社，1964.
402. [苏]威廉·巴托尔德.中亚突厥史十二讲[M].罗致平译.北京：中国社会科学出版社，1984.
403. （唐）义净撰.大唐西域求法高僧传校注[M].王邦维校注.北京：中华书局，1988.
404. [英]阿·克·穆尔.一五五〇年前的中国基督教史[M].郝镇华译.北京：中华书局，1984.
405. [英]奥雷尔·斯坦因.西域考古图记[M].桂林：广西师范大学出版社，1998.
406. [英]道森编.出使蒙古记[M].吕浦译，周良霄注.北京：中国社会科学出版社，1980.
407. [英]弗朗西丝·伍德（吴芳思）.马可·波罗到过中国吗[M].伦敦：Secker & Warburg 出版社，1995.
408. [英]汉布里主编.中亚史纲要[M].吴玉贵译.北京：商务印书馆，1994.
409. [英]赫德逊.欧洲与中国[M].王遵仲，李申，张毅译.北京：中华书局，1995.
410. [英]帕克.鞑靼千年史[M].向达，黄静渊译.北京：商务印书馆，2002.
411. [英]斯坦因.斯坦因西域考古记[M].向达译.北京：中华书局，1964.
412. [英]裕尔撰，[法]考迪埃修订.东域纪程录丛：古代中国闻见录[M].张绪山译.北京：中华书局，

1967.
413. A.H. 丹尼，V.M. 马松主编. 中亚文明史（第一卷）[M]. 芮传明译. 北京：中国对外翻译出版公司，2002.
414. 雅诺什·哈尔马塔主编. 中亚文明史（第二卷）[M]. 徐文堪，芮传明译. 北京：中国对外翻译出版公司，2002.
415. B. A. 李特文斯基主编. 中亚文明史（第三卷）[M]. 马小鹤译. 北京：中国对外翻译出版公司，2003.
416. [法] 阿德尔，哈比卜主编. 中亚文明史（第五卷）[M]. 蓝琪译. 北京：中国对外翻译出版公司，2005.
417. 包铭新主编. 丝绸之路 图像与历史 [M]. 上海：东华大学出版社，2011.
418. 北京大学南亚研究所编. 中国载籍中南亚史料汇编（上下册）[M]. 上海：上海古籍出版社，1994.
419. 毕长朴. 中国人种北来说 [M]. 台北市：新文丰出版公司，1986.
420. 蔡鸿生. 唐代九姓胡与突厥文化 [M]. 北京：中华书局，1998.
421. 岑仲勉. 汉书西域传地里校释（上下册）[M]. 北京：中华书局，1981.
422. 岑仲勉. 突厥集史（上下册）[M]. 北京：中华书局，1958.
423. 岑仲勉. 西突厥史料补阙及考证 [M]. 北京：中华书局，1958.
424. 岑仲勉. 中外史地考证（外一种）（上下册）[M]. 北京：中华书局，2004.
425. 曾问吾. 中国经营西域史 [M]. 台北：文海出版社，1978.
426. 常任侠. 丝绸之路与西域文化艺术 [M]. 上海：上海文艺出版社，1981.
427. 陈垣. 回回教入中国史略 [J]. 东方杂志，1928（1）.
428. 陈垣. 基督教入华史略 [M]// 陈垣史学论著史略. 上海：上海人民出版社，1981.
429. 陈达生，王连茂主编. 海上丝绸之路研究 1 海上丝绸之路与伊斯兰文化 [M]. 福州：福建教育出版社，1997.
430. 陈达生等主编. 海上丝绸之路研究 2 中国与东南亚 [M]. 福州：福建教育出版社，1999.
431. 陈佳荣，钱江，张广达编. 历代中外行纪 [M]. 上海：上海辞书出版社，2008.
432. 程溯洛. 唐宋回鹘史论集 [M]. 北京：人民出版社，1993.
433. 丹尼斯·斯诺（编）. 剑桥早期中亚史 [M]. 英国剑桥：剑桥大学出版社，1990.
434. 丹尼斯·斯诺. 中亚：历史，文明，语言 [M]. 布鲁明顿：印第安纳大学出版社.
435. Dieter Jäkel. 李希霍芬对中国地质和地球科学的贡献. 第四纪研究，2005（4）.
436. 杜轶伦. 德国地理学家李希霍芬对禹贡研究初探. 中国历史地理论丛，2008，33（2）.
437. 邓廷良著. 丝路文化·西南卷 [M]. 杭州：浙江人民出版社，1995.
438. 段连勤著. 丁零、高车与铁勒 [M]. 上海：上海人民出版社，1988.
439. 俄军主编. 丝绸之路民族货币研究 [M]. 兰州：甘肃教育出版社，2015.
440. 范祥雍校注. 洛阳伽蓝记校注 [M] 上海：上海古籍出版社，1987.
441. 方豪. 中西交通史 [M]. 台北市：中华文化出版事业委员会，1953-1954.
442. 方龄贵. 元明戏曲中的蒙古语 [M]. 上海：汉语大词典出版社，1991.
443. 冯承钧. 西域南海史地考证论著汇辑 [M]. 北京：中华书局，1957.
444. 冯家昇著. 冯家昇论著辑粹 [M]. 北京：中华书局，1987.
445. 耿世民著. 耿世民新疆文史论集 [M]. 北京：中央民族大学出版社，2001.
446. 龚方震，晏可佳. 祆教史 [M]. 上海：上海社会科学院出版社，1998.
447. 龚缨晏. 20 世纪中国"海上丝绸之路"研究集萃 [M]. 杭州：浙江大学出版社，2011.
448. 龚缨晏等主编. 中国"海上丝绸之路"研究百年回顾 [M]. 杭州：浙江大学出版社，2011.
449. 龚缨晏. 宁波博物馆"海上丝绸之路"研究丛书 中国海上丝绸之路研究百年回顾 [M]. 杭州：浙江大学出版社，2009.

450. 郭物 . 马背上的信仰：欧亚草原动物风格艺术 [M]. 北京：人民美术出版社，2005.
451. 郭双林 . 李希霍芬与李希霍芬男爵书信集 [J]. 史学月刊，2009（11）.
452. 韩儒林 . 穹庐集：元史及西北民族史研究 [M]. 上海：上海人民出版社，1982.
453. 何健民编著 . 隋唐时代西域人华化考 [M]. 上海：中华书局，1939.
454. 护雅夫 . 古代突厥民族研究 [M]. 东京：山川出版社，1997.
455. 黄时鉴 . 东西交流史论稿 [M]. 上海：上海古籍出版社，1998.
456. 季羡林等校注 . 大唐西域记校注 [M]. 北京：中华书局，1985.
457. 纪云飞主编 . 中国"海上丝绸之路"研究年鉴 2013[M]. 杭州：浙江大学出版社，2014.
458. 海上丝绸之路研究中心主编 . 中国海上丝绸之路研究年鉴 2014[M]. 杭州：浙江大学出版社，2015.
459. 海上丝绸之路研究中心主编 . 中国海上丝绸之路研究年鉴 2015[M]. 杭州：浙江大学出版社，2017.
460. 纪云飞主编 . 中国"海上丝绸之路"研究年鉴 2016[M]. 杭州：浙江大学出版社，2018.
461. 王力军主编 . 中国海上丝绸之路研究年鉴 2017[M]. 杭州：浙江大学出版社，2019.
462. 华侨大学海上丝绸之路研究院编，贾益民主编，许培源副主编 . 21 世纪海上丝绸之路研究报告 2018-2019[M]. 北京：社会科学文献出版社，2019.
463. 江文汉 . 中国古代基督教及开封犹太人 [M]. 北京：知识出版社，1982.
464. 姜伯勤 . 敦煌吐鲁番文书与丝绸之路 [M]. 北京：文物出版社，1994.
465. 姜伯勤 . 敦煌艺术宗教与礼乐文明：敦煌心史散论 [M]. 北京：中国社会科学出版社，1996.
466. 姜伯勤 . 中国祆教艺术史研究 [M]. 北京：三联书店，2004.
467. 蒋其祥 . 新疆黑汗朝钱币 [M]. 乌鲁木齐：新疆人民出版社，1990.
468. 赖永海 . 丝路文化研究 第 1 辑 [M]. 北京：商务印书馆，2017.
469. 赖永海 . 丝路文化研究 第 2 辑 [M]. 北京：商务印书馆，2017.
470. 联合国教科文组织，中国社会科学院考古研究所编 . 十世纪前的丝绸之路和东西文化交流 沙漠路线考察乌鲁木齐国际讨论会 1990 年 8 月 19-21 日 [M]. 北京：新世界出版社，1996.
471. 联合国教科文组织海上丝绸之路综合考察泉州国际学术讨论会组织委员会编 . 中国与海上丝绸之路 联合国教科文组织海上丝绸之路综合考察泉州国际学术讨论会 1991.2.17-20 论文集 续集 [M]. 福州：福建人民出版社，1994.
472. 林幹编 . 突厥与回纥历史论文选集（上下册）[M]. 北京：中华书局，1987.
473. 林幹编 . 匈奴史 [M]. 呼和浩特：内蒙古人民出版社，1979.
474. 林幹编 . 匈奴史料汇编（上、下编）[M]. 北京：中华书局，1988.
475. 林幹编 . 匈奴史论文选集 [M]. 北京：中华书局，1983.
476. 李肖编 . 丝绸之路研究 第 1 辑 [M]. 北京：生活•读书•新知三联书店，2017.
477. 林梅村 . 古道西风：考古新发现所见中西文化交流 [M]. 北京：生活•读书•新知三联书店，2000.
478. 林梅村 . 汉唐西域与中国文明 [M]. 中国：文物出版社，1998.
479. 林梅村著 . 丝绸之路散记 [M]. 北京：人民美术出版社，2004.
480. 林梅村 . 丝绸之路考古十五讲 [M]. 北京：北京大学出版社，2006.
481. 林梅村 . 松漠之间：考古新发现所见中外文化交流 [M]. 北京：生活•读书•新知三联书店，2007.
482. 林梅村 . 西域文明：考古、民族、语言和宗教新论 [M]. 台北市：东方出版社，1995.
483. 林梅村 . 蒙古山水地图 [M]. 北京：文物出版社，2011.
484. 林梅村主编 . 塞伊玛-图尔宾诺文化与史前丝绸之路 [M]. 上海：上海古籍出版社，2019.
485. 林立群主编 . 跨越海洋 海上丝绸之路与世界文明进程国际学术论坛文选 2011 中国宁波 [M]. 杭州：浙江大学出版社，2012.
486. 林悟殊 . 摩尼教及其东渐 [M]. 北京：中华书局，1987.

487. 林悟殊. 唐代景教再研究 [M]. 北京：中国社会科学出版社，2003.
488. 林悟殊. 中古三夷教辨证 [M]. 北京：中华书局，2005.
489. 林英. 唐代拂菻丛说 [M]. 北京：中华书局，2006.
490. 罗丰主编，中国考古学会丝绸之路考古专业委员会、宁夏文物考古研究所编. 丝绸之路考古 第 1 辑 [M]. 北京：科学出版社，2018.
491. 罗丰主编. 丝绸之路考古 第 2 辑 [M]. 北京：科学出版社，2018.
492. 罗雪梅. 丝绸之路名称的历史演变 [J]. 文史杂志，2015（6）.
493. 刘伯骥. 中西文化交通小史 [M]. 台北市：正中书局，1953.
494. 刘俊文主编. 日本学者研究中国史论著选译 第九卷 民族交通 [M]. 北京：中华书局，1993.
495. 刘文锁. 沙海古卷释稿 [M]. 北京：中华书局，2007.
496. 刘义棠. 维吾尔研究 [M]. 台北市：正中书局，1975.
497. 刘进宝. "丝绸之路"概念的形成及其在中国的传播 [J]. 中国社会科学，2018（11）.
498. 刘进宝. 东方学视野下的"丝绸之路" [J]. 清华大学学报（哲学社会科学版），2015（4）.
499. 刘进宝主编. 丝路文明 第 1 辑 [M]. 上海：上海古籍出版社，2016.
500. 刘进宝主编. 丝路文明 第 2 辑 [M]. 上海：上海古籍出版社，2017.
501. 刘进宝，张涌泉主编. 丝路文明的传承与发展 [M]. 杭州：浙江大学出版社，2017.
502. 刘进宝. 丝路无疆 "丝绸之路文化论坛·新疆"论文集 [M]. 杭州：浙江大学出版社，2018.
503. 刘迎胜. 丝绸之路的缘起与中国视角 [J]. 江海学刊，2016（2）.
504. 刘迎胜. 察合台汗国史 [M]. 上海：上海古籍出版社，2006.
505. 刘迎胜. 丝路文化·草原卷 [M]. 杭州：浙江人民出版社，1995.
506. 刘迎胜. 丝路文化·海上卷 [M]. 杭州：浙江人民出版社，1995.
507. 刘迎胜. 丝绸之路 [M]. 南京：江苏人民出版社，2014.
508. 刘迎胜. 话说丝绸之路 [M]. 合肥：安徽人民出版社，2017.
509. 刘迎胜. 从西太平洋到北印度洋 古代中国与亚非海域 [M]. 南京：南京大学出版社，2017.
510. 刘迎胜，陈佳荣. 海上丝路之精工开物 [M]. 广州：广东科技出版社，2018.
511. 刘迎胜，陈佳荣，朱鉴秋. 海上丝路之舶来珍品 [M]. 广州：广东科技出版社，2018.
512. 刘迎胜. 丝绸之路史研究论稿 [M]. 北京：中国大百科全书出版社，2018.
513. 刘迎胜. 丝绸之路 [M]. 南京：江苏人民出版社，2020.
514. 柳洪亮主编. 吐鲁番新出摩尼教文献研究 [M]. 北京：文物出版社，2000.
515. 理查德·奥弗里. 泰晤士世界历史 [M]. 北京：新世纪出版社，2011.
516. 马丽蓉主编. 新丝路学刊 [M]. 北京：社会科学文献出版社，2017-2019（1-7 期）.
517. 马小鹤. 摩尼教与古代西域史研究 [M]. 北京：中国人民大学出版社，2008.
518. 马雍. 西域史地文物丛考 [M]. 北京：文物出版社，1990.
519. 孟凡人. 丝绸之路史话（A Brief History of the Silk Road）[M]. 北京：社会科学文献出版社，2011.
520. 孟凡人. 新疆考古与史地论集 [M]. 北京：科学出版社，2000.
521. 牟实库主编. 丝绸之路文献叙录 [M]. 兰州：兰州大学出版社，1989.
522. 穆舜英，张平主编. 楼兰文化研究论集 [M]. 乌鲁木齐：新疆人民出版社，1995.
523. 内藤绿. 西突厥史研究 [M]. 东京：早稻田大学出版社，1988.
524. 牛汝极著. 阿尔泰文明与人文西域 [M]. 乌鲁木齐：新疆大学出版社，2003.
525. 牛汝极. 回鹘佛教文献：佛典总论及巴黎所藏敦煌回鹘文佛教文献 [M]. 乌鲁木齐：新疆大学出版社，2000.
526. 潘志平. 中亚浩罕国与清代新疆 [M]. 北京：中国社会科学出版社，1991.

527. 前嶋信次. 东西文化交流之诸相 [M]. 台北市：诚文堂新光社，1971.
528. 荣新江，华澜，张志清主编，《法国汉学》丛书编辑委员会编. 法国汉学 第 10 辑 粟特人在中国 历史、考古、语言的新探索 [M]. 北京：中华书局，2005.
529. 荣新江，李孝聪主编. 中外关系史：新史料与新问题 [M]. 北京：科学出版社，2004.
530. 荣新江，张志清主编. 从撒马尔干到长安：粟特人在中国的文化遗迹 [M]. 北京：北京图书馆出版社，2004.
531. 荣新江. 敦煌学新论 [M]. 兰州：甘肃教育出版社，2002.
532. 荣新江. 归义军史研究：唐宋时代敦煌历史考索 [M]. 上海：上海古籍出版社，1996.
533. 荣新江. 海外敦煌吐鲁番文献知见录 [M]. 南昌：江西人民出版社，1996.
534. 荣新江. 中古中国与外来文明 [M]. 北京：生活•读书•新知三联书店，2001.
535. 荣新江. 华戎交汇 敦煌民族与中西交通 [M]. 兰州：甘肃教育出版社，2008.
536. 荣新江. 中古中国与粟特文明 [M]. 北京：生活•读书•新知三联书店，2014.
537. 荣新江，朱玉麒主编. 西域考古•史地•语言研究新视野 黄文弼与中瑞西北科学考查团国际学术研讨会论文集 [M]. 北京：科学出版社，2014.
538. 荣新江. 怎样理解"丝绸之路" [J]. 理论与史学，2015.
539. 荣新江，罗丰主编；宁夏文物考古研究所，北京大学中国古代史研究中心编. 粟特人在中国 考古发现与出土文献的新印证（上、下）[M]. 北京：科学出版社，2016.
540. 荣新江，朱玉麒主编. 丝绸之路新探索 [M]. 南京：凤凰出版社，2019.
541. 芮传明，余太山. 中西纹饰比较 [M]. 上海：上海古籍出版社，1995.
542. 芮传明译注. 大唐西域记全译 [M]. 贵阳：贵州人民出版社，1995.
543. 芮传明. 古突厥碑铭研究 [M]. 上海：上海古籍出版社，1998.
544. 芮传明. 中国与中亚文化交流志 [M]. 上海：上海人民出版社，1998.
545. 芮传明. 丝绸之路研究入门 [M]. 上海：复旦大学出版社，2009.
546. 沈福伟. 中西文化交流史 [M]. 上海：上海人民出版社，1985.
547. 潘云唐. 李希霍芬在中国地质科学上的卓越贡献 [J]. 地质论评，2005（5）.
548. 陕西师范大学历史文化学院，陕西历史博物馆编. 丝绸之路研究集刊 第 1 辑 [M]. 北京：商务印书馆，2017.
549. 陕西师范大学历史文化学院，陕西历史博物馆编. 丝绸之路研究集刊 第 2 辑 [M]. 北京：商务印书馆，2018.
550. 陕西师范大学历史文化学院，陕西历史博物馆编. 丝绸之路研究集刊 第 3 辑 [M]. 北京：商务印书馆，2019.
551. 上海博物馆编. 丝绸之路古国钱币暨丝路文化国际学术研讨会论文集 [M]. 上海：上海书画出版社，2011.
552. 施安昌著. 火坛与祭司鸟神：中国古代祆教美术考古手记 [M]. 北京：紫禁城出版社，2004.
553. 石云涛著. 三至六世纪丝绸之路的变迁 [M]. 北京：文化艺术出版社，2007.
554. 佘振华. 丝绸与路：西方视域下的"丝路表述" [J]. 中外文化与文论，2015（4）.
555. 宋岘考释. 回回药方考释（上下册）[M]. 北京：中华书局，2000.
556. 孙继敏. 李希霍芬与黄土的风成学说 [J]. 第四纪研究，2005（4）.
557. 唐晓峰. 李希霍芬的"丝绸之路" [J]. 读书，2018（3）.
558. 田澍，孙文婷. 概念史视野下的"丝绸之路" [J]. 社会科学战线，2018（2）.
559. 王炳华. 西域考古历史论集 [M]. 北京：中国人民大学出版社，2008.
560. 王博，祁小山. 丝绸之路草原石人研究 [M]. 乌鲁木齐：新疆人民出版社，1995.

561. 王颋. 西域南海史地考论 [M]. 上海：上海人民出版社，2008.
562. 王小甫. 唐吐蕃大食政治关系史 [M]. 北京：北京大学出版社，1992.
563. 王欣. 吐火罗史研究 [M]. 北京：中国社会科学出版社，2002.
564. 王贻梁，陈建敏汇校集释. 穆天子传汇校集释 [M]. 上海：华东师范大学出版社，1994.
565. 王治来. 中亚史纲 [M]. 长沙：湖南教育出版社，1986.
566. 王冀青. "丝绸之路"英译形式探源 [J]. 敦煌学辑刊，2019（1）.
567. 王冀青. 关于"丝绸之路"一词的词源 [J]. 敦煌学辑刊，2015（2）.
568. 王冀青. 李希霍芬首创德语词组"丝绸之路"的早期法译形式 [J]. 敦煌学辑刊，2018（4）.
569. 王小英. "丝绸之路"的语言学命名及其传播中的话语实践 [J]. 现代传播（中国传媒大学学报），2017（11）.
570. 王振芬，荣新江，旅顺博物馆，北京大学中国古代史研究中心. 丝绸之路与新疆出土文献 [M]. 北京：中华书局，2019.
571. 魏良弢. 叶尔羌汗国史纲 [M]. 哈尔滨：黑龙江教育出版社，1994.
572. 魏义天译. 粟特商人：一段历史 [M]. 荷兰莱顿：Brill，2005.
573. 吴浩. 从丝绸之路到"一带一路"：对中国丝绸之路研究思想史意义的考察 [J]. 学术界，2019（3）.
574. 吴焯. 佛教东传与中国佛教艺术 [M]. 杭州：浙江人民出版社，1991.
575. 吴玉贵. 突厥汗国与隋唐关系史研究 [M]. 北京：中国社会科学出版社，1998.
576. 邬国义. 丝绸之路名称概念传播的历史考察. 学术月刊，2019（5）.
577. 向达. 唐代长安与西域文明 [M]. 北京：生活•读书•新知三联书店，1957.
578. 向达. 中外交通小史 [M]. 上海：商务印书馆，1930.
579. 宿白. 中国佛教石窟寺遗迹：3至8世纪中国佛教考古学 [M]. 北京：文物出版社，2010.
580. 宿白. 中国石窟寺研究 [M]. 北京：文物出版社，1996.
581. 徐文堪. 吐火罗人起源研究 [M]. 北京：昆仑出版社，2005.
582. 许序雅. 唐代丝绸之路与中亚历史地理研究 [M]. 西安：西北大学出版社，2000.
583. 许序雅. 中亚萨曼王朝史研究 [M]. 贵阳：贵州教育出版社，2000.
584. 薛毅. 李希霍芬与中国煤田地质勘探略论 [J]. 河南理工大学学报（社会科学版），2014（1）.
585. 薛宗正. 突厥史 [M]. 北京：中国社会科学出版社，1992.
586. 严耕望. 唐代交通图考 第二卷 河陇碛西区 [M]. 台北市：中央研究院历史语言研究所，2007.
587. 杨富学. 回鹘文献与回鹘文化 [M]. 北京：民族出版社，1995.
588. 杨富学，牛汝极. 沙州回鹘及其文献 [M]. 兰州：甘肃文化出版社，1995.
589. 杨富学. 回鹘之佛教 [M]. 乌鲁木齐：新疆人民出版社，1998.
590. 杨建新，卢苇. 历史上的欧亚大陆桥：丝绸之路 [M]. 兰州：甘肃人民出版社，1992.
591. 杨俊杰. "弄丢"了的丝绸之路与李希霍芬的推演 [J]. 读书，2018（5）.
592. 姚大力. 北方民族史十论 [M]. 桂林：广西师范大学出版社，2007.
593. 姚薇元. 北朝胡姓考 [M]. 北京：科学出版社，1958.
594. 殷晴. 丝绸之路与西域经济：十二世纪前新疆开发史稿 [M]. 北京：中华书局，2007.
595. 余太山主编. 西域文化史 [M]. 北京：中国友谊出版公司，1995.
596. 余太山主编. 西域通史 [M]. 郑州：中州古籍出版社，1996.
597. 余太山. 两汉魏晋南北朝与西域关系史研究 [M]. 北京：中国社会科学出版社，1995.
598. 余太山. 两汉魏晋南北朝正史西域传研究 [M]. 北京：中华书局，2003.
599. 余太山. 塞种史研究 [M]. 北京：中国社会科学出版社，1992.
600. 余太山. 嚈哒史研究 [M]. 济南：齐鲁书社，1986.
601. 张春生. 山海经研究 [M]. 上海：上海社会科学院出版社，2007.

602. 张广达，王小甫．天涯若比邻 中外文化交流史略 [M]．中华书局（香港）有限公司，1988.
603. 张广达，荣新江．于阗史丛考：增订本 [M]．上海：上海书店，1993.
604. 张广达．西域史地丛稿初编 [M]．上海：上海古籍出版社，1995.
605. 张广达．史家、史学与现代学术 [M]．桂林：广西师范大学出版社，2008.
606. 张广达．文本、典籍与西域史地 [M]．桂林：广西师范大学出版社，2008.
607. 张广达．文本、图像与文化流传 [M]．桂林：广西师范大学出版社，2008.
608. 张铁山．突厥语族文献学 [M]．北京：中央民族大学出版社，2005.
609. 张维华主编．中国古代对外关系史 [M]．北京：高等教育出版社，1993.
610. 张星烺编注，朱杰勤校订．中西交通史料汇编 [M]．北京：中华书局，2003.
611. 张晓平．李希霍芬的中国考察及其当代人文 – 经济地理学价值刍议 [J]．世界地理研究，2020（1）.
612. 张秀民．中国印刷术的发明及其影响 [M]．上海：上海人民出版社，2009.
613. 张志尧主编．草原丝绸之路与中亚文明 [M]．乌鲁木齐：新疆美术摄影出版社，1994.
614. 章巽校注．法显传校注 [M]．上海：上海古籍出版社，1985.
615. 长泽和俊．丝绸之路史研究 [M]．钟美珠译．天津：天津古籍出版社，1990.
616. 赵丰．丝绸之路美术学考古概论 [M]．北京：文物出版社，2007.
617. 赵丰主编．丝路之绸 起源、传播与交流 [M]．杭州：浙江大学出版社，2015.
618. 赵丰著．丝路之绸 起源、传播与交流 [M]．杭州：浙江大学出版社，2017.
619. 周连宽．大唐西域记史地研究丛稿 [M]．北京：中华书局，1984.
620. 周伟洲．吐谷浑史 [M]．银川：宁夏人民出版社．1985.
621. 朱杰勤译．中西文化交通史译粹 [M]．上海：中华书局，1939.
622. 朱学勤，王丽娜．中国与欧洲文化交流志 [M]．上海：上海人民出版社，1998.

三、申报点重点参考文献

1. Amanbaeva B.E., *Carved Pieces in the Interior of Krasnorechensk Ancient Settlement, Krasnaya Rechka and Burana*, Frunze.[M], 1989.
2. Amanbaeva B.E., *Carved stucco in interior of medieval dwellings of the Krasnaya Rechka site*，[C].Krasnaya Rechka and Burana, p. 137-142，1989.
3. Amanbaeva B.E., Kubatbekov M.,*The fifth season of works at the Burana site*，[C].*AO-1984*, M.: Nauka, C. 574，1985.
4. Baipakov Karl M., *"Excavations on the Site of the Manor of Talgar."Archaeological Surveys in Kazakhstan*, [Z] Alma-Ata, 1973.
5. Baipakov Karl M., Goryacheva V.D., *Excavations at the Krasnaya Rechka site in 1981*, [C].*AO-1981*,M.: Nauka, C. 494,1983.
6. Baipakov Karl M., Goryacheva V.D., *Archaeological researches at the Krasnaya Rechka site*，[C]*Monuments of Kyrgyzstan- 5th edition*,.Frunze : Kyrgyzstan, p. 58-62,1981.
7. Baipakov Karl M., Goryacheva V.D., *Excavation at the Krasnaya Rechka site in 1980*, [C]*AO-1980*,.M.: Nauka, p.483-484,1981．
8. Baipakov Karl M., Goryacheva V.D., Excavations *at the Krasnaya Rechka site*, [C] *AO-1982*,M.: Nauka, C. 507-508,1984.
9. Baipakov Karl M., Peshkov M., *"The Excavation of Manor of the Medieval Kayalyk." The Newsletter of the Ministry of Education and Science of the Republic of Kazakhstan, Series of social studies*,[Z] Almaty, 2000.

10. Baipakov Karl M., Ternovaya G.A., *"Information on the Manichaean Church Kayalyk." Cultural Heritage of the Southern Kazakhstan*, [Z].Shymkent, 2002.

11. Baipakov Karl M., Ternovaya G.A., *Carved Decor of Manor of the Medieval City Kayalyk*.[M], 2002.

12. Baipakov Karl M., Ternovaya G.A., Kamyshev A.M., Buckles, *Distributors and holders from a collection of belt heraldic sets of the medieval city of Nevaket*, [J].Izv. NAN RK. Ser.obsh.nauk, N1. -C.109-129, 2004.

13. Baipakov Karl M., Ternovaya G.A., *Metal seals from the medieval city of Navekat*,[J].Izv. NAN RK. Ser.obsh. nauk, N1. -C.198-217,2005.

14. Baipakov Karl M., Voyakin D.A., *"Complex Akyrtas." Code of the Historical and Cultural Monuments of Zhambyl Province*,[Z]. Zhambyl Province, 2010.

15. Baipakov Karl M., Voyakin D.A., Antonov M.A., *"Archaeological Surveys at Akyrtas in 2006." Report on Archaeological Surveys on State Programme "Cultural Heritage" in 2006*, [Z].Almaty, 2007.

16. Baipakov Karl M., Voyakin D.A., *Medieval Settlement Kayalyk*.[M], 2007.

17. Basenov Toleu K., *"About construction of Tas-Akyr." The Newsletter of the Academy of Science of Kazakh SSR*, [Z].Alma-Ata, Almaty, 1950.

18. Berenaliev O., Goryacheva V.D., *Investigations at the Krasnaya Rechka site, AO-1979*,[C]. M.: Nauka, p.481-482, 1980.

19. Bernshtam Alexander.N., *Burana Tower*,[M] Frunze, 1946.

20. Burnasheva Raikhan Z., *"Coin Finds from Aktobe Ancient Settlement (Chu Valley)." Medieval Cities of the Southern Kazakhstan*,[Z]. Alma-Ata, 1986.

21. Chung Saehyang P., "Study of the Daming Palace: Documentary Sources and Recent Excavations", *Artibus Asiae* 50, 1990,23-72.

22. Chung Saehyang P., "Symmetry and Balance in the Layout of the Sui-tang Palace-City of Chang'an", *Artibus Asiae* 56,1996, 5-17.

23. Clauson G., *Ak-Beshim-Suyab* ,[J].JRAS, № 1-2.- P. 1-13,1961.

24. Department of Archaeology of Peking University and Baicheng Cultural Heritage Institute of Kizil Caves, *Report on Excavation of Kizil Caves in Xinjiang (Vol.1)*, Cultural Relics Press, 1997 (1st edition).

25. Doshanova Taizhan S., *"The New Collection of Glass from the Settlements Kuyryktobe and Koilyk*.[Z]" The Newsletter of the Ministry of Education and Science of the Republic of Kazakhstan, Series of social studies, Almaty, 2003.

26. Eleuov Madiyar E., *"Stages of Development of the Fortress Wall of Shakhristan of Aktobe Settlement*.[Z]" History of Tangible Culture of Kazakhstan, Alma-Ata, 1980.

27. Gabain, A. von, "Das uigurische Königreich von Chotscho, 850-1250", *SDAW*, 1961, 81pp.

28. Gabain, A. von, *Das Leben im uigurischen Königreich von Qoco* (850-1250), Wiesbaden 1973.

29. Goryacheva V.D., *About works of Burana group in 1984 , AO-1984*,[M]. M.: Nauka, p.576-577 , 1986.

30. Goryacheva V.D., *Ak-Beshim. Burana. Krasnaya Rechka. Uzgend. Osh. Bishkek , The Dictionary of Art.-32 volume*. [M].London: Macmillan Publ. Limited, 1993-1995.

31. Goryacheva V.D., *Berenaliev O. Excavations at the Krasnaya Rechka site,AO-1978*, [M].M.: Nauka, p. 590-591,1979.

32. Goryacheva V.D., *City of a golden camel (Krasnaya Rechka site)*, [M].Frunze: Ilim, p.117 ,1988.

33. Goryacheva V.D., *Ethnocultural contacts with Sogd and Tokharistan in the early Middle Ages (materials of Krasnaya Rechka site*[C].The City environment and culture of Bactria-Tokharistan and Sogd (IV century B.C. - VIII century AD): Theses for The Soviet-French Colloquium (Samarkand, August, 1986) Tashkent: Fan, p. 30-31,

1986.
34. Goryacheva V.D., *Excavations at the Krasnaya Rechka site in 1983* [C], AO-1983,. M.: Nauka,. p. 575-576, 1985.
35. Goryacheva V.D., *Nauses of Krasnaya Rechka site, Krasnaya Rechka and Burana: Materials and researches of the Kirghiz archaeological expedition*, [C]Frunze: Ilim, p. 85-95, 1989.
36. Groshev Viktor A., *Irrigation of Aktobe (Chu Valley)." Medieval Cities of the Southern Kazakhstan*,[M] Alma-Ata, 1986.
37. Hallade M., Gaulier, S. & L. Courtois, *Douldour-Aqour et Soubachi: Mission Paul Pelliot IV*, Asie Centrale et Haute-Asie, Paris 1982.
38. Hambis L., *Ak-Beshim et ses sanctuaries , Comptes renalus de l'Academie des inscriptions et belles-lettres*,[J] Paris,1962.
39. Hambis, L., *Koutcha, Temples construits: Douldour-aqour et Soubachi(Texte)*, Paris 1982.
40. Hambis, L., *Site de Koutcha: Douldour-aqour et Soubachi(Planches)*, Paris 1967.
41. Jenner, William John Francis, *Memories of Lo-Yang: Yang Hsüan-chih and the Lost Capital (493-534)*, New York: Oxford University Press, 1981.
42. Kallaur Vassiliy A., *Akyr-Tas*.[M], 1896.
43. Kochnev B. D., *Coin minting at Kuz-Ordu - Balasagun (XI v.)*", [C] *Krasnaya Recka and Burana : Materials and researches of the Kirghiz archaeological expedition*,.Frunze,p. 144-158, 1989.
44. Kozhemyako P.N., *Excavations of town dwellings of X-XII centuries at the Krasnaya Rechka site* , [C].*Ancient and early medieval culture of Kyrgyzstan.*, Frunze, 1967.
45. Kozhemyako P.N., *The report on field archaeological works at the Krasnaya Rechka site in 1961*, [C]. *Krasnaya Rechka and Burana: Materials and researches of the Kirghiz archaeological expedition*, Frunze: Ilim, p.8-24, 1989.
46. Le Coq, A. von, *Chotscho: Facsimile-Wiedergaben der vichtigeren Funde der ersten königlich preussischen Expedition nach Turfan in Ost-Turkistan*, Berlin 1913.
47. Masson M. V., Goryacheva V. D., *Burana: history of study of a site and its architectural monuments*, [M].Frunze, 1987.
48. Narynbaev A.I., *Kasymov A.Worldview of Yusuf "Khass Khajib" Balasaghuni ,Civil-philosophical idea of peoples of Central Asia*, [M]Bishkek: Ilim, p. 91-118. 1991.
49. Nastich V. N., *The Arabian and Persian inscriptions on kairaks from Burana site, Kirghizia under Karakhanids*, Frunze,[M] p. 221-234. 1993.
50. Nastich V. N., *To the epigraphic history of Balasagun (Analysis of the published inscriptions and new finds)*, [C] .*Krasnaya Recka and Burana , Materials and researches of the Kirghiz archaeological expedition*, Frunze, p. 158-177. 1989.
51. Nastich V.N., *Coin finds from Krasnaya Rechka site (1978-1983)*, [C]*Krasnaya Rechka and Burana*, C. 96-119. 1989.
52. Nershahi, Mohammed., *The History of Bukhara, Translation of Lykoshin N.S*.,[M] Tashkent, 1987.
53. Nurzhanov Arnabai A., *"Archaeological and Architectural Study of Kulan Ancient Settlement." Ancient and Medieval Urbanization of Eurasia and age of Shymkent city*, [Z].Shymkent, 2008.
54. Nurzhanov Arnabai A., *"Palace Building in the Suburb of Kulan Ancient Settlement." The Newsletter of Kainar University*, [Z].Alma-Ata, 1997.
55. Nurzhanov Arnabai A., *"Palaces of the Medieval Kulan." Historical and Ethnographical journal "Alash"*,[Z]. Almaty, 2005.

56. Nurzhanov Arnabai A., Tuyakbayeva B., *Ceramics of the Palace complex of the Object Lugovoe G of Kulan Ancient Settlement*.[Z], 1993.

57. Nurzhanov, Arnabai A., *"Process Data from of the Production of Glazed Ceramics from Kulan Ancient Settlement." The Newsletter of Kainar University*, [Z]Almaty, 2004.

58. Pelliot, Paul et al. *Paul Pelliot's Expedition*, edited by Geng Sheng and Ma Dazheng. Yunnan People's Publishing House, 2001. (French)

59. Pomaskin B.V., *Some principles of restoration of Burana minaret*, [J], *Monuments of Kyrgyzstan*, № 4. C. 33-38. 1980.

60. Rovnyagin V.P., *Description of the tower of «Burana» near Tokmak*, [J]*PTKLA for the first year of his works*, Tashkent. 1929.

61. Savelyeva, Tamara V., Voyakin D.A., *"Some Results of Investigations of Talgar Ancient Settlement." The Newsletter of Kazakh state university named after Al-Farabi. Historical series*,[Z] Almaty, 2000.

62. Shalekenov, Uakhit Kh, Orazbayev A.M., *"Some Data on the Water Supply System of the Medieval Aktobe Ancient Settlement." The History of Tangible Culture of Kazakhstan*,[Z] Alma-Ata. 1980.

63. Shalekenov, Uakhit Kh., *"About the Excavations at Aktobe Ancient Settlement (1979-1983)." Medieval cities of the Southern Kazakhstan*, [Z].Alma-Ata, 1986.

64. Shalekenov, Uakhit Kh., *"Aktobe is a Medieval Monument." The History of Tangible Culture of Kazakhstan*,[M] Alma-Ata, 1980.

65. Shalekenov, Uakhit Kh., *Balasagun in V-XIII centuries*.[M], 2009.

66. Shalekenov, Uakhit Kh., Eleuov M.E., Aldabergenov N.O., *"The Excavation of the Citadel of Aktobe Ancient Settlement." Issues of history of socialistic and communistic construction in Kazakhstan*, [Z]Alma-Ata, 1978.

67. Shardenova, Zukhra Zh., *"Castle of the Ruler on the Site of Akyrtas." The Newsletter of the National Academy of Science of the Republic of Kazakhstan*, [Z].Almaty, 2000.

68. Shardenova, Zukhra Zh., *"New Research at Akyrtas Castle." Materials of the international scientific and theoretical conference "Taraz: dialogue of millennia and civilizations"*,[Z] Taraz, 2002.

69. Shardenova, Zukhra Zh., *Archaeological and Architectural Research on the Akyrtas Complex*.[M], 1999.

70. Shishkin Konstantin V., *"Cameral Survey of Aktobe Settlement Using Aerial Method." Medieval cities of the Southern Kazakhstan*, [Z]Alma-Ata, 1986.

71. Smirnov V.D., *About a column near Burana river in Tokmak district and the legends of Kirghiz and Sarts connected to this monument* ,[J] *Tr. IV Archaeological congress of Russia, Kazan*. 1884.

72. Soper, Alexander C. "A Vacation Glimpse of the T'ang Temles of Ch'ang'an. The Ssu-T'a Chi by Tuan Ch'eng-Shi", *Artibus Asiae*, 23:1,1960, 15-40.

73. Sullivan, Michael A., *The Cave Temples of Maichishan. With an account of the 1958 expedition to Maichishan*. London 1969.

74. Tabaldiyev K.Sh., March, *The Buddhist Stone Plate from Ak-Beshim*, [J]*Silk Road Studies №2, The Silk Road Research Center of Soka University*, Tokyo 192-8577, Japan, 2000.

75. Takibayeva Sofya S., Shalekenov U.Kh., Kulakhmetova S.U., Zhankubaeva T.A., Shulgabayeva G.I., *"Analysis of the ceramic material of Aktobe." The History of Tangible Culture of Kazakhstan*, [Z]Alma-Ata,1980.

76. Terenozhkin, Alexey I., *Excavations of Aktobe hill near Tashkent in 1940, News of the Uzbek branch of the Academy of Sciences of the USSR*.[Z],1941.

77. Tur S.S., *The population of Krasnaya Rechka site according to paleoantrophological data* ,[C] Krasnaya Rechka and Burana, C. 120-129, 1989.

78. Uray, G., "Tibet's connections with Nestorianism and Manicheism in the 8th-10th Centuries", *Contribution on Tibetan Language, History and Culture*, ed. by E. Steinkellner and H. Tauscher, vol. I, Wien 1983, 399-429.
79. V. LeCoq, A., *Chotscho: Facsimile-Wiedergaben der wichtigsten Funde der ersten königlich preussischen Expedition nach Turfan in Ost-Turkistan*, Berlin, 1913.
80. Vinnik Dmitriy F., *The Fourth Season of Work on the Mound of Burana*. [C]*Archaeological Discoveries*, Moscow. 1975.
81. Vinnik Dmitriy.F., *Burana Tower, Monuments of Kyrgyzstan*.,[J] *Vyp. 2*. Frunze, 1974.
82. Voronina Veronika L., *Architectural Elements of Ak-Tepe near Tashkent according to Archaeological Works of 1941*, [M]Tashkent, 1955.
83. Voronina Veronika L., *Architecture of castle of Aktobe near Tashkent as of 1940*.[M] Materials of the Archeology of Uzbekistan, Tashkent. 1948.
84. Voronina Veronika L., *The elements of Construction and Artistic Culture of Aktobe Ancient Settlement. History of Tangible Culture of Kazakhstan*, [M]Almaty, 1980.
85. Voyakin Dmitriy A., Antonov M.A., *Monument Akyrtas*.[M], 2008.
86. Voyakin Dmitriy A., Sorokin D.V., "Architectural and Archaeological Documentation of the Palace Complex of Akyrtas." *The Newsletter of the National Academy of Science of the Republic of Kazakhstan*,[Z] Almaty, 2006.
87. Zinyakov, Nikolai M., Savelyeva T.V., "Damask Steel of the Medieval Talhir. Reconstruction of Crucible Patterned Steel." *The Newsletter of the National Academy of science of the Republic of Kazakhstan*, [Z]Almaty, 2009.
88. Zürcher, E., *The Buddhist Conquest of China, The Spread and Adaptation of Buddhism in Early Medieval China* (Sinica Leidensia , No 11): 2 vols. Leiden 1972.
89. Zuyev, Yuriy A., *Chinese News about Suyab, Academy of Sciences of the Kazakh SSR: Series of History, Archeology and Ethnography*[M], Alma-Ata, 1960 .
90. Zyablin L.P., *The second Buddhist temple at Ak-Beshim site*,[M] Frunze,1961.
91. 北京大学考古系，克孜尔千佛洞文物保管所.新疆克孜尔石窟考古报告：第一卷.北京：文物出版社，1997.
92. 常青.彬县大佛寺造像艺术.北京：现代出版社，1998.
93. 董玉祥.炳灵寺石窟的分期.中国考古学会第一次年会论文集，1980.
94. 杜金鹏，钱国祥.汉魏洛阳城遗址研究.北京：科学出版社，2007.
95. 敦煌研究院考古研究所，安西县博物馆.安西县锁阳城遗址内城西北角发掘简报.敦煌研究，2003（1）.
96. 傅熹年.大明宫含元殿原状的探讨.文物，1973（7）.
97. 甘肃省文物考古研究所.甘肃敦煌汉代悬泉置遗址发掘简报.文物，2000（5）.
98. 龟兹石窟研究所，拜城县志编撰委员会，阿克苏史志委员会.克孜尔石窟志.上海：上海美术出版社，1993.
99. 韩保全.从几通碑石看荐福寺小雁塔的变迁和整修.考古，1985（1）.
100. 郝树生，张德芳.悬泉汉简研究.兰州：甘肃文化出版社，2009.
101. 何宝庆编著.博望侯张骞.西安：三秦出版社，2010.
102. 何双全.汉代西北道与传置：甲渠候官、悬泉汉简传置道里簿考述.中国历史博物馆馆刊，1998（1）：
103. 黄文弼.新疆考古发掘报告：1957~1958.北京：文物出版社，1983.
104. 黄心川.玄奘及唯识学研究的回顾与展望.西南民族大学学报，2007（3）.

105. 家珍等.黄河小浪底盐东村汉函谷关仓库建筑遗址发掘简报.文物,2000(10).
106. 孔正一.西安小雁塔.西安:三秦出版社,2003.
107. 库车县志编纂委员会编.库车县志.乌鲁木齐:新疆大学出版社,1993.
108. 李久昌.崤函古道交通线路的形成和变迁.丝绸之路学术研究专辑,2009(6).
109. 李久昌主编.崤函古道研究.西安:三秦出版社、陕西出版集团,2009.
110. 李肖.交河故城的形制布局.北京:文物出版社,2003.
111. 李忠堂.彬县大佛寺石窟研究与保护.西安:三秦出版社,2010.
112. 联合国教科文组织驻中国代表处,新疆文物事业管理局,新疆文物考古研究所.交河故城1993、1994年度考古发掘报告.北京:东方出版社,1998.
113. 梁晓春,秦建明,杨政.彬县大佛寺石窟历史编年.陕西档案,1998.
114. 刘庆柱,李毓芳.汉长安城.北京:文物出版社,2003.
115. 陆庆夫.锁阳城杂考.社会科学,1982(4).
116. 罗振玉,王国维.流沙坠简.北京:中华书局,1993.
117. 孟凡人著.北庭史地研究.乌鲁木齐:新疆人民出版社,1985.
118. 孟凡人.高昌故城形制初探.中亚学刊(第5辑),1996.
119. 樵卫新.荐福寺与小雁塔.西安:陕西旅游出版社,2002.
120. (汉)司马迁.史记·大宛列传·西南夷列传·卫将军骠骑列传.北京:中华书局,1982.
121. 《丝绸之路》编委会.丝绸之路·瓜州文化遗产学术研究专辑.兰州:《丝绸之路》杂志社,2001.
122. 斯坦因著.从罗布沙漠到敦煌绿洲.赵燕、谢仲礼、秦立彦译.桂林:广西师范大学出版社,2000.
123. 孙纪元.中国美术全集·麦积山石窟雕塑.北京:人民美术出版社,1988.
124. 王北辰.甘肃锁阳城的历史演变.西北史地,1988(2).
125. 王亚荣.大荐福寺.西安:三秦出版社,1994.
126. 吴礽骧编.河西汉塞调查与研究.北京:文物出版社,2005.
127. 辛德勇.汉武帝"广关"与西汉前期地域控制的变迁.中国历史地理论丛,2008(2).
128. 新疆龟兹石窟研究所编.龟兹佛教文化论集.乌鲁木齐:新疆美术摄影出版社,1993.
129. 新疆维吾尔自治区文物管理委员会,拜城克孜尔千佛洞文物保管所,北京大学考古系.中国石窟·克孜尔石窟(三卷).北京:文物出版社,1997.
130. 新疆文物考古研究所,新疆吐鲁番学研究院.高昌故城第二次考古发掘报告.吐鲁番学研究,2011(2).
131. 新疆文物考古研究所.交河沟西1994~1996年度考古发掘报告.乌鲁木齐:新疆人民出版社,2001.
132. 宿白.隋唐长安城和洛阳城.考古,1978(6).
133. 宿白.凉州石窟遗迹与"凉州模式".中国石窟寺研究,1992.
134. 杨鸿勋.唐长安城荐福寺塔复原探讨.文物,1990(1).
135. 杨希义,孙福喜,张璠.大明宫史话.西安:陕西人民出版社,2011.
136. 袁行霈.张骞通西域·中华文明之光.北京:北京大学出版社,1999.
137. 岳邦湖,钟圣祖.疏勒河流域汉长城考察报告.北京:文物出版社,2001.
138. 张德宗.玄奘译经活动述论.史学月刊,1996(3).
139. 张锦秀编撰.麦积山石窟志.兰州:甘肃人民出版社,2002.
140. 郑炳林,花平宁.麦积山石窟艺术文化论文集.兰州:兰州大学出版社,2004.
141. 中国科学院考古研究所西安唐城队.唐大明宫含元殿遗址1995~1996年发掘报告.考古学报,1997(3).
142. 中国美术全集编辑委员会编.中国美术全集·雕塑编9炳灵寺等石窟雕塑.北京:人民美术出版社,1988.

143. 中国社会科学院考古研究所. 北庭高昌回鹘佛寺遗址. 长春：辽宁美术出版社，1991.
144. 中国社会科学院考古研究所. 北魏洛阳永宁寺 1979~1994 年考古发掘报告. 北京：中国大百科全书出版社，1996.
145. 中国社会科学院考古研究所编著. 汉长安城未央宫 (1980~1989 年考古发掘报告). 北京：中国大百科全书出版社，1996.
146. 中国社会科学院考古研究所汉长安城工作队与西安市汉长安城遗址保管所. 汉长安城遗址研究. 北京：科学出版社，2006.
147. 中国社会科学院考古研究所洛阳唐城队洛阳市文物工作队. 定鼎门遗址发掘报告. 考古学报，2004（1）.
148. 中国社会科学院考古研究所新疆工作队. 新疆吉木萨尔北庭古城调查. 考古，1982（2）.

四、参考网站

1. http://www.silkroadfoundation.org (http://www.silk-road.org)
2. http://dsr.nii.ac.jp
3. http://www.silkroadscloud.org
4. http://www.silkroad-infosystem.org
5. http://depts.washington.edu/silkroad

后记

世界遗产的申报是一项真正的多学科、多层次、多领域集成行为，涉及不同学科的专家学者、各级政府管理人员与广大遗产地的社区公众。中国首例跨国联合申报的世界遗产项目"丝绸之路：长安－天山廊道的路网"（以下简称"天山廊道"），全程由国家文物局代表中国参与了联合项目的国际策划，承担了国内的全部业务组织与指导工作，与相关各省和自治区、市县政府和遗产保护管理机构开展、落实了中国境内的全部工作，在艰辛的共同努力之后，成功应对了前所未有的挑战，实现了"天山廊道"作为首批丝绸之路线路遗产列入《世界遗产名录》的目标。

"天山廊道"申遗成功后的一项重要工作，就是对历时8年的申报过程中的遗产理论探讨予以回顾、总结与深化。本丛书基于这一考虑，在中国建设科技集团的鼎力支持下，开展丝路遗迹专题研究，旨在于丝路申遗价值研究基础上，对"天山廊道"探讨的线路遗产理论框架和分类研究进行更为系统的梳理和深化。本丛书经由系统分类研究和大规模的遗产点拓展，将丝路研究的视野从中哈吉三国的"天山廊道"渐次拓展到中国和世界的范围，借此探讨一套较为完整的线路遗产框架，弥补申遗过程中的某些缺憾。

本丛书的完成首先感谢在申遗文本价值研究过程中曾经给予直接支持和帮助的专家学者与各方团队：

国际上有苏珊·丹尼尔女士（Mrs. Susan Danyer）、亨利·克利尔博士（Dr. Henry Cleer）、蒂姆·威廉姆斯（Tim Willianms）等资深遗产专家，以及哈萨克斯坦的专家德米特里·沃亚金（Mr. Dmitriy Voyakin）、吉尔吉斯斯坦的代表和专家阿伊努拉·坦缇耶娃女士（Ms. Ainura Tentieva）等合作伙伴；

国内在国家文物局组织下直接参与申遗文本价值讨论的有徐苹芳先生、郭旃先生、孟凡人先生、安家瑶先生、刘庆柱先生、林梅村教授等前辈学者，直接参与文本价值讨论并撰写专项研究材料的主要有：荣新江教授、陈凌教授、李裕群研究员、李崇峰教授、魏文斌研究员、于志勇研究员、张德芳研究员等学者，杭侃教授、焦南峰研究员、赵丰研究员等中青年学者也在不同阶段参与过价值讨论。

众多学者、专家们的无私奉献、悉心指导和全力协助，曾为我们的申遗文本提供了坚实的"国家依仗"。借此丛书出版之际，特向以上专家学者表达诚挚的感谢！

在丝路遗产的价值研究过程中，中国建筑设计研究院建筑历史研究所的丝路申遗文本团队投入了大量的心血、付出了非凡的努力；中国古迹遗址保护协会（ICOMOS CHINA）

秘书处的郑军、解立等同志，国际古迹遗址理事会西安保护中心（IICC-X）的冯健、李尔吾等一批年轻同志也积极参与并承担了大量辅助性工作，包括组织国际考察活动、组织会议接待、翻译整理国际资料等诸多工作。这些工作都为本课题的前期工作提供了积极有效的支持，在此深表感谢！

本丛书的完成还要感谢在本次编撰过程中给予我们直接支持和帮助的专家学者与各方团队：

作为本丛书的合作主持陈凌教授在百忙之中，积极支持课题的专家组织，并且独立承担了两册分卷主旨论文的撰写工作，给予了大力支持。作为各分卷主旨论文执笔者的李军、孟原召、赵丰、李裕群、焦南峰等几位专家学者（按丛书主旨论文顺序），均承担着各自学科领域的繁重研究任务，却在百忙之中积极应允课题邀请，开展远程协作，及时完成各卷的具有一定填空补白意义的专题研究，终使课题设想得以完整呈现。借此丛书出版之际，特向各位专家学者表达诚挚的感谢！

在总论篇的编撰过程中，中国古迹遗址理事会秘书处的解立女士翻译了丝路申遗文本最后阶段哈萨克斯坦和吉尔吉斯斯坦提交的补充材料，方使三国联合编撰的申遗文本价值研究部分在6年之后终于完成中译版本。在此深表感谢！

在本丛书的成书过程中，历史所课题组成员昼夜辛劳、齐心协力，确保了研究计划，特别是出版计划的兑现。其中：韩博雅、李敏同志全面承担了课题组的各方人员联系、分卷推进与各项协调工作；徐新云、李敏同志参与总论篇的编写修改工作；袁守愚，任洁，韩博雅，王雅芬，袁怡雅、甘宇鹏，刘翔宇等同志分别负责了城镇篇、交通篇、生产篇、宗教篇（上）、宗教篇（下）和墓葬篇的统筹和遗址点条目撰写——针对拓展研究和资料编写方面开展了大量的资料查阅、翻译和图片的遴选采集，同时李敏、徐新云、王琳峰、钟彦华、黄雨以及朱轶夫、郭辛欣、吴东等同志积极参与和分担了部分条目的撰写任务；王旭承担了地图绘制工作，且本着精益求精的工作态度，落实了课题要求的图纸设计；李敏和王琳峰在丝路线路示意图的走向方面开展了专项研究，初步梳理出丝绸之路的沙漠、草原和海上路线。所有的这些努力，对于"丝绸之路"这一宏大主题而言，只能算是一个有限的阶段成果，但大家在工作中所展现出的学术追求与社会责任，仍是非常值得我们坚持与传承的。

在课题验收之际，郭游、安家瑶、朱岩石、杭侃、王建新、姜波、王力军等各位专家学者给予了宝贵的修改意见，在此深表感谢！

国信司南地理信息技术有限公司配合完成了本丛书反复调整、修改的地图绘制工作，并协助审图工作，在此深表感谢！

陈同滨

2020年11月28日